民法Ⅰ 総則

CIVIL LAW 1

監修・山本敬三

著・香川　崇

　　竹中悟人

　　山城一真

有斐閣ストゥディア

はしがき

　初学者が新しいことを学ぼうとするときには，その手ほどきをしてくれるものがあると助かります。一度学ぼうとしたけれども，むずかしすぎたり，時間が足りなくなったりして，あきらめてしまった後で，もう一度やりなおしたいと思うこともあります。そのときも，今度こそうまく学べるような手助けをしてくれるものがあるとありがたいでしょう。大学などで，「○○入門」という授業が最初におこなわれたり，書店に行けば，さまざまな入門書が並んでいたりするのは，そのようなニーズにこたえるためです。

　法律に関しても，このような入門を助けてくれるものが必要です。ところが，法律には，簡単に入門させてくれないようなむずかしさがあります。

　まず，法律には，日常生活ではあまり使わないような専門用語がたくさん使われています。意味がわからないだけでなく，読めないようなものも少なくありません。さらに，専門用語というほどではないけれども，法律家が使う独特の言い回しのようなものもあります。それらが説明もなく当たり前のように使われていますと，日本語としてもよくわからないということになりかねません。必要な言葉の意味と読み方はていねいに説明してもらいたいものです。

　また，大きな法律ですと，たくさんの条文が書かれています。しかも，それらの条文の解釈については，たくさんの判例がありますし，たくさんの学説があります。それらをいくらわかりやすく説明してくれても，あまりの情報量に圧倒されて，いやになってしまうこともあるでしょう。木ばかりみえて，森がみえないままでは，先に進めません。最初は，基本的で大事なことがらにしぼって教えてもらいたいものです。

　さらに，法律の条文をみても，非常に抽象的に書かれています。それが具体的に，どのような場合について，どのような結論をみちびくのか，条文だけをみていても，思い浮かばないことがよくあります。しかし，それでは，結局，法律の実際の意味がわからないままになってしまいます。まず，具体的に，どのような場合について，何がどう問題になるかということを示してくれると，イメージがわいて，理解できるようになります。抽象的な話は，その後でしてもらえれば，頭に入りやすくなるでしょう。

この本をふくむ『ストゥディア民法』シリーズは，以上のような法律の初学者のニーズにこたえることをめざしています。ただ，それだけであれば，当然のことであって，ほかの入門書とあまり違いはないでしょう。このシリーズに特徴があるとすれば，それは，単に「わかりやすく」「かみくだく」だけでなく，「当たり前の前提とされていることまで言葉にして示す」ことをめざしていることです。

　ある知識が説明されても「わかりにくい」と感じられるのは，その知識の前提になっていることがきちんと説明されていないためであることがよくあります。とくに専門家は，自分はよくわかっていますので，当たり前と思うことはもう省略して，そこから先のことだけを述べがちです。ところが，初学者は，その当たり前とされる前提がわかっていませんので，そこから先のことだけを示されても，わけがわかりません。そこで，通常の教科書には書かれていない「行間」を言葉にして，論理のステップが飛ばないように説明することを，このシリーズではめざすことにしました。

　もちろん，暗黙の前提は，当たり前のことすぎて，多くは意識もされないようなものです。それを意識して言葉にするのは，簡単ではありません。しかし，そこが明らかになりますと，格段に理解がしやすくなるはずです。本書を通じて，読者の皆さんにそれを実感していただければと願っています。

＊

　この本は，『ストゥディア民法』シリーズの2冊目の本です。2018年の12月に刊行された1冊目の『民法4　債権総論』は，おかげさまで多くの読者の方々から好評を得て，早く続刊をという声をお寄せいただきました。ご期待にそうことがなかなかできず，大変申し訳ない思いでいっぱいでしたが，何とかここに2冊目をお届けすることができました。この本は，民法総則という，民法を学ぶときに最初に取り組むけれども，理解するのがなかなかむずかしい分野を対象とするものです。皆さんが民法の世界に入っていくための案内役として活用していただけることを願っています。

　この本は，1人の（ベテランというしかない）監修者と3人の（若手というにはもう失礼すぎる）執筆者の共同作業によって作られたものです。「共同作業」というのは，それぞれの章を担当者に単に割り振って，分担して執筆したものと

は違うということです。各章を執筆する担当者は決めましたが，それぞれの担当者が1章ないし2章分を書いたものを持ち寄って，一緒に検討会をおこなうという作業を繰り返してできあがったものです。具体的には，2015年の11月から2016年の10月までに，第1ラウンドとしてひととおりすべての章を検討した後，2019年の1月まで，第2ラウンドとしてもう一度書き直したものを一緒に検討し，その後，2019年10月と12月に，第3ラウンドとして最終の検討会を開催し，翌年3月に最終脱稿となりました。合計すると，10回以上も集まったことになります。さらに，原稿が校正刷になった後も，執筆者間で会合を持ち，最後まで熱心に検討を重ねました。

　監修者と執筆者が住んでいる場所が京都，東京，富山とバラバラでしたので，当初からスカイプを活用して検討会をおこないました。執筆者の1人の山城さんがフランスに留学されていたときも，この方法で検討を続けました。今ではテレワークが当たり前のことになりつつありますが，時代を少し先取りしていたといえるかもしれません。

　監修者は，各章の執筆は担当していませんが，あらかじめ原稿をチェックして，毎回検討会に参加しました。また，本書では，法律を学んだことがない方にもモニターをお願いしました。毎回，担当者が執筆した原稿を事前に読んで，文章としておかしいところ，初学者にはわかりにくいところを指摘してくださいました。私たち法律の専門家にとっては当たり前と思われることが実はそうでないことがわかり，目からうろこが落ちる思いがすることもよくありました。

　しかし，考えてみますと，それぞれの大学で「先生」と呼ばれる執筆者の方々にとって，他人からこのようなダメ出しがされることは，ふつうはありえないことでしょう。怒りだしてもおかしくないところですが，どの執筆者も，出された指摘を真剣に受け止めて，よりよい表現や説明の仕方を目指して工夫を重ねてくださいました。監修者として，心より感謝申し上げたいと思います。

　最後に，企画から出版にいたるまでお世話をしてくださった有斐閣書籍編集部の一村大輔さん，青山ふみえさん（現雑誌編集部），小野美由紀さん，さらに原稿のチェックを助けてくださったモニターさんにも，厚く御礼を申し上げます。

　2021年2月

　　　　　　　　　　　　　　　　　　　　　山 本 敬 三

目　次

CHAPTER 9　詐欺・強迫　　　　　　　　　　　　131

CHAPTER 10　法律行為の内容規制　　　　　　　152

Column●コラム一覧

[付記]
成年年齢に関する2018年改正民法が2022年4月1日に施行されたことに伴い，
第2刷に際して該当箇所の表現を改めました。

本書の使い方

　この本をふくむ『ストゥディア民法』シリーズの章立てと各章の構成について，最初に紹介しておきます。

　章立て　まず，章立ては，それぞれの巻が対象とする分野の一般的な体系をもとにしていますが，1つの章が読みやすい長さになるようにしています。そのため，1つの項目が2つ以上の章に分けて説明されることもあります。ただし，その場合は，それらの章が全体として1つの項目をあつかうものであることがわかるようにしてあります。例えば，本書でいいますと，第2章「権利能力」，第3章「意思能力・行為能力」，第4章「法人」は，すべて人をあつかうものですので，それぞれの章に「人①」から「人③」という副題をつけることにしています。これで，全体の体系とそれぞれの章の読みやすさの両立をはかることにしています。

　各章の構成　次に，それぞれの章は，①INTRODUCTION，②本論，③POINT という3つの部分から構成されています。さらに，ところどころで，④Column という欄ももうけています。

　①INTRODUCTION では，その章で学ぶ項目を簡単に整理して示しています。それぞれの項目に対応する民法の条文も示すことにしています。

　②本論では，できるかぎり，はじめに CASE として具体的な設例をあげて，それに即して説明をするという形式にしています。設例は，その項目で説明するのに必要な要素にしぼったシンプルなものにするようにしています。また，理解しやすくするために，図を入れるようにしました。

　説明にあたっては，複雑になるところは，図表を使って整理するようにしています。また，とくに重要な言葉を青字で示して，目に入りやすくしています。読みづらいかもしれない言葉には，ふりがなを入れてみました。必要がなければ，無視してください。そのほか，前のところで学んだことや，後のところでもっと詳しく学ぶことは，「⇒」という印で頁数をあげるようにしましたので，参照していただければと思います。

　さらに，本文にくわえて，note として3つの種類の注を用意しています。

　用語 は，専門用語の意味をわかりやすく説明したものです。

説明 は，本文で述べたことをよりよく理解することができるように，補足的な説明をしたものです。

発展 は，応用的なことや一歩先で学ぶことを紹介したものです。

③POINT は，その章で学んだ基本的で重要なことがらをまとめたものです。復習のために活用していただければと思います。

④Column では，本文の少しわかりづらいかもしれないところについて，なぜそのようになるか，そもそもどうしてそのようなことが問題とされるかといったことを初学者にもわかるようにていねいに説明しています。法律の世界で当たり前のこととされている「お約束」の説明や，意外に知られていない豆知識の紹介もしていますので，きっとためになるでしょう。

略語表 ────────────────────●

●法令名略語

本文中（　）内の条文引用で法令名の表記がないものは，原則として民法の条文であることを示しています。そのほかに用いている略語は以下のとおりです。

家事	家事事件手続法	臓器移植	臓器の移植に関する法律
憲	日本国憲法	任意後見	任意後見契約に関する法律
戸	戸籍法	不登	不動産登記法
公益法人	公益社団法人及び公益財団法人の認定等に関する法律	民訴	民事訴訟法
		利息	利息制限法
鉱業	鉱業法	老福	老人福祉法
障害基	障害者基本法		

●裁判例略語

最大判（決）	最高裁判所大法廷判決（決定）
最判（決）	最高裁判所判決（決定）
大連判（決）	大審院連合部判決（決定）
大判（決）	大審院判決（決定）

●判例集略語

民集	最高裁判所民事判例集，大審院民事判例集
民録	大審院民事判決録
判時	判例時報

●ストゥディア民法シリーズ各巻名略語

本シリーズは以下の7巻構成になっており，ある記述について別の巻を参照してほしいときは「○巻」として示しています。　例／民法1 総則 → 1巻

1　総則／2　物権／3　担保物権／4　債権総論／5　契約／
6　事務管理・不当利得・不法行為／7　家族

著者紹介

監修者

山本 敬三　京都大学教授
[本書の使い方，民法の全体像と本巻の位置付け]

著　者

香川　崇　富山大学教授
[第 1 章・第 5 章・第 15 章〜第 18 章，Column 1〜3・23〜25]

竹中悟人　学習院大学教授
[第 6 章〜第 11 章，Column 9〜18]

山城一真　早稲田大学教授
[第 2 章〜第 4 章・第 12 章〜第 14 章，Column 4〜8・19〜22]

民法の全体像と本巻の位置付け

　民法は，私たちの暮らしと経済活動を成り立たせる，もっとも基本的な法律です。

　この民法があつかうのは，財産にかかわることがらと家族にかかわることがらです。財産にかかわることがらを定めた部分を財産法，家族にかかわることがらを定めた部分を家族法といいます。

　まず，財産法は，物に対する権利をあつかう部分と人に対する権利をあつかう部分に分かれます。「物に対する権利」を物権，「人に対する権利」を債権といい，物権をあつかう部分を物権法，債権をあつかう部分を債権法といいます。

　物権の代表例は，所有権です。これは，持ち主が物を自由に使ったり，そこから利益をあげたり，他に処分したりすることができる権利です。この所有権のうち，物を利用することができるという部分を切り出したものを用益物権，物を売り払うなどしてお金にかえることができるという部分を切り出したものを担保物権といいます。担保物権は，例えばお金を貸す場合に，後で返してもらえなくなったときにその物を売り払うなどしてお金にかえて，そこから借りたお金を返してもらうという使われ方をするものです。物権には，さらに，所有権や用益物権，担保物権があるかどうかにかかわりなく，自分のところにある物を勝手に奪ったりするななどといえる権利として，占有権というものもあります。

　債権の代表例は，物を売り買いするという契約をした場合に，買主が売主にその物を引き渡してもらうという権利や，売主が買主にその代金を支払ってもらうという権利です。このような債権は，契約から発生するほか，交通事故などのように，他の人から自分の権利を侵害されて，損害が生じた場合（これを不法行為といいます）にも，その損害を賠償してもらう権利という形で発生します。債権法には，このように債権を生じさせる場合として，契約と不法行為のほか，さらに事務管理，不当利得が定められています。

　次に，家族法は，親族法と相続法に分かれます。

　親族法は，家族の関係を定めた法です。ここでは，夫婦にかかわる婚姻や親子，後見や扶養について定められています。

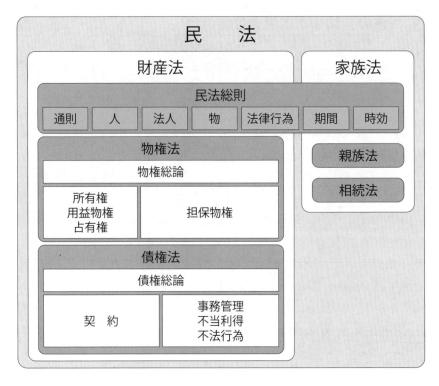

民　法

財産法

家族法

民法総則

| 通則 | 人 | 法人 | 物 | 法律行為 | 期間 | 時効 |

物権法

物権総論

| 所有権
用益物権
占有権 | 担保物権 |

債権法

債権総論

| 契　約 | 事務管理
不当利得
不法行為 |

親族法

相続法

　相続法は，人が死んだ場合にその財産が誰のものになるかということを定めた法です。遺言（いごん）がある場合とそれがない場合の法定相続がここに規定されています。

　さらに，民法の最初の部分には，以上の物権法・債権法，親族法・相続法のすべてに共通することがらがまとめて規定されています。この部分のことを民法総則といいます。ここでは，人，法人（人と同じあつかいを受ける団体のことです），物，法律行為（先ほどの契約などの行為です），期間，時効などが定められています。

　この『ストゥディア民法』のシリーズでは，第1巻で民法総則，第2巻で物権（物権の総論と所有権・用益物権・占有権），第3巻で担保物権，第4巻で債権総論（債権に共通することがら），第5巻で契約，第6巻で事務管理・不当利得・不法行為，第7巻で家族法を取り上げます。このうち，本巻で取り上げるのは，民法総則です。

第1章

イントロダクション
——民法の基本原則

さまざまな法の中における民法の位置づけと内容

　本章では，まず，民法を学ぶうえでの「見取り図」を示しておきたいと思います。さまざまな法の中で民法はどこにどう位置づけられるものなのか，そして，民法とはどのような内容なのかということを，最初に押さえていただければと思います。

民法全体の中での民法総則の位置づけと内容

　本書では，民法のうち，民法総則を取り上げます。そこで，本章では，民法総則が民法全体の中でどのように位置づけられるものなのか，そして，民法総則とは何について定めているものなのかということを説明しておきたいと思います。

民法の基本原則　📖 1条, 2条

　民法の冒頭には，民法全体に共通する基本原則が定められています（1条，2条）。本章では，これらの基本原則についても学びます。

1 さまざまな法の中における民法の位置

　日本にはさまざまな法があります。そこで最初に，民法がその中でどのような位置にあるのかを確認しましょう。民法はどのようなルールを定めているのでしょうか。次の CASE 1-1 を素材に考えてみましょう。

1　公法と私法 ———————————————————●

> **CASE 1-1**
> 　Aは，アパートのとなりの部屋に住む会社員Bの態度が気にくわず，注意をしたところ，無視されたので，けがでもさせないとわからないやつだと考え，Bをなぐりつけてしまいました。そのため，Bは顔の骨を折る大けがをし，病院で治療費として20万円を支払うことになりました。

刑法上の責任と民法上の責任

　Aは，Bに大けがをさせたことについて，どの法律を理由に，どのような責任を負うことになるでしょうか。

　たとえば，読者の皆さんは，Aのしたことは犯罪になるのではないかと考えたのではないでしょうか。確かに，刑法204条によれば，Aは，人の身体を傷害した者として罰（刑罰）を受けます。

　もっとも，Aは，民法に基づく責任も負うことになります。民法709条によれば，Aは，けがを負わせてやると考えて他人の身体を侵害した者として，被害者Bが受けた（蒙った）損害を賠償しなければなりません。民法でいう損害はお金に換算されます。「損害を賠償する」とは，被害者Bのもとで発生した損害をつぐなうためのお金を支払うことをいいます。「被害者Bのもとで発生した損害」とは，具体的に言うと，Bが病院に払った（けがの治療費にあたる）20万円です。したがって，Aは，20万円をBに対して支払わなければいけません。

　そうすると，Aは，刑法上の責任と民法上の責任を両方負うことになります。では，刑法と民法は，どこが違うのでしょうか。

　刑法204条によってAが受ける刑罰は，15年以下の懲役または50万円以下の罰金です。懲役とは，国家が個人Aを刑務所に入れて労働などをさせること

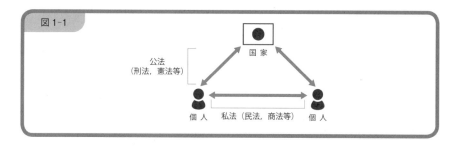

図1-1

公法
（刑法，憲法等）

国　家

個人　　私法（民法，商法等）　　個人

です。罰金とは，国家が個人に対して一定の金額を国家に納めさせることです。

　これに対して，民法で「損害を賠償する」とは，個人Ａが個人Ｂに，Ｂのもとで発生した損害をつぐなうためのお金を支払うことです。

　このように，刑法とは，国家と個人の間のルールを定めた法律であり，民法とは，個人と個人の間のルールを定めた法律であるということができます。

公法と私法の区別

　法というものは，大きく，公法と私法に分類することができます。

　刑法のように，国家と個人の間のルールを定めた法のことを公法と呼び，民法のように，個人と個人の間のルールを定めた法のことを私法と呼びます。刑法と民法以外の法がどちらに分けられるのか，代表的なものを下の表に示しました。

	それぞれに当てはまる具体的な法の例
公法	刑法，憲法，行政法，民事訴訟法，刑事訴訟法
私法	民法，商法，会社法，消費者契約法，借地借家法

2　一般法としての民法

CASE1-2

　2021年3月1日，Ａは，Ｂから甲建物を借りました。しかし，同年12月1日になって，ＡはＢから「甲についての契約を解約したい。今から3か月後に甲から出ていってくれ」といわれました。

　Ａは，あわててポケット六法を調べたところ，民法617条1項によれば，賃貸借の期間が定められていない場合，その解約はいつでも申し入れることができ，申入れから3か月後に賃貸借が終了するとなっています。

　もう少し調べてみると，借地借家法27条1項にも，建物の賃貸借の解約について

のルールが定められてるのを発見しました。それによれば，建物の賃貸借は，建物を貸している人（建物の賃貸人）が解約の申入れをした時から6か月後に終了するとなっています。それぞれの法で，違う内容のルールが定められているので，Aは混乱しています。

甲建物の賃貸借の解約は，どちらの法にしたがうことになるのでしょうか。

民法617条1項

当事者が賃貸借の期間を定めなかったときは，各当事者は，いつでも解約の申入れをすることができる。この場合においては，次の各号に掲げる賃貸借は，解約の申入れの日からそれぞれ当該各号に定める期間を経過することによって終了する。
1　土地の賃貸借　1年
2　建物の賃貸借　3箇月
3　動産及び貸席の賃貸借　1日

借地借家法27条1項

建物の賃貸人が賃貸借の解約の申入れをした場合においては，建物の賃貸借は，解約の申入れの日から6月を経過することによって終了する。

一般法と特別法の意味

私法には，さまざまな法が含まれます。民法は，私法の中の一般法と呼ばれています。一般法とは，それと異なる特別のルールを定めた法がない限り，広く適用される法のことです。お金を払って物を借りること（賃貸借）には，DVDのレンタルや駐車場の賃貸借などさまざまなものがあります。民法は，これらの賃貸借に関して広く適用されるものです。

CASE 1-2で出てきた借地借家法は，「建物の所有を目的とする土地の賃貸借」や「建物の賃貸借」に関して，民法とは異なるルールを定めています。このような一般法と異なるルールを定めた法は，特別法と呼ばれます。

一般法と特別法の関係

特別法が一般法と異なるルールを定めている場合，特別法の定めるルールが一般法の定めるルールに優先します。CASE 1-2で問われているのは，解約によって建物の賃貸借がいつ終了するのかということです。解約によって建物の賃貸借が終了する時点については，借地借家法が民法と異なるルールを定めています。

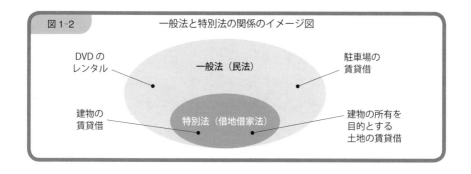

図1-2　一般法と特別法の関係のイメージ図

DVD の
レンタル

一般法（民法）

駐車場の
賃貸借

建物の
賃貸借

特別法（借地借家法）

建物の所有を
目的とする
土地の賃貸借

そのため，CASE 1-2 の場合，特別法である借地借家法のルールが優先することになります。したがって，甲の賃貸借は，建物の賃貸人（B）が解約の申入れをした時から 6 か月後に終了することになります（そのため，A は，解約の申入れがされた時から 6 か月間，甲を出ていく必要はありません）。

2　民法の全体像

1　民法の対象：財産法と家族法

民法の目次

　本書は民法の「第 1 編　総則」に関する本です。では，下の民法の目次を見てみましょう。目次を見ると，民法が，第 1 編を含めて次の 5 つの編（パート）から成り立っていることがわかります。

第 1 編　総則／第 2 編　物権／第 3 編　債権
第 4 編　親族／第 5 編　相続

　しかし，「第 1 編　総則」は，すぐにはイメージがつかみにくい内容を含んでいます。そこで，先に「第 2 編　物権」から「第 5 編　相続」までの内容を説明したいと思います。

2 財産法

民法「第2編 物権」と「第3編 債権」は，財産に関するルールを定めるもので，財産法とも呼ばれます。第2編と第3編のタイトルになっている「物権」，そして「債権」とは，どのような権利なのでしょうか。まず，物権と債権の意味を確認しましょう。

物 権

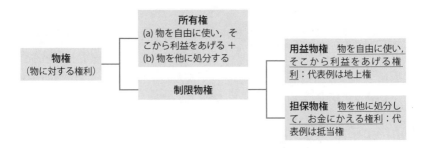

(1) 所有権

CASE 1-3

Aは甲土地をもっています。ある時，Bは，Aの許可をもらわずに，自分の乙自動車を甲において帰りました。Aは，Bがいつまでたっても乙をもって帰ろうとしないので困っています。Aは，Bに対して乙をもって帰るように求めることができるでしょうか。

人が物を自分のものとしてもっていることを，所有といいます。民法は，この所有を権利として認めています。これが所有権です。所有権のある人（所有者）は，物を自由に使ったり（使用），物を誰かに貸して利益をあげたり（収益），誰かに物を売って（処分して）お金にかえたりすることができます（206条）。また，所有者による利用が何らかの方法によって邪魔された場合には，所有者はそれを取り除くように求めることができます。

Aが甲をもっているということは，甲の所有権があるということを意味します。そのため，Aは，Bに対して乙を取り除くように求めることができます。

所有権という権利は，物に対する権利です。民法は，この特徴に注目して，物に対する権利のことを物権と呼んでいます。所有権は，物権の代表的な例です。

(2) 制限物権

(a) 制限物権とは

CASE 1-4
　A電気店は，郊外で営業を始めました。もっとも，Aの店のまわりには目印となるようなものがなく，道に迷う客が大勢いました。このままではいけないと思ったAは，大通りに大きな広告塔を建てて，店までの道順を示そうと思いました。そこで，Aは，大通りの近くの甲土地をもっているBに，広告塔を建てさせてほしいと頼みました。Bは，甲にAの広告塔を建てても構わないと思っていますが，甲の所有権は手元においておきたいと思っています。AとBの希望はどうすればかなうのでしょうか。

　所有権という権利には，①所有者が物を自由に使い，そこから利益をあげるという内容と，②所有者が物を処分して，お金にかえるという内容があります。

　所有者は，所有権を手元に残したままで，その内容の①または②を他人に与えることができます。そのようにして与えられた権利のことを制限物権と呼びます（制限物権という言葉における「制限」とは，所有権が一部の内容に制限された物権であることを意味しています）。

　民法では，制限物権を取得することを制限物権の設定と呼びます。制限物権の設定によって，所有権の内容の一部（上記の①または②）をもらうことができます。制限物権の設定は，契約または法律によってなされます。制限物権を設定する契約のことを制限物権の設定契約と呼びます。

　(b) 用益物権　　制限物権のうち上記の①の内容（使用と収益）を与えられた権利は，用益物権と呼ばれます。用益物権の代表的な例として，地上権があります。地上権とは，他人の土地において工作物（例えば，広告塔）等を所有するため，その土地を使用する権利です。ある土地の地上権が他人に与えられたとしても，その土地の所有者の所有権はなくなりません。

　CASE 1-4のAは，甲の所有者Bと「BがAに対して甲に対する地上権を与える」という契約を結ぶことで，甲に対する地上権を取得する（設定する）ことができます。こうすることで，Bの手元に甲の所有権を残したままで，Aは甲を使用して広告塔を建てることができることになります。

　(c) 担保物権

CASE 1-5
　AはBに1000万円を貸しました。Aは，貸した後になって，Bが別の人からも

1000万円を借りていることを知りました。Bは，以前は多くの土地をもっていましたが，今は，1000万円の価値のある乙土地しかもっていません。Aは，「Bが返済日にお金を返せない場合，乙を誰かに売って，その売ったお金を誰よりも先に私（A）が受け取れればよい」と考えています。どうすればAの希望はかなうのでしょうか。

　所有権の内容のうち②を与えられた権利は，担保物権と呼ばれます。担保物権の代表的な例として，抵当権があります。抵当権とは，貸したお金を返してもらえないときに備えて，貸した相手や他人の土地・建物に対してつけられる権利です。抵当権をつけたとしても，その土地や建物に対する相手や他人の所有権はなくなりません。しかし，貸したお金が返されなかったとき，抵当権のある人（抵当権者）は，抵当権のつけられた土地や建物を第三者に売って，誰よりも先に，その代金から貸した分のお金を受け取ることができます。^{⇒253頁}

⇒253頁

　CASE 1-5 のAは，乙の所有者Bと，BがAに対して乙の抵当権を与えるという契約を結ぶことで，乙に対する抵当権を取得する（設定する）ことができます。そして，Bが借りたお金を返せなかったとき，Aは，この抵当権を用いて，乙を第三者に売り渡し，誰よりも先に，その代金からBに貸した分のお金を受け取ることができます。

債　権

　債権とは，①特定の者（債権者）が，②他の特定の者（債務者）に対して，③一定の行為をしてもらう権利をいいます。CASE 1-6 を素材にして学びましょう。

(1)　債権とは

> **CASE 1-6**
>
> 　会社員のAは，自宅を買うための資金として，B銀行との間で，3000万円を借りる契約を締結しました。この場合，誰が誰に対してどのような権利をもち，あるいは義務を負っているでしょうか。

　AはBから3000万円を借りる契約をしています（どういうことがそろえばお金を借りる契約が成立するのかについては，④で詳しく説明します）。Bは，Aにお金を「あげた」のではなく「貸した」のですから，Aに対して貸したお金3000万円を返してもらう（3000万円を支払ってもらう）ように求めることできると，皆さんは考えたのではないでしょうか。^{⇒12頁}

⇒12頁

このBがAに対してもつ，3000万円を支払ってもらうという権利が債権です。先ほどの定義にあてはめると，①特定の者（B）が，②他の特定の者（A）に対して，③一定の行為（3000万円を支払う）をしてもらう権利となります。

Bのもっている債権に対応して，Aは，Bに対して3000万円を支払うという義務を負っています。債権に対応した義務のことを債務といいます。そして，債権をもつ者（B）のことを債権者といい，その相手方となる者（義務を負う者〔A〕）のことを債務者といいます。

図1-3

債権者　B　──債権──→　A　債務者

(2) 債権の発生原因

(1)では，契約がきっかけとなって債権が発生しました。こうしたきっかけになることを債権の発生原因といいます。債権の発生原因として，民法は，契約のほかにも，3つのことがら（不法行為・不当利得・事務管理）を定めています。債権の発生原因を理解するために，もうひとつ，不法行為についても見てみましょう。不法行為は契約と並んで債権の発生原因として代表的なものです（不当利得・事務管理は6巻で学びます）。

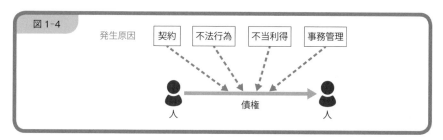

図1-4

発生原因　契約　不法行為　不当利得　事務管理

人　──債権──→　人

⇒2頁
CASE1-1（AがBを殴りつけたケース）に戻りましょう。CASE 1-1の加害者Aは，民法709条によって，被害者Bのもとで発生した損害を賠償しなければなりません。このように，他の人から自分の権利を侵害されて，損害が生じた場合のことを不法行為といいます。この場合，Bは，①特定の者（B）が，②他の特定の者（A）に対して，③一定の行為（20万円を支払う）をしてもらうという債権をもっています。2頁では，Aは，けがの治療費にあたる20万円をBに対し

て支払わなければいけないと説明していますが，これは，Ｂのもっている債権を，債務者であるＡの側から述べたものです。

(3) 債務不履行

それでは，債権・債務が発生した後のことについて簡単に見ておきましょう。

債務者が債務の内容として行うべき行為のことを給付といいます。債務者が債務の内容どおりの給付を行うことを，債務を履行するといいます。

債務者が債務を履行しないこと（債務不履行）で，債権者が損害を受けた場合，債務者は債権者に対してその損害を賠償しなければなりません[1]（415条1項。詳しくは4巻で学びます）。

3 家族法

民法第4編と第5編は，家族に関するルールを定めるもので，家族法と呼ばれています。「第4編 親族」では，結婚や離婚に関するルールや親子に関するルールなどが定められています。「第5編 相続」では，人が死亡した場合において，その人の財産の行方に関するルールが定められています（本書では第**2**章〔失踪宣告 ⇒27頁〕，第**14**章〔無権代理と相続 ⇒218頁〕で学びます。詳しくは7巻で学びます）。

3 民法全体の中での民法総則の位置づけ

1 「総則」とは何か

本書が取り扱うのは，民法の「第1編 総則」です。民法の「第1編 総則」には，第2編〜第5編のすべて（総て）に共通するルール（規則）を抜き出したものが置かれています。

2 民法総則の内容

民法全体に共通するルールとは

では，民法全体に共通するルールとは何でしょうか。

note
[1] 発展 4巻4頁，62頁以下。

「第2編　物権」は，物に対する権利についてのルールを定めており，「第3編　債権」は，一定の行為をしてもらう権利についてのルールを定めています。また，「第4編　親族」は，家族のメンバーがどのような権利をもつのかについてのルールを定めており，「第5編　相続」は，人が死亡した場合に誰がその財産を受けとる（相続する）権利をもつのかについてのルールを定めています。そうすると，民法全体に共通することがらは，「権利」であるといえるでしょう。つまり，民法総則には，権利に関する共通ルールが置かれています。

権利に関する共通ルールとは

権利に関する共通ルールとしては，①誰が権利をもつことできるのか，②権利があるとして，何が権利の対象になるのか，③権利がどうやって発生し，消滅するのかを定める必要があります。

そこで，民法総則は，「第2章　人」と「第3章　法人」において，①誰が権利をもつことができるのかという権利主体にかかわるルールを定めています。

次に，「第4章　物」で，②何が権利の対象になるのかという権利客体にかかわるルールを定めています。

そして，「第5章　法律行為」と「第7章　時効」では，③権利がどのような原因で取得されたり消滅したりするのかという権利変動にかかわるルールを定めています。

したがって，民法総則は，以下の図のような構成になっています。

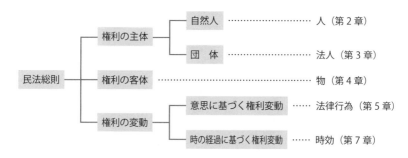

4 民法の適用

ここでは，法的三段論法について解説します。「三段論法」とは，結論を引き

出すための考え方の１つで，「①ＡならばＢである。②ＣはＡである。③よって，
ＣはＢである」というものです。民法の適用[2]は，法的三段論法によって行われます。そこで，民法の適用の基礎として，法的三段論法を学んでおきたいと思います。

法的ルールと法的三段論法

　法的ルールは「条件Ａがあるときは，結果Ｂが生じる」という形になっています。このＡのことを（法律）要件（以下では「要件」ということにします），Ｂのことを（法律）効果（以下では「効果」ということにします）と呼びます。そして，法的三段論法とは，この要件にあてはまる事実があると認められた場合には，効果が発生するということを導く考え方を意味します。

法的ルールの具体例

> **CASE 1-7**
> 　2020 年 5 月 15 日，Ａは，1 年後に返済することにして，Ｂから 100 万円を借りる約束をし，その日のうちに 100 万円をＢから受け取りました。

　では，CASE 1-7 をもとに，法的三段論法に取り組んでみましょう。
　民法では，お金を借りる契約は消費貸借契約と呼ばれています。民法 587 条は，「消費貸借は，当事者の一方が種類，品質及び数量の同じ物をもって返還をすることを約して相手方から金銭その他の物を受け取ることによって，その効力を生ずる」と定めています。
　この条文を要件と効果に分けると，次の表のようになります。

民法 587 条の要件	民法 587 条の効果
①当事者の一方が種類，品質及び数量の同じ物をもって返還することを約束すること ②相手方から金銭その他の物を受け取ったこと	消費貸借契約の効力が生じる（借りたのと同じ物を返してもらう権利〔債権〕が発生する）

---

note

[2] **説明**　法を事例にあてはめて用いること。

要件へのあてはめ

CASE 1-7 では，A は，B から 100 万円を借りた上で，1 年後に，借りた物と同じ 100 万円を返すという約束をしています。これは，契約の当事者の一方である A が，借りた 100 万円と同じ種類，品質および数量の物を B に返す（返還する）ことを約束するものです。それゆえ，この約束は前頁の表にあげた要件①にあてはまります。

次に，A は，B から 100 万円を受けとっています。これは，相手方から金銭を受け取るものですから，要件②にあてはまります。

以上から，CASE 1-7 の事実は民法 587 条の要件①②にあてはまるので，CASE 1-7 では，民法 587 条の効果，いいかえると，A に対して，借りたのと同じ物（100 万円）を返してもらう権利（債権）が B に発生していることになります。

事　実	民法 587 条の要件へのあてはめ	民法 587 条の効果の発生
A が B から借りた 100 万円を返すという約束をした。 A は，B から 100 万円を受けとった。	→要件①にあてはまる →要件②にあてはまる	効果の発生（借りたのと同じ物〔100 万円〕を返してもらう権利〔債権〕の発生）

法の解釈とは

これだけをみれば，民法の適用は簡単なように思われるかもしれません。しかし，民法の規定で示される要件には，「未成年者」（5 条）のように一見してその言葉の意味が明確なものもあれば[3]，そうではないものもあります。後者の場合には，要件の意味を明らかにするためにも，規定で用いられている言葉の意味を明らかにする必要があります。この作業のことを法の解釈といいます。

---

note

[3] 説明　なお，成年となる年齢は，18 歳です（4 条）。

Column 1　証明責任

　CASE 1-7 で，A が 1 年経っても B にお金を返さず，B が A に貸した 100 万円を返すように裁判所に訴えを提起した場合，裁判官は，証拠をよく見て，民法 587 条の法律要件にあてはまる事実があるのかを判定しなければなりません。

　裁判官が民法 587 条の法律要件にあてはまる事実があったと確信したならば，裁判官は B の請求を正当であるという判決を下します。逆に，あてはまる事実がなかったと確信したならば，B の請求は認められないという判決を下します。

　しかし，証人の証言が食い違う場合のように，法律要件にあてはまる事実があったかどうかについて，裁判官が確信をもてない状態になることもあります。このような状態のことを真偽不明の状態といいます。この場合，裁判官が確信がもてないので判決を下すことができないとしますと，裁判は，いつまでたっても終わらないことになってしまいます。

　そこで，証明責任というルールが認められています。証明責任とは，ある事実が真偽不明の状態である場合，「そのような事実はなかった」と扱うルールです。そうすると，CASE 1-7 で法律要件にあてはまる事実が真偽不明であったならば，裁判官は，そのような事実がなかったものとして，B の請求は正当でないという判決を下すことになります。

　これによると，B は，法律要件にあてはまる事実が真偽不明になった場合，100 万円を返してもらえないことになります。ですから，このような結果にならないように，B は，法律要件にあてはまる事実の証拠を積極的に提出しなければなりません。これを，B が「証明責任を負担する」といいます。

5　民法の基本原則

1　4 つの基本原則

　民法の冒頭には，次頁の表の 4 つの基本原則が定められています。

　これらは，いずれも一般条項と呼ばれるものです。一般条項とは，要件・効果が明確に規定されていない規範[4]のことです。これらのうち，公共の福祉（1 条 1 項）[5]と個人の尊厳・男女平等（2 条）は，第二次世界大戦後の 1946 年に定めら

公共の福祉（1条1項）	私権は，公共の福祉に適合しなければならない。
信義誠実の原則（信義則） （1条2項）	権利の行使及び義務の履行は，信義に従い誠実に行わなければならない。
権利濫用の禁止 （1条3項）	権利の濫用は，これを許さない。
個人の尊厳・男女平等 （2条）	この法律は，個人の尊厳と両性の本質的平等を旨として，解釈しなければならない。

れた日本国憲法の大原則を民法の中に取り入れたものです。

　実際によく使われるものとして，信義誠実の原則（以下，信義則と呼びます）と権利濫用の禁止を見てみましょう。

2　信義則と権利濫用

　信義則も権利濫用の禁止も，第二次世界大戦後になって民法の条文として定められたものです。しかし，信義則と権利濫用の禁止は，戦前から，判例・学説上認められていました。

信義則

CASE 1-8

　2020年2月1日，Aは，Bから同年8月31日に返済する約束で20万円を借りました。その約束では，①返済する際には，借りた20万円と半年分の利息1万8000円をあわせて，Bの銀行口座に振り込むこと[6]，②返済予定日に支払がなかった場合には，10万円の違約金を払うことになっていました。

　Aは，同年8月31日に，銀行で，借りたお金と利息をBの銀行口座に振り込みましたが，利息の額を勘違いしてしまい，21万7000円しか振り込みませんでした。

note

[4]　**用語**　規範とは「……すべきである」，「……してはならない」という形で表現されるもので，ある物事に対して判断したり，評価したりまたは行為したりする場合のしたがうべき基準のことをいいます。

[5]　**説明**　日本国憲法によれば，国民は，権利を常に公共の福祉のために利用する責任を負っています（憲法12条のほか，13条，29条も参照）。憲法学では，公共の福祉による制限には，①基本的人権を公平に保障するために必要とされる最小限度の制限と，②国家のある目的を実現するための方針（政策）を考慮して行われる制限があるとされており，ある権利が，①②のどちらにしたがうのかは，それぞれの人権の性質に応じて決まるとされています（野中俊彦ほか『憲法Ⅰ〔第5版〕』〔有斐閣，2012年〕260頁）。民法1条1項は，権利の行使が公共の福祉に反してはならないということを明らかにするために定められたといわれています。

[6]　**用語**　「銀行口座に振り込む」とは，相手の銀行預金の口座にお金を払い込むことです。

Bは，返済予定日に支払がなかったとして，違約金を払うように求めています。
　　Aは，債務不履行があったとして，10万円の違約金を払わなければならないでしょうか。

　信義則には，いくつかの使われ方があります（具体的な使われ方は，本書の第14章〔無権代理と相続〕⇒218頁，第16章〔信義則による時効の援用の制限〕⇒259頁を見てください）。ここでは，国会によって定められた法律（制定法）の内容を具体化する機能について説明したいと思います。

　民法は，債務者が債務の内容を実現するためにすべきことをしたならば，債務者は債務不履行による不利益を負わないとしています（492条，493条参照）[7]。「債務の内容を実現するためにすべきこと」のように，具体的な意味が明らかでないものを解釈する時，信義則がその手がかりとなります。

　CASE 1-8 で債務の内容を実現するためにすべきことが，「借りたお金と利息の全額（21万8000円）を返済すること」であると解釈するならば，Aには債務不履行があったことになりますから，違約金を支払わなければならなくなります。しかし，Aの支払った金額には，わずかな不足額（1000円）があるだけです。もしも，BがAに対して「わずかな不足額がある」と指摘していれば，Aはすぐに不足額を支払うことができたでしょう。不足額があることを指摘すればよいだけなのにもかかわらず，Bが，わずかながら不足額があること逆手にとって，高額の違約金を求めることは許すべきではありません。

　そこで，判例は，わずかな不足額があることにつけこんで，債務の履行がなかったと主張することは，信義則に照らして許されないとしました[8]。いいかえると，判例は，信義則を手がかりとして，わずかな不足額のある返済であっても，債務の内容を実現するためにすべきことをしたとあつかわれると解釈したのです。したがって，Aは，債務の内容を実現するためにすべきことをしたのですから，Bに10万円の違約金を支払う必要がありません。

note ───

[7]　発展　債務者は，原則として，債務の内容どおりの給付（債務の履行）をしなければなりません。もっとも，債務者が給付をしようとしたのに，債権者が債務者に協力しない場合もあります。そこで，民法は，債務者が債務の内容を実現するためにすべきことをしたときは，債務者は債務不履行による不利益を負わないとしています。これを弁済の提供といいます。くわしくは，4巻を見てください。

[8]　説明　最高裁は，支払うべき額が約1632円で不足額が約12円だった事案（最判昭和41年3月29日判時446号43頁）で，弁済の提供の効果が認められるとしました。

権利濫用の禁止

CASE 1-9（宇奈月温泉事件：大判昭和 10 年 10 月 5 日民集 14 巻 1965 頁）

　富山県にある宇奈月温泉は，引湯管（お湯を引くための管）を使って，山奥の原泉からお湯を引いてきて営業していました。この引湯管は，A が設置したもので，その全長はおよそ 7.5 km に及び，引湯管が設置されている土地は，急斜面でほかに使いようのないものでした。B は，甲土地（112 坪[9]）を所有しており，その 2 坪分を引湯管が通過していました。1928 年に，C は，甲の上に引湯管が設置されることについて B が A に許可を与えていなかったことを知りました。そこで，C は，B から甲を買い受けた上で，隣接する荒地と合わせて合計 3000 坪の土地（これら土地は，荒地で 1 坪約 5 銭〔0.05 円〕，最も勾配のゆるい土地で 1 坪約 25 銭〔0.25 円〕の価値しかなかったといわれています[10]）を 1 坪 7 円（総額 2 万 1000 円）で買い取るように A に求めました[11]。引湯管を甲から撤去するのは非常に困難で，たとえ可能であっても甲を迂回する引湯管を設置するためには莫大な費用が必要です。A がこの求めに応じなかったので，C は甲の所有権に基づき，A に対して引湯管の撤去を求める訴えを提起しました。

---

　1 条 3 項は権利濫用を禁止しています。権利濫用とは，権利の行使ではあるものの，具体的な事情などをあわせてみてみると，その権利行使が社会的に許される限度を超えていることをいいます。**CASE 1-9** で具体的にみてみましょう。

　CASE 1-9 の C は甲の所有権をもっています。原則として，所有権をもっている人は，その利用を邪魔された場合に，それを取り除くように求めることができます。そうすると，C が引湯管の撤去を求めることは，一応，権利の行使といえます。しかし，**CASE 1-9** では，①所有権に対する侵害を取り除くことが著しく困難で，もし取り除くことができたとしてもきわめて大きな費用が必要となります。また，②土地の所有者 C は，所有する土地を通常の価格を大幅に超えた金額で買い取るように A に求めていて，不当な利益を手に入れようとしていることが明らかです。①②の事情からすると，C による引湯管の撤去の求めは，社

⇒6 頁

---

note

[9] **用語**　1 坪とは 3.3 m² のことです。

[10] **説明**　中川善之助『民法風土記』（初出，日本評論社，1965 年，講談社学術文庫版，2001 年）19 頁。

[11] **説明**　1928 年当時の 1 円は，今でいうとおよそ 622 円の価値がありました（ちなみに，1928 年に有斐閣が出版した書籍〔三潴信三『全訂担保物権法〔第 19 版〕』（約 650 頁）〕は定価 5.3 円でした）。そうすると，C は，現在の価値で言うとおよそ 1300 万円での買取りを求めていたことになります。

会的に許される限度を超えているといえます。このことから、判例は、Cが引湯管の撤去を求めることが、権利濫用にあたり、許されないとしました。

Column 2　判　例

　判例とは、裁判所が特定の事件に対して下した判決で、同じような内容の事件を裁判する際の基準（先例）となるもののことをいいます。日本にはさまざまな裁判所が存在していますが、その中でも、最高裁判所の判例が重要です。高等裁判所の判決が過去の最高裁判所の判例に反する場合、高等裁判所の判決に納得いかない者は、最高裁判所に改めて判断をしてもらうように申し立てること（上告受理申立て）ができます（民訴 318 条 1 項）。また、過去の最高裁判所の判例と異なった判断をする場合には、最高裁判所の構成メンバーである 15 名の裁判官全員が参加する大法廷で、慎重に判断することが求められています（裁 10 条 3 号）。

▌信義則と権利濫用の関係 ▌

　信義則と権利濫用は、一般的に、それぞれ異なるものであるととらえられています。信義則は、契約の当事者のように特別な権利と義務の関係にある者の間で適用され、権利濫用の禁止は、そのような関係のない者の間で適用されると考えられています[12]。

Column 3　権利濫用

　民法 1 条 3 項では、権利乱用ではなく、濫用という漢字が用いられています。「濫」も「乱」も「みだす」という意味をもっています。もっとも、辞書を引いてみますと、それぞれ具体的な意味が違っています。「濫」は「一定の決まった範囲や程度を超え出ている様子」、「乱」は「しっかりと治まっていない様子」という意味です。そもそも、権利（英語で right）というものは、正しいものであると考えられています。それゆえ、権利を「正しくないもの」として用いることは、

---

note ━━●

[12] 発展　もっとも、実際の判例では、かならずしも以上の区別におさまりきらないものや両者を並べてあげるものも少なくありません。以上の区別は、あくまで、信義則と権利濫用の禁止に関するとりあえずの手がかり程度のものとして理解しておいてください（山本敬三『民法講義Ⅰ総則〔第 3 版〕』〔有斐閣，2011 年〕634 頁）。

決められた範囲を超えて（濫），権利を用いることといえます。このような理由
から，民法1条3項は，特に，権利濫用という表現を用いているのです。

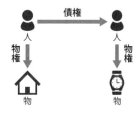

第2章

権利能力
──人①

● INTRODUCTION ●

　この章では，「人」，「権利能力」について学びます。

　「人」に関するルールは，民法の最初の部分に定められています。権利をもったり，義務を負ったりすることができるのは，「人」だけだからです。民法は，権利・義務について定めるルールですから，はじめに，だれが権利をもち，義務を負うことができるかを明らかにしているのです。

⇒11頁

「人」とは何か

　民法には，「人」とは何かを直接に定めた規定はありません。とはいえ，私たち人間が「人」であることは，だれも疑わないでしょう。それでは，まだ生まれていない胎児も「人」でしょうか。あるいは，死者はどうでしょうか。さらに，法によって「人」として扱われるのは，人間だけなのでしょうか。

　法律上，「人」として扱われるということを「法人格をもつ」といいますが，このように，「人」という言葉一つをとってみても，明確にすべき点がいろいろとあるのです。

権利能力とは何か　📖3条

　権利をもち，義務を負うことができる資格のことを権利能力といいます。権利

をもち，義務を負うのは「人」だけですから，人であるということは，つまり，権利能力があるということと同じ意味です。

　なお，能力と呼ばれるものには，権利能力のほかに，意思能力，行為能力といったものもあります。これらについては，第**3**章で学びます。

人

　民法が「人」と定めるものは，2種類あります。

┃自然人┃

　第1に，先にも触れましたが，人間は「人」です。人間である以上，だれでも例外なく「人」です。歴史上存在した奴隷のように，「人」としての資格をもたない人間は，いまでは存在しません。また，年齢，性別，社会的地位などの区別なく，みんな平等に「人」として扱われます。

　これら生身の人間は，自然人（しぜんじん）と呼ばれます[1]。以下，この章では，自然人の権利能力に関する問題をみていきます。

┃法 人┃

　第2に，民法は，自然人以外のものが「人」として扱われることも認めています。例えば，株式会社がそうです。株式会社では，株を買うとその会社の株主になることができますが，株を発行したことで会社が得たお金は，会社の事業資金になります。こうして複数の人が会社に集まることで，株式会社は，個人ではできないような大きな経済活動ができるようになるのです。民法は，このような「人の集まり」である株式会社のことも，「人」として扱っています。

　このタイプの「人」は，法の効力でつくり出される人という意味で，法人と呼ばれます（33条以下）。法人というしくみがなぜ必要なのか，自然人と何が違うのか，株式会社のほかにどのような法人があるのかといったことについては，第**4**章で学びます。

note ───●

[1] 用語　法律用語としての「自然」という言葉には，「ことの性質からして当然に」人として扱われるというニュアンスがあります。「自然豊かなところで育った」というような意味はありません。

2 権利能力

　以下では，自然人の権利能力の始まりの時点（**1**）と終わりの時点（**2**）について説明します。いいかえれば，以下でみるのは，自然人は，いつからいつまで民法のいう「人」として扱われるのかという問題です。

1　権利能力の始期

　権利能力が始まる時期（始期）とは，自然人が「人」として扱われる最初の時点のことです。これについて，民法は，「私権の享有（きょうゆう）は，出生（しゅっしょう）に始まる」と定めています（3条1項）。「私権の享有」というのは，私法で認められる権利をもつ資格（＝権利能力）があるということですから[2]，この規定によると，自然人が「人」として扱われるのは「出生」の時点からだということがわかります。当たり前のことのようですが，これについても確認すべきことがあります。

┃ 出　生 ┃

　出生とはいつの時点をいうのでしょうか。この点については，母親が子を産むなかで，子の身体の一部だけでなく，全部が母親の体の外に出てきた時点だと考えられています。

　そうである以上，母親の胎内にある子，つまり胎児には権利能力はありません。

┃ 胎児の権利能力 ┃

（1）　胎児に権利能力が認められる場合

　けれども，胎児には権利能力がないという原則を徹底すると，不合理なこともあります。

CASE2-1
　夫Aとの間の子を妊娠したBは，妊娠10か月になり，いよいよ子どもが生まれようという時期にさしかかっていました。ところが，そんなある日，Aが自動車事故で死

---

note
[2]　用語　私法とは，個人と個人の間のルールを定めた法律です（→第1章）。ですから，私法である民法が定める権利，例えば物権や債権は，私権に当たります（→6頁）。

亡しました。事故の原因は，衝突の相手であるＹの脇見運転でした。この事故の翌日に，無事，子Ｘが生まれました。

詳しくは６巻で扱いますが，不法行為によって死亡した者の近親者は，加害者に対して，自分が受けた精神的苦痛について慰謝料の支払を求めることができます（709条，711条）。CASE 2-1についていえば，Ｙの脇見運転による事故でＡが死亡したことを理由に，Ａの近親者は，Ｙに対して，慰謝料の支払を求めることができます。

慰謝料は，損害賠償の一種です。損害賠償の支払を求める者には，損害賠償を請求する権利（損害賠償請求権。債権の一種です）がなければなりません。しかし，胎児には権利能力がないのですから，胎児が損害賠償請求権をもつことはありません。そうすると，CASE 2-1では，慰謝料を請求することができるのはＢだけだということになりそうです。

しかし，かりに事故が起きる前にＸが生まれていたならば，Ｘは慰謝料の支払を求めることができるわけです。極端にいえば，Ｘが事故の前日と翌日のどちらに生まれたかで慰謝料をもらえるかどうかが変わるわけですが，これでは，Ｘの立場が偶然に左右されてしまいます。

そこで，民法は，損害賠償請求権については，胎児はすでに「生まれたものとみなす」としています（721条）。CASE 2-1のＸも，Ｙに対して慰謝料の支払を求める権利があるとしたのです[3]。もっとも，死産だった場合には，胎児の権利能力は否定されることになります（相続についての886条２項を参照）。

Column 4　みなす

みなすという言葉は，法律用語では，「真実はどうあれ，A＝Bとして扱う」という意味で用います（「擬制する」ともいいます）。例えば，遠足に行くにあたって，「おやつは500円までとする」「バナナはおやつとみなす」というルールをつくったとしましょう。この場合に，500円分のおかしのほかに，弁当と一緒にバナナを持っていった少年が，「僕は500円の制限をオーバーしていない」と

---

note

[3] 説明 同じ考え方に基づく規定として，886条（相続），965条（遺贈。遺言によって財産を与えることです）があります。胎児に有利なことがらについては，胎児はすでに生まれたものとして扱われるわけです。

主張するためには，「バナナは果物だから，おやつではない（A≠B）」と弁解しても無駄です。少年は，「これはバナナ（A）ではない」と言わなければならないのです。このように，「AはBとみなす」というルールがあるときは，「Bではない」ことを主張するためには，「Aではない」ことを主張しなければなりません。

(2) 胎児を代理することができるか

上にみたとおり，損害賠償請求権は胎児にも認められるわけですが，権利というのは，実際に使えなければ役に立ちません。しかし，胎児が自分で権利を行使するわけにはいきませんから，だれかが代わりに権利を行使するしくみが必要です。第3章でみるとおり，未成年のうちは，親権者（親がいる場合は，親であることが普通です）が本人に代わって権利を行使します。それならば，胎児についても，例えば妊娠中の母親が権利を行使することが考えられそうです。

ところが，民法は，胎児は「生まれたものとみなす」と定めるだけで，親権者が，①子が出生してから，胎児であった時期の分も権利を行使することができるようになるのか（図2-1の B の時期になってはじめて，A の時期についても権利行使が可能），それとも，②妊娠中から胎児の権利を行使することができるのか（図2-1の A の時期から権利行使が可能）については，何も定めていません。

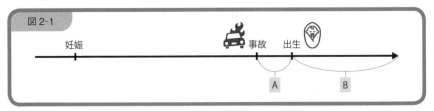

図2-1

妊娠　　　　　　　　　　事故　出生

A　　　　　　B

①の考え方は，民法には胎児の代理について定めた規定がないことを理由とします。また，②の考え方に対しては，胎児が生きて生まれなかった場合，A の時期にした権利行使の効果が後から無効だったことになり，混乱が生じてしまうと批判します。

これに対して，②の考え方は，721条が胎児を生まれたものとみなす以上，胎児の時点から，未成年者と同じ方法で権利行使ができるはずだと考えます。また，①の考え方からの批判に対しては，現在では胎児は無事に生まれることが多いから，A の時期から代理を認めても混乱が起きるケースは少ないと反論します。

死産という例外的な場合にだけ，権利行使が無効であったものとして解決すれば
よいわけです。

　どちらの考えも成り立つところですが，②の考え方が説くように，胎児に権利
能力を認める以上，胎児のうちからこれを行使することも認めることが望ましい
といえるでしょう。

2　権利能力の終期

　権利能力がなくなる時期（終期）は，死亡の時です。

　このことを明示した条文はありません。しかし，「相続は，死亡によって開始
する」という条文（882条）が手がかりになります。相続とは，ある人が死亡し
たときに，その権利・義務を，特定の人（相続人）に引き継がせるしくみです。
こうして権利・義務を引き継がせるのは，死亡した人には権利・義務をもつ資格
（＝権利能力）がないこと，つまり，死亡が権利能力の終期であることを前提とす
るからなのです。

┃死亡┃

(1)　意義

　人が死亡したかどうかは，どのように判定されるのでしょうか。心臓の停止を
基準として判定を行うのが一般的ですが，医学が発達した今日では，脳死の取扱
いが問題になっています[4]。脳死＝死亡と定められているわけではありませんが，
臓器移植との関係では，脳死した者の身体も含めて死体として扱い，そこから一
定の場合に臓器を摘出することが法律で認められています（臓器移植6条1項柱書）。

(2)　同時死亡の推定

　病院で亡くなったときは，普通は，死亡の時期ははっきりします。しかし，死
亡の時期が正確にはわからず，そのために問題が生じることもあります。

---

note

[4] 用語　脳の機能が停止して回復の可能性がなくなることを，脳死といいます（臓器移植6条2項を参照）。

CASE 2-2

A所有の漁船が嵐にあって沈んでしまい，それから10日後，船に乗っていた父Aと，その息子Bが死亡しているのが発見されました。のこされたAの親族には，妻Cと母Dがおり，Aには1200万円の財産がありました。この財産は，だれが，どのように相続することになるでしょうか。

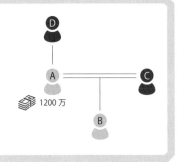

CASE 2-2では，AとBが死亡したことは明らかなのだから，どちらが先に死亡したかまではわからなくてもよいではないかと思われるかもしれません。しかし，死亡の時期は，相続に影響を与えることがあります。CASE 2-2をもとに，⇒218頁
2つの場面を考えてみましょう。

①AがBより先に死亡した場合。この場合には，まず，Aの死亡によってA→B（887条1項），A→C（890条）という2つの相続が生じ，次に，Bの死亡によってB→C（889条1項1号）という相続が生じます。その結果，Cが1200万円全部を相続することになります[5]。

②BがAより先に死亡した場合。この場合には，Aが死亡した時点ではBには権利能力がないわけですから，A→Bという相続ではなく，A→C，A→D（889条1項1号）という2つの相続が起こります。その結果，Cが800万円，Dが400万円を相続します[6]。

このように，2人のどちらが先に死亡したかがわからないと，①と②のどちらで解決してよいかがわからなくなり，だれにどれだけの取り分があるかが不明確になります。これを避けるために，民法は，2人のどちらが先に死亡したかが不明なときは，同時に死亡したものと推定しています（32条の2）。

AとBが同時に死亡したとすると，Aが死亡した時点ではBには権利能力が

---

note

[5] **説明** 具体的な計算方法は，こうです。まず，BとCが1：1の割合でAを相続しますから（900条1号），A→Bで600万円，A→Cで600万円が相続されます。次に，B→Cで600万円が相続されますから（889条1項1号），結局，Cが1200万円全額を相続することになるのです。

[6] **説明** この場合には，CとDが2：1の割合でAを相続しますから（900条2号），A→Cで800万円，A→Dで400万円が相続されます。

ありませんから，上の②と同じ結論になります。推定されるというのは，ひとまずは②として扱うけれども，真実は①だったことが証明されたならば（「反証を挙げる」といいます），結論がくつがえって①として扱われるということです。つまり，CASE 2-2 は，「実はAのほうがBよりも先に死亡していた」という反証がない限り，②の方法で解決されます。

(3) 認定死亡

　水難や火災などによる死亡の場合には，死亡したこと自体は間違いなくても，死体を確認することができないこともあります（CASE 2-2 で，船は見つかったけれども，遺体が見つからなかったという場合など）。この場合には，警察署などの役所が死亡を認定し，市町村長に報告をすることで，戸籍上，死亡したという取扱いがされます。認定死亡という制度です（戸89条）。

失踪宣告

CASE 2-3

　団子屋の2人兄妹の長男であるAは，16歳の時に父と大げんかをして家を出たきり，10年以上も帰って来たことがありません。Aが家出をした時には母はすでに死亡しており，Aが家出している間に父も死んでしまいましたが，Aからの連絡はその後も一切なく，いまではAが生きているかどうかさえわかりません。
　Aの妹Bは，父が生前にもっていた財産を整理したいと考えています。ところが，父は，「Aには，自分がもっている甲土地を与える」という遺言をしていました。Bとしては，甲がAのものになるのはよいけれども，Aがいない以上，どうすればよいのかがわからずに困っています。

　CASE 2-3 のAのように，それまでに生活をしていた場所から去った者（「不在者」といいます。25条）が音信不通になり，生きているかどうかがわからなくなることがあります。その場合，Aの財産はどうなるのでしょうか。

　兄妹だといっても，Bが勝手にAの財産を処分してよいわけではありません。さしあたり，Aの財産を管理するための手当てをすることも考えられますが（後にみる不在者の財産管理等），_{⇒31頁}根本的な解決のためには，Aの財産を整理して，余りがあればしかるべき人に分け与える必要があります。こうしたニーズに応える制度が，失踪宣告です（30条以下）。

(1) 失踪宣告の要件

どのような要件が満たされたときに，失踪宣告がされるのでしょうか。失踪宣告には2種類あり，それぞれについて要件が定められています。

第1は，普通失踪と呼ばれるもので，不在者の生死が「7年間明らかでないとき」に宣告されます（30条1項）。CASE 2-3 では，このしくみを使うことが考えられます。

第2は，危難失踪です。これは，乗っていた船が沈没したなど，命にかかわる災難（=危難）に遭った者が，危難が去った後，1年が過ぎても生死不明のときに宣告されます（30条2項）。その人は危難で死亡した可能性が高いですから，この場合には，生死不明の期間が短くされています。

失踪宣告をするのは，家庭裁判所です。家庭裁判所は，利害関係人からの申立て[7]があったときに審理を開始し[8]，これら2つのどちらかに当てはまる事情があれば，失踪宣告をします（家事148条）。

(2) 失踪宣告の効果

家庭裁判所が失踪宣告をすると，不在者は，死亡したものとみなされます（31条）。

死亡したとみなされる時点は，普通失踪の場合には7年が過ぎた時点，危難失踪の場合には危難が終わった時点（危難が終わってから1年が過ぎた時点ではありません。図2-2を参照）です。その結果，不在者の財産は，相続のしくみに従って，死亡したとみなされた時点の相続人の間で分配されます。CASE 2-3 では，妹であるBがAを相続します（889条1項2号）。

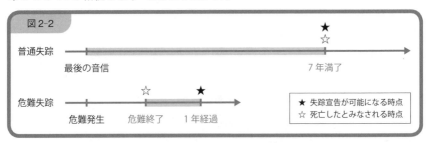

図2-2

普通失踪　最後の音信　　　　　　　　　7年満了

危難失踪　危難発生　危難終了　1年経過

★ 失踪宣告が可能になる時点
☆ 死亡したとみなされる時点

note
[7] 用語　家庭裁判所に対して判断を求めることをいいます（家事49条以下）。
[8] 説明　ここにいう「利害関係人」に当たるためには，法律上の利害関係がなければなりません。法律上の利害関係とは，失踪宣告によって権利を取得したり，義務を免れたりするということです。ですから，例えば，失踪者を相続するはずの者は「利害関係人」に当たりますが，親しい友人だというだけでは「利害関係人」には当たりません。

(3) 失踪宣告の取消し

(a) 財産関係　　もっとも，失踪宣告がされたからといって，失踪した人（失踪者）が本当に死んでいるとは限りません。何も連絡がなくても，実は別の街で生きていたということも考えられるからです。

　失踪宣告は，もといた場所での財産関係を整理するために便宜的に死亡したものとみなす制度ですから，この目的と関係のないことについてまで，失踪者の権利能力を否定することはありません。ですから，失踪者が別の街で生きていた場合に，その街でした契約まで無効になるわけではありません。

　また，生きていることがわかった以上，もといた場所でも，死亡したものとみなすという扱いを続けるべきではありません。

> **CASE 2-4**
>
> CASE 2-3 の A について失踪宣告がされましたが，それから 10 年後，A がふらりと帰ってきました。しかし，B は，A から相続した甲土地を C に売ってしまっており，C は甲に自宅を建てています。しかも，家業の団子屋も引き継いでいた B は，「甲が売れてお金が入ったし，ほかに使うあてもないから，このお金で隣町に店を出そう」と考えて，甲を売って得た代金をすべて開店資金に使ってしまいました。そのため，甲を売った代金は，もう 1 円も残っていません。

　CASE 2-4 のように，失踪者が実は生きていたことが判明したならば，その人の権利を回復しなければなりません。そのために，家庭裁判所は，失踪宣告を取り消すことになります（32 条 1 項前段，家事 149 条）。

　失踪宣告が取り消されると，失踪宣告がされる前の状態が回復されます（32 条 2 項本文）。ですから，CASE 2-4 についていえば，B や C は，A が相続によって受け取るべきであった財産をすべて A に返さなければなりません。これが原則です。

　とはいえ，現実問題としては，B から C に渡ってしまった財産を A に戻すことは，簡単ではありません。そこで，民法は，次のような解決を定めています。

　第 1 に，失踪宣告後，その取消前に失踪者が生きているとは知らずに（＝善意で）した行為は，失踪宣告の取消しの影響を受けず，有効なままとされます（32 条 1 項後段）。CASE 2-4 では，B が C に土地を売ってしまったことがこれに当たる可能性があります。その場合には，土地の所有者は C のままなのですから，A が C から土地を取り戻すことはできません。

問題は，善意という点です。この点について，判例は，①契約当事者の双方（B・C）が善意でなければならないとします（大判昭和13年2月7日民集17巻59頁）。善意でした「行為」というのは「契約」を指しますから，その当事者がいずれも善意でなければならないと考えるのです。しかし，これに対しては，②相手方（C）が善意であればよく，かりにBがAの生存を知っていても，CはAに土地を返還しなくてよいとする考え方もあります。32条1項後段の目的は，Aが生きていたことを知らなかったCを保護することであり，Bが善意であるかどうかは重要ではないと考えるのです。

　第2に，失踪宣告によって財産を得た者は，「現に利益を受けている限度においてのみ」財産を返還すればよいとされています（32条2項ただし書）。CASE 2-4でいえば，甲土地を売ってBが得た代金は，開店資金に使ってしまってもう残っていないのですから，Bは，よそから借りてきてまで，これを返す必要はありません（詳しくは，第11章を参照）。

　もっとも，条文に書かれているわけではありませんが，失踪者が実は生きていると知っていた（＝悪意であった）者には，この取扱いは適用されないと考えられています。悪意者は，自分が受けた利益が本当は失踪者のものだと知っていますから，利益を返せといわれても，想定外の損害を被ることはないのです。

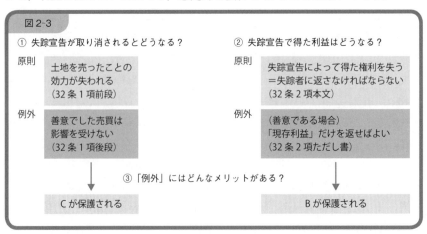

図2-3

① 失踪宣告が取り消されるとどうなる？

原則　土地を売ったことの効力が失われる（32条1項前段）

例外　善意でした売買は影響を受けない（32条1項後段）

↓

Cが保護される

② 失踪宣告で得た利益はどうなる？

原則　失踪宣告によって得た権利を失う＝失踪者に返さなければならない（32条2項本文）

例外　（善意である場合）「現存利益」だけを返せばよい（32条2項ただし書）

↓

Bが保護される

③ 「例外」にはどんなメリットがある？

　(b)　婚姻関係　　失踪宣告によって効力を失うのは，財産をめぐる法律関係だけではありません。例えば，婚姻関係をめぐる問題が生じることもあります。

CASE 2-5

Cは10年以上も音信不通であったため，妻Dの申立てによってCの失踪宣告がされました。その後，DはEと結婚しましたが，結婚から3年後にCが帰ってきて失踪宣告が取り消されました。この場合に，DとEが，本当はCが生きていることを知っていたときは，CとDの婚姻も復活するのでしょうか。

CASE 2-5 を32条1項後段にあてはめると，どうでしょうか。DがCの生存について悪意であった以上，失踪宣告が取り消されると，CとDとの間での婚姻関係が復活します。そうすると，Dは，CともEとも婚姻しているという関係（重婚関係）になってしまいます。重婚は認められませんから（732条），Dは，Cと離婚するか（763条以下），Eとの婚姻を取り消すか（743条，744条）して，この状態を解消しなければなりません。これが1つの考え方です。

しかし，現在では，婚姻関係には32条1項後段は適用されないとする考え方が一般的です。Cが帰ってきたからといって，DとEとの間で新たにつくられた関係をゼロには戻せませんし，「Cが生きていたとしても，やっぱりEと結婚したい」と考えたDの意思を尊重する必要もあるでしょう。そこで，32条1項後段は財産をめぐる法律関係だけに適用されるのであって，婚姻については，DやEの善意・悪意を問わず，C・D間の婚姻は復活しないと考えるのです。もしDがCとの婚姻関係をもとに戻すならば，まずEと離婚して，それからCと再婚しなければなりません。

不在者の財産管理

失踪宣告がされるほどには不在が長引いていなくても，だれかが不在者の財産を管理してあげなければならないことはあるでしょう。そこで，民法は，失踪宣告のほかに，不在者の財産を本人に代わって管理するための制度を設けています。「人」の死亡にかかわる問題ではありませんが，ここで説明します。

CASE 2-6

CASE 2-3のBは，父がAに遺言で与えた土地の管理を，だれかに頼みたいと考えています。そのような方法があるでしょうか。

(1) 不在者とは何か

不在者は,「従来の住所又は居所を去った者」と定義されています（25条1項）。住所とは,「生活の本拠」（22条）,つまり,生活の中心となる場所です[9]。これに対して,居所とは生活の「本拠」とまではいえないけれども,ある程度継続的に居住している場所のことです。住所がないときに,それに代わる役割をします（23条1項）。

(2) 財産管理の方法

不在者の財産を管理する者がいないときは,利害関係人等の請求により,家庭裁判所が,不在者の財産の管理人を選任するなどの処分を命じることができます（25条1項前段,家事145条〜147条）。裁判所によって選ばれた管理人は,不在者本人に代わってその財産を管理します。裁判所から命じられることで,不在者の代理人となるわけです（代理人については,第 **12** 章以下で学びます）。CASE **2-6** では,この方法をとることが考えられます。

管理の仕方はこうです。まず,管理人は,不在者にどのような財産があるか,だれかに借金をした等の債務はないかを調べて,財産の目録を作成します（27条1項）。その後に管理を始めるわけですが,管理の内容は,基本的には不在者の財産を維持するのに必要なものに限られます（103条を参照）。その範囲を超える行為,例えば,不在者の財産を売るとか,老朽化した建物を取り壊すといった行為をするためには,家庭裁判所の許可が必要です（28条,家事別表第1の55の項）。

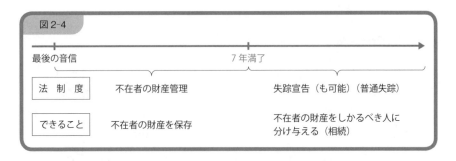

図2-4

		最後の音信 ──────── 7年満了 ──────→
法 制 度	不在者の財産管理	失踪宣告（も可能）（普通失踪）
できること	不在者の財産を保存	不在者の財産をしかるべき人に分け与える（相続）

note

[9] **説明** 住所を決めることには,さまざまな法律上の意味があります。例えば,売主は,特に取決めをしなかったときは,売った物を買主の住所に届けることになりますし（484条1項後段）,だれかを訴えるときは,相手方の住所がある地域の裁判所に訴えを起こすことができます（民訴3条の2第1項）。

失踪宣告は，不在者が死亡したとみなして財産を分け与える制度でした。これに対して，不在者の財産管理は，不在者が帰ってくれば自分で管理することができるように間をつなぐ制度です。役割の違いに注意しましょう（図2-4を参照）。

POINT

1　権利をもったり，義務を負ったりすることができる資格を，権利能力といいます。「人」であるということは，権利能力があるということを意味します。

2　自然人は，出生によって，だれでも例外なく権利能力をもちます。また，死亡によって，権利能力を失います。

3　胎児は，損害賠償請求，相続，遺贈に関しては，例外的に権利能力をもつものとして扱われます。出生の日の微妙な違いによって，胎児がこれらの利益を得られなくなることを避けるためです。

4　ある人について生死が不明な状態が一定期間継続したときは，家庭裁判所に申立てをすることによって，失踪宣告をすることができます。

5　失踪宣告には，①生死が7年以上明らかでないときに宣告される普通失踪と，②危難に遭った者が，危難が去った後，1年が過ぎても生死不明のときに宣告される危難失踪があります。

6　失踪宣告をされた人は，死亡したものとみなされ，相続のしくみに従ってその財産関係が清算されます。

7　失踪宣告を受けた者が生きていたことが判明した場合には，家庭裁判所は，失踪宣告を取り消します。この場合には，失踪宣告がされる前の状態を回復するために，失踪宣告を受けた者がもっていたはずの財産を返還しなければならないのが原則です。

CHAPTER

第**3**章

意思能力・行為能力
——人②

INTRODUCTION

　第**2**章では，人の「能力」のうち，権利能力について学びました。この章では，意思能力と行為能力について学びます。

　権利能力は，すべての人が例外なく備えるものでした。これに対して，意思能力と行為能力は，否定されたり，制限されたりすることがあります。まず，意思能力と行為能力がどのような「能力」なのかをみておきましょう。

意思能力とは何か　📖3条の2

　意思能力とは，法律行為をするにあたって，その意味を理解することができる能力です。例えば，「5000万円で土地を買う」という契約を結ぶ場合には，「この土地を買うと，5000万円を払わなければならない」ということを理解する能力がなければなりません。意思能力がない状態でされた法律行為は，無効です（3条の2）（⚊）。

行為能力とは何か　📖4条〜21条

　これに対して，行為能力とは，自分だけで有効な法律行為をすることができる能力です。行為能力は，法律が特に定める場合には制限されることがあります。行為能力を制限されている人がした法律行為は，あとから取り消すことができま

す（例えば，5条2項）。

以上が行為能力の骨組みですが，これだけではイメージがしにくいかもしれません。②では，どのような場合に行為能力が制限されるのかを具体的にみていきます。

注意が必要な言葉——法律行為

ここまでの説明のうち，法律行為という言葉が理解できなかったかもしれません。

法律行為については，詳しくは第6章以下で学びます。この段階では，契約のことだと考えてください。大事なのは，意思能力や行為能力が，「人」だけでなく，「契約」の問題にもかかわっているということです。

契約の問題を考えるときに基本となるのは，「自分のことは自分で決める」という考え方です。契約をするかどうか，どのような内容の契約にするかは，自由に決めることができます（521条を参照）。その代わり，自分がした契約については責任をもたなければなりません。

このように，権利や義務にかかわる関係を個人の意思で自由につくることができるという原則を，私的自治の原則といいます。意思能力や行為能力の問題を考えるときには，私的自治の原則をどこまで貫くことができるかを考えることが大事です。 ⇒84頁

1 意思能力

CASE 3-1

A・B兄弟は，両親からお年玉として5000円札を1枚ずつもらいました。両親は，兄B（12歳）には「そろそろ中学生だし，好きなものを買って大事に使いなさい」と言いました。

Bは，すぐにゲームソフト「アンドロメダの帝王」（3000円）を買ったので，3か月後の時点では，2000円しか残っていませんでした。他方で，弟A（4歳）は，5000円を使わずにもっています。そこで，Bは，悪だくみをして，「お前のお札1枚を，俺のお札2枚と交換してやろう」とAにもちかけました。これに対して，Aは，「うわぁー！（＝1枚が2枚に増えるなんて，ラッキー！）」と答えて，5000円を巻き上げられてしまいました。この5000円は，Bのものになったでしょうか。

CASE 3-1のAは，5000円と2000円の価値も，5000札1枚と1000円札2枚を交換することの意味も理解できていないようです。このように，法律行為の意

味を理解する能力，つまり，法律行為をした結果，どのような効果が生じるのかを理解する能力をもたないことを，Aには意思能力がないといいます[1]。

民法は，意思能力がない（「意思無能力（いしむのうりょく）」ともいいます）状態でした法律行為は無効だと定めています[2]（3条の2）。ですから，**CASE 3-1** では，Aは，5000円札1枚と1000円札2枚との交換は無効だと主張して，2000円を返す代わりに，5000円をBから取り戻すことができます[3]（121条の2第1項）。

意思無能力の状態でした法律行為が無効とされるのは，約束したことの意味もわからないような人には，「約束を守れ」という責任を問うことはできないからです。これは，私的自治の原則から導かれる結論です。私的自治の原則は，法的効果が発生する根拠を意思に求めます。ですから，法律行為をするためには，法的効果を発生させるに値する意思がなければならないのです。

CASE 3-2

A（80歳）は，時価1億円相当の甲土地をもっていますが，妻に先立たれた後に認知症のような症状が出て，最近では自分の財産の管理もままならない状態です。そこで，Aの隣に住むBが，「財産をちゃんと管理するために，私の言うとおりに書類を作ってほしい」とAを説得して，「甲をBに100万円で売ります」という書類を作らせました。甲は，Bのものになったといえるでしょうか。

意思能力がないとされるのは，子どもだけではありません。大人でも，高齢や病気の影響で十分な判断ができないときは，同じ問題が起こります。

CASE 3-2 では，Aが「Bに甲を100万円で売る」ことの意味を理解していたとはいえないでしょうから，この売買契約は無効です（3条の2）。ですから，かりに甲をBに引き渡していても，これを自分に返すように求めることができま

---

note ━━━●

[1] **説明** 子どもはいつから意思能力を備えるのでしょうか。一般に，小学校に入る程度の年齢（7歳程度）になるまでは，およそ意思能力はないと考えられています。ただし，遠足のおやつを買う場合と，相続で得た土地を売る場合とでは，判断を求められることの内容はかなり違いますから，どのような法律行為をするかによって必要な判断能力の度合いは違うといわざるをえません。

[2] **用語** 無効という言葉には，法律用語に特有の意味があります（詳しくは第11章で学びます）。**CASE 3-1** についていうと，無効というのは，お金を取り替えるというA・B間の契約はされているけれども，その効果，つまり，「Bが5000円札1枚を得る代わりに，Aが1000円札2枚を得る」という効果がそもそも発生しないことをいいます。後でみる「取消し」（本章 **note** [5]）との違いに注意しましょう。

[3] **説明** 実際には，Bは，両親から叱られたうえで，Aに5000円札を返すように言われることでしょう。法律的にみれば，これは，Aの両親が，Aに代わって（＝代理して），5000円札を取り戻すというAの権利を行使していることになります。なぜ両親がAを代理することができるのかは，後に説明します（→39頁）。

す（121条の2第1項）。

 **行為能力**

1 行為能力の制限 ────────────────●

┃行為能力を制限するのはなぜか┃

> **CASE 3-3**
> CASE 3-2の書面を作成してから2年後に、Aが死亡しました。Aの息子としてA
> の遺産を相続したCは、「甲土地の売買は、意思無能力状態でされたものだから無効
> だ」と主張して、Bに対して、甲の取戻しを求める訴訟を起こしました。Cは、この訴
> 訟に勝つことができるでしょうか。

　CASE 3-2でみたところによれば、CASE 3-3ではCが勝つはずです。けれ
ども、現実はそう簡単ではありません。というのは、こうです。
　CASE 3-3で売買契約が無効であったと主張するためには、Cは、「契約を結
んだ当時、Aは意思無能力であった」ということを証明しなければなりません。
ところが、裁判の時点になってから、売買をした時点でAに意思能力があった
かどうかを判定することは、非常に難しいことがあります[4]。
　けれども、意思無能力の証明がうまくいかないせいで売買の効果がそのまま認
められてしまうのでは、結局、意思表示をしたAは甲を失い、したがってCも
甲を取り戻せないことになります。
　このような事態を避けるために、民法は、一定の人の行為能力を制限し、自分
だけでは完全に有効な法律行為をすることができないようにするしくみを設けて
います。詳細は**2**以下でみますが、例えば、未成年者の行為能力は、制限され
ています。その結果、未成年者がした法律行為は、「意思無能力状態にあった」

note ────────────────────────
[4] **説明** Aの判断能力を調べるためには、医師が鑑定をするなどして、その当時のAの精神状態を確かめる
必要があります。しかし、認知症の症状は時間の経過とともに変わりますから、2年も前にどういう状態だ
ったかを確かめるのは、難しいことが少なくないのです。CASE 3-3のように、意思表示をした本人が死亡
してしまったときは、なおさらです。

という証明がなくても，取り消すことができるのです[5]。

Column 5　制限行為能力の規定は，親族法にも置かれている

　行為能力の制限に関するルールは，能力を制限するだけでなく，その人の利益を保護するための手立てを設けるという 2 段構えになっています。行為能力を制限する（①）だけでは，その人は何もできなくなってしまいますから，行為能力が制限された部分について，適切な人から支援を得られるようにして，その人の利益を保護する（②）のです。

　ここで注意が必要なのは，民法総則には①の問題しか定められていないことです。総則が扱うのは「人」の問題ですから，本人の能力にかかわる①の問題に絞ってルールを設けているのです。これに対して，②の問題は，主に親族法（7 巻）で扱われます。これから勉強を進めるにあたっては，行為能力の問題が，人や法律行為だけでなく，親族法ともかかわることに注意しましょう。

2　未成年者

原則：制限行為能力

CASE 3-4

　CASE 3-1 の B は，「アンドロメダの帝王」がクソゲーだったので，両親に相談もせずに，近所の中古ゲーム店 D に 300 円で売ってしまいました。ところが，このことがお母さんにばれてしまい，「買った物は大事に使いなさいと言ったでしょう！」と叱られ，お金を返してゲームソフトを取り戻してくるようにと言いつけられました。B は，D からゲームソフトを返してもらうことができるでしょうか。

　年齢が 18 歳に満たない者を，未成年者といいます（4 条）。未成年者は判断能力が不十分であることが多いため，行為能力が制限されます。つまり，未成年者

---

note

[5] **用語**　「取り消す」というのは，法律行為の効果が初めからなかったことにする（無効であるものとみなす）ことをいいます。無効とは違って（**本章 note[2]**），「取り消す」という意思を示さない限りは，法律行為の効果が失われることはありません。取消しのしくみについても，詳しくは第 11 章で学びます。

が自分だけでした法律行為は，取り消すことができます（5条2項）。

　もちろん，未成年者といっても，4歳児と17歳の高校生との間には大差がありますし，高校生でも十分な判断ができるかどうかは人それぞれでしょう。けれども，十分な判断ができるかどうかをその人ごとに判定するのでは，結局，意思無能力の証明を求めるのと同じ困難が生じます。そこで，民法は，ともかくも成年に達したかどうかで一律に線引きをしているのです。⇒37頁

　CASE 3-4 についていえば，12歳のBは，ゲームソフトを売ることの意味は理解しているでしょうから，意思能力はあるといえます。しかし，それとは別に，未成年者であるBの行為能力は制限されていますから，そのことを理由にDとの契約を取り消して，ゲームソフトを取り戻すことができます（5条2項，121条，121条の2第1項）。

未成年者が法律行為をする方法

　そうすると，いらなくなったゲームソフトを売るためには，Bはいったいどうすればよかったのでしょうか。民法は，2つの方法を用意しています。

　(1)　法定代理人による同意

　第1は，親の同意を得ることです（5条1項本文）。民法は，「法定代理人の同意を得なければならない」と定めていますが，「法定代理人」というのは，このケースでは，親権者，つまり両親のことをいいます（818条，824条本文）。

　(2)　法定代理人による代理

　第2は，Bの代わりに親に売ってもらうことです（824条本文）。(1)でみた「法定代理人」という言葉は，法律によって代理権を与えられている人，つまり，Bに代わって法律行為をする（Bを代理する）ことが法律によって認められている人をいいます。代理のしくみは，第12章以下で学びます。

未成年者による法律行為が有効な場合

　例外的に，未成年者がひとりで法律行為をすることができる場合もあります。

　(1)　本人が損失を被るおそれのない場合

　まず，単に利益を得たり，義務を免れたりするだけの行為については，行為能力は制限されません（5条1項ただし書）。例えば，お年玉をもらうなど，贈与⑥を受ける行為がこれに当たります。この場合には，未成年者は得をするだけです

から，行為能力の制限による保護は必要ないわけです。

(2) ある財産を使うことを許された場合

次に，ある財産を自由に使うことを許した場合にも，行為能力は制限されません（5条3項）。CASE 3-1 のように，「お年玉で好きな物を買ってよい」と言われた場合は，これに当たります（同項後段）。

(3) 営業の許可を受けている場合

さらに，営業の許可を得ている場合には[7]，その範囲ですることについては，成年者と同一の行為能力が認められます（6条）。営業活動については，取引の効力が後から否定されると，相手方に大きな損失が生じることも多いですし，いちいち親権者の許可を得ていてはスムーズな取引ができず，本人にとっても不便です。こうした不利益が生じないように，営業について許可を得た場合には，それに関連することがらはすべて自分だけですることができるようにしたのです。

(4) 親族法・相続法で問題となる行為

以上のほか，親族法・相続法の分野にも，未成年者が自分だけで有効にすることができる法律行為があります。例えば，未成年者でも，15歳になれば有効に遺言をすることができます[8]（961条，962条）。

しかも，これについては親が代理することも認められません。このように，ことがらの性質上，本人の意思が重要であり，だれかに代わってもらうわけにはいかない行為を，一身専属的な行為といいます。 ⇒185頁

3 成年後見制度の全体像

| 原則：完全な行為能力 |

CASE 3-5
　CASE 3-2 の A は，会社の元社長で多額の資産をもっていますが，妻に先立たれた後に認知症のような症状が出て，身の回りのことが十分にできないままに自宅で生活を

note ————————————————————————

[6] **用語** 贈与は，無償で財産を与えること，つまり，タダで物をあげることをいいます。これも，一種の契約です（549条）。

[7] **用語** 営業の許可とは，営業に関係する範囲の法律行為について一括して同意を与えることをいいます。

[8] **用語** 遺言とは，「自分が死んだ後には，この財産を A に与える」というように，自分が死亡した時に一定の効果を発生させる法律行為をいいます（→83頁）。

しています。そのうえ、セールスにのせられて不必要なリフォーム工事をしてしまうなど、自分の財産を管理することも難しくなっています。Ａの息子であるＣがＡの財産管理を助けるために、何か方法はないでしょうか。

　未成年者と違って、成年者はだれでも行為能力を備えているのが原則です。けれども、CASE 3-5のＡのように、成年者でも判断能力が低下することはあります。

　けれども、Ｃが息子だからといって、Ａがした行為を取り消したり、Ａのお金を勝手に使って代わりに買い物をしたりすることはできません（私的自治の原則の帰結です）[9]。そのためには、Ａの行為能力を制限して、Ａがした行為を取り消したり、Ａを代理したりする方法をとる必要があります。_{⇒84頁}

　こうしたニーズにこたえるために、民法は、成年者の行為能力を制限するしくみとして成年後見制度を定めています。成年後見制度には、判断能力の程度に応じて後見・保佐・補助という３つがありますが[10]、以下では、まず、全体に共通するルールを確認します。

┃ 成年後見制度の利用手続

　成年者の行為能力を制限するためには、家庭裁判所の審判が必要です[11]。本人の利益を保護するためだといっても、行為能力が制限されると、個人の自由は大きく制約されます。そのような重大な結果をもたらすためには、家庭裁判所という国家機関が、公式の手続を踏んで判断を下さなければならないのです（家事117条以下）。

(1)　審判の申立て

　審判は、家庭裁判所に対する申立てによって始まります（7条、11条本文、15条

---

note ──────────────────────────────────────●

[9]　**説明**　例えば、Ｃが、「自分はＡの息子なのだから、Ａの代わりに買い物をしたのだ」といっても、実際にＡから依頼を受けていない以上、Ａの代わりに買い物をする権限はありません。権限がない代理という意味で、これを無権代理といいます。詳しくは、第**13**章で学びます。

[10]　**用語**　成年後見という言葉は、保佐と補助を含めた３つの制度全部をあわせた名前として用いられることもあります。以下でも、全体に共通のルールを説明する際には、３類型をあわせて「成年後見制度」と呼びます。

[11]　**説明**　どの裁判所に訴えを提起すればよいかは、取り扱う事件の内容に応じて変わってきます。家庭裁判所は、主に家族に関する事件（家事事件といいます）を扱う裁判所です。家庭裁判所が扱う事件について、家庭裁判所が書類や調査結果を審理し、決定を下すことを審判といいます（家事39条、別表第１の１の項以下）。

1項本文。これらの条文では「請求」と定められています）。申立てができるのは，本人，4親等内の親族のほか[12]，検察官や市町村長（老福32条等）等に限られます。CASE 3-5 のCは，Aの子（＝1親等の親族）ですから，審判の申立てをすることができる者に当たります。

(2) 審判の内容

家庭裁判所の審判には，次の(a)と(b)が必ず含まれます。加えて，事情によっては，(c)の審判がされることもあります。

(a) **後見等開始の審判**　家庭裁判所は，成年後見制度の利用を開始して，行為能力を制限するための審判をします（後見等開始の審判）。成年後見制度の利用が始まると，本人は，成年被後見人（被保佐人・被補助人）と呼ばれます。

(b) **成年後見人等選任の審判**　もう1つは，本人の利益を保護する人を選んで，その仕事を任せるための審判です（成年後見人等選任の審判）。この仕事を任された人は，成年後見人（保佐人・補助人）と呼ばれます。申立てをした人が必ず選ばれるわけではなく，だれにその仕事を任せるのがふさわしいかを裁判所が判断します。

本人の保護を任された人がどういう仕事をするかは，親族法に定められています[13]。⇒38頁 もっとも，親族法に規定が置かれているからといって，親族しか後見人になれないわけではありません。CASE 3-5 のAのような資産家の財産管理は，素人には難しいでしょうから，専門家に任せるほうが合理的です。そのような場合には，弁護士などの専門家や法人が後見人になることもできます（843条4項参照）。

(c) **成年後見監督人等選任の審判**　さらに，後見人が行う事務をチェックするために，成年後見監督人（保佐監督人・補助監督人）が選任されることもあります（849条以下，876条の3，876条の8を参照）。例えば，本人が多くの財産をもっており，後見人だけの判断でこれを管理することが難しかったり，不正行為が心配されたりするケースでは，家族のだれかが後見人になったうえで，弁護士のような専門家が監督人になって，必要なときにアドバイスしたり，後見人による財産管理が適切に行われているかをチェックしたりします（851条1号，876条の3

---

note ●

[12] **用語**　「親等」は，親族関係の近さ・遠さを表す単位です。726条がその数え方を定めています。
[13] **説明**　成年後見人につき，853条～869条，保佐人につき，876条の5第1項，2項，補助人につき，876条の10第1項をそれぞれ参照してください。

第2項，876条の8第2項）。

(3) 審判の取消し

> **CASE 3-6**
>
> **CASE 3-5** のAは，認知症と疑われていましたが，その症状の原因は，実は妻が亡くなったショックでひどく落ち込み，生活環境が悪くなったことでした。そのため，適切な治療をして身の回りの世話をしてあげたところ，判断能力がかなり回復し，いまではほとんど独りで生活することができるようになりました。この場合，一度利用し始めた成年後見制度は，どうすればよいのでしょうか。

　本人の状態が回復して，成年後見制度を利用する必要がなくなっても，成年後見制度の利用が当然に終わるわけではありません。しかし，不必要な行為能力の制限を続けては，本人の自由と利益がそこなわれることになりかねません。

　そこで，成年後見制度を利用する必要がなくなったときは，家庭裁判所に対して，後見（保佐・補助）開始の審判の取消しを申し立てることになります。家庭裁判所は，審理の結果，もはや判断能力が低下していないと判断したならば，すでにされた審判を取り消さなければなりません（10条，14条，18条）。

┃ 成年後見制度を利用するとどうなるか ┃

　成年後見制度を利用すると，取消権と法定代理権によって本人の利益が保護されます。

(1) 取消権

　行為能力が制限される結果，本人がした法律行為については，本人，法定代理人（＝成年後見人），同意をすることができる者（＝保佐人・補助人）による取消しが認められます（9条本文，13条4項，17条4項，120条1項）。どのような法律行為について取消しが認められるかは，後にみます。

⇒44頁以下

(2) 法定代理権

　本人に代わって，後見人（保佐人・補助人）が法律行為をすることも可能です（859条，876条の4第1項，876条の9第1項）。ただし，後にみるとおり，未成年者の場合とは違って，法定代理人がつかないこともあります。

⇒46頁，47頁

4 成年後見

判断能力の低下の程度が最も大きいときに用いられるのが，成年後見です。

後見開始の審判をすることができるのは，「精神上の障害により事理を弁識する能力を欠く 常 況 にある者」（7条）についてだけです。事理を弁識する能力（略して事理弁識能力ともいいます）とは，法律行為をする意味を理解するだけでなく，それがどのような利益・不利益をもたらすかを判断して意思決定を行う能力だとされます。「状況」ではなく，「常況」という言葉が使われるのは，一時的に事理弁識能力を欠くのではなく，常日ごろからそのような状態にあることを求める趣旨です[14]。

この審判がされると，本人は成年被後見人となり，本人を支援する人として成年後見人が選任されます（8条）。

効 果

(1) 取消権

成年被後見人がした法律行為は，原則としてすべて取り消すことができます（9条本文）。ただし，次のような例外があります。

まず，「日用品の購入その他日常生活に関する行為」は，成年被後見人がひとりでした場合であっても取り消すことができません（9条ただし書）。これには，次のような理由があります。第1に，生活に必要な品物の購入は，本人にとっても損になりません。第2に，取消しを認めてしまうと，「あとで取り消されるかも知れないから，この人には売らないことにしよう」などと警戒されてしまい，生活に必要な品物が手に入らなくなるおそれがあります。第3に，日常生活に関する行為を自分だけでできるようにすることは，本人の自由を尊重することにつながります（ノーマライゼーションの理念）。

⇒40頁
また，一身専属的な行為は，本人が意思能力を回復している間であれば[15]，本

---

note

[14] **説明** ただし，一時的に判断能力を回復することがあるとしても，普段は判断能力がない状態にあるのであれば，事理弁識能力を欠く「常況」にあるとみることができます。

人自身がすることができます[16]。

> ### Column 6 ノーマライゼーション
>
> 　成年後見制度には，十分な判断をすることができない人が適切な意思決定をして，社会生活を送ることができるように自立（自律）を支援する制度としての側面があります。こうした制度がつくられた背景には，「障害のある人も，家庭や地域で通常の生活をすることができるような社会をつくろう」というノーマライゼーションの理念があります（障害基1条も参照）。後見人が本人を代理するときに，あくまでも本人の意思を尊重しなければならないのも（858条，876条の5第1項，876条の10第1項を参照），本人が自ら社会生活に参加することを促すという意味では，この考え方に通じるところがあります。

(2) 法定代理の必要性

　成年被後見人は，成年後見人からあらかじめ同意を得て，自分で法律行為をすることができません。いいかえれば，成年後見は，事前に同意をしても，そのとおりに法律行為をすることができないくらい判断能力が乏しい人にしか使わないしくみなのです。

　そこで，成年被後見人については，成年後見人が法定代理人となって，本人に代わって法律行為をします（859条1項）。成年後見人は，一身専属的な行為を除いて，原則としてすべての法律行為を成年被後見人の代わりにすることができます。

5　保　佐

┃ 要　件 ┃

　成年後見を利用する場合ほど判断能力が低下してはいないものの，自分がもっている土地を売る等（13条1項3号），重要な法律行為についての判断を下すこと

---

note

[15] **説明**　本章 note [14]で説明したとおり，一時的に症状が改善して，法律行為の意味を理解するのに十分な判断能力を回復することはありえます。そのようなときは，行為能力は制限されているけれども，意思能力はあるという状態になります。

[16] **説明**　具体的には，婚姻（738条），離婚（764条），養子縁組（799条），離縁（812条），遺言（973条）など，家族法の分野で問題となる行為がこれに当たります。

が難しい人について用いられるのが保佐です。

　保佐開始の審判をすることができるのは,「精神上の障害により事理を弁識する能力が著しく不十分である者」についてです (11条本文)。「欠く」よりも「著しく不十分」のほうが, 事理弁識能力の程度が高いことに注意しましょう。

　この審判がされると, 本人は被保佐人となり, 本人を支援する人として保佐人が選任されます (12条)。

┃ 効　果 ┃

(1)　取消権

　被保佐人が, 財産上の重大な利益にかかわる一定の法律行為をした場合, それについて保佐人の同意を得ていなかったときは, 取り消すことができます。どのような法律行為が取消しの対象になるかは13条1項に定められていますが, それらをすべて暗記する必要はありません。本人の財産に重大な影響を及ぼす行為が制限されているのだということを, 理解してください。

(2)　法定代理の可能性

　成年被後見人とは違って, 被保佐人は, 13条1項に定められた法律行為であっても, 保佐人の同意を得たときには自分ですることができます。つまり, 保佐人が被保佐人の代理をしなくても, 保佐制度を利用しながら重要な法律行為をすることはできるわけです。ですから, 保佐人には, 代理権を与えたほうがよいと考えられる行為についてだけ, 家庭裁判所の審判によって代理権が与えられます (876条の4第1項。「代理権を付与する旨の審判をすることができる」という文言に注目しましょう)。

6　補　助

┃ 要　件 ┃

　最後に, 判断能力の低下の程度が最も軽い場合に用いられるのが, 補助です。

　補助開始の審判をすることができるのは,「精神上の障害により事理を弁識する能力が不十分である者」についてです (15条1項本文)。審判によって, 本人は被補助人となり, 本人を支援する人として補助人が選任されます (16条)。

　なお, 後見・保佐の場合とは違って, 補助の申立てについては, 本人以外の者

が申立てをしたときは，本人の同意がなければ補助開始の審判をすることができません（15条2項）。補助を利用するケースでは，本人にも相当程度の判断能力がありますから，制度を利用するかどうかについても本人の意思を尊重することとしたのです。

効 果

(1) 取消権の可能性

被補助人については，13条1項に掲げる法律行為の一部を補助開始の審判で選んで，その行為についてだけ行為能力が制限されます（17条1項）。これに当たる行為は，補助人の同意を得ないでしたときには取り消すことができます（17条4項）。

また，行為能力を制限する必要がなければ，次に述べる代理権を与えるだけにとどめることもできます。

(2) 法定代理の可能性

補助人に代理権を与えるかどうか，与えるとしてどのような行為について与えるかも，保佐と同じく，そうすることが適切かどうかを家庭裁判所が判断して，ケース・バイ・ケースに決めることになります（876条の9）。

	判断能力 （事理弁識能力を……）	効 果
成年後見	欠 く	・原則として行為能力をすべて制限 and ・法定代理人を必ずつける
保佐	著しく不十分	・重大な法律行為について行為能力を制限 and ・法定代理人をつけてもよい
補助	不十分 ＊本人の同意も必要	・重大な法律行為の一部について行為能力を制限 and / or ・法定代理人をつけてもよい

Column 7　契約による後見：任意後見制度

成年後見制度の重要な目的は，意思決定が困難になった者の意思をできる限り尊重するところにあります。それならば，意思決定が困難になったときに備えて，

本人があらかじめだれかに支援を頼んでおくことが望ましいでしょう。そのようなしくみとして，任意後見制度があります。

　任意後見は，「事理を弁識する能力が不十分な状況」になったときに備えて，あらかじめ適切な人に自分の財産等にかかわる事務処理を委託する契約です。普通の契約と違って，公正証書[17]を用いる（任意後見3条，9条1項），事務の開始や辞任に裁判所が関与する（任意後見4条，9条2項等）などの特別な手続が盛り込まれている点に，特徴があります。本人の判断能力が低下してしまうと，事務処理の状況を自分でチェックすることが難しくなりますから，公証人が本人の真意を確かめて契約を結ぶだけでなく，不正な書きかえなどが行われないようにするとともに，事務が適切に行われているかを裁判所が確認するしくみを整えているのです。

7　取消しに関するルール

　これまでにみたとおり，未成年者や成年被後見人等，行為能力を制限されている者がした法律行為は，取り消すことができます。法律行為が取り消されると，その法律行為は初めから無効であったものとみなされます[18]（121条）。⇒166頁

　「取り消すことができる」という以上，法律行為を取り消さないこともできます。取り消さずに事後に同意したときには，その法律行為は完全に有効になります。このように，取り消すことのできる法律行為に事後の同意を与えて，取消しができないようにすることを，追認といいます。⇒178頁

　法律行為の取消しについては，第11章で詳しく学びます。ただ，制限行為能力を理由とする取消しについては，民法上，特別な取扱いが定められています。以下では，その内容を確認しましょう。

┃相手方からの催告┃

CASE 3-7
　CASE 3-4の一件があったころ，たまたまBの両親のことを知っていた中古ゲーム

note ────────────────────────────────────

[17] 説明　公正証書とは，法律の専門家である公証人（→57頁）が，公証役場で，法律が定める方式に従って作成する文書をいいます。法律の専門家が作成にかかわりますから，法律に従った確かな内容の証書を作ることができますし，証書が公証役場に保管されますから，不正な書きかえを防ぐこともできるのです。

店Dの店員が,「B君から買い取った『アンドロメダの帝王』を売りに出しますが, いいですか? それとも, お金を返してくれれば, 『アンドロメダの帝王』はお返ししますよ」とBの母親にメールで確認しました。その後しばらく経ちましたが, まだ返事がありません。Dは, いつまでたってもゲームの買取りを取り消される可能性があるのでしょうか。

　制限行為能力者が法律行為を取り消すかどうかが決まらないうちは, 相手方は, 取り消されれば買い取った物を返す用意をしていなければなりませんから, 不安定な立場に置かれます。しかし, CASE 3-7 をみると, Bの側だけの都合でDがいつまでもそのような状態に置かれるのでは, 不合理なことがわかるでしょう。

　そこで, 相手方Dは, 1か月以上の期間を定めて確答をする（取り消すか, 追認するかを決めて確定的な返事をする）よう求めることができます（20条）。これを催告といいます[19]。

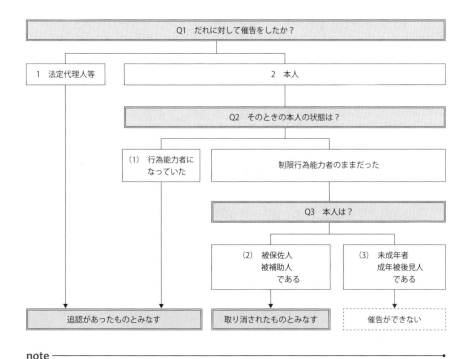

note

18 用語 「みなす」の意味については, 第2章を再確認してください（→23頁）。
19 用語 催告とは, 相手方に対して一定の行為をするよう求めることをいいます。

それでは，CASE 3-7 のように，催告をしたけれども返事がなかったときはどうなるのでしょうか。その答えは，追認をすることができる人に催告をしたかどうかで決まります。詳しくは，前頁の図を確認してください。

┃ 本人による詐術 ┃

> ### CASE 3-8
> 　CASE 3-4 の B は，「アンドロメダの帝王」を D に売る際に，「親から許可をもらった」と言って，親の印鑑が押された「同意書」という書類を持ってきていました。しかし，この同意書は，実は B が自分でパソコンを使って作り，勝手に親の印鑑を押したものでした。この場合でも，B は，D との契約を取り消すことができるでしょうか。

　制限行為能力者が詐術（さじゅつ）を用いたときには，取消しはできなくなります（21 条）。詐術というのは，「自分には行為能力がある」と嘘をついて相手方をだますことです。本人がそのような不誠実な行為をした以上，行為能力の制限による保護を与える必要はなく，むしろ，だまされて取引をした相手方の信頼を保護することを優先させるべきだと考えるのです。

　詐術といえるかどうかは，具体的な状況に即して判断するしかなく，「これをすれば絶対に詐術だ」と断言することができるような基準はありません。ただ，「親から許可を得てきた」とただ言ったくらいでは，詐術には当たりません。都合の悪いことをごまかすのはよくあることですから，その程度の嘘まで詐術だと考えてしまうと，ほとんどの場合には取消しができなくなってしまいます。これでは，行為能力の制限を認めた意味がありません。

　これに対して，CASE 3-8 では，「同意書」を作り，親の印鑑まで押しているわけですから，B の行為は詐術に当たるといえるでしょう[20]。

---

note ●

[20] **説明**　判例は，制限能力者であることをただ黙秘しただけでは詐術に当たらないとしています。ただ，そのうえで，制限行為能力者の他の言動が加わって相手方を誤信させ，または誤信を強めたものと認められるときは詐術に当たる余地があるとします（最判昭和 44 年 2 月 13 日民集 23 巻 2 号 291 頁）。

1 法律行為の意味を理解する能力（意思能力）を欠く状態でした法律行為は，無効です。

2 未成年者，成年被後見人，被保佐人，被補助人のように，行為能力を制限された者（制限行為能力者）がした法律行為は，取り消すことができます。

3 未成年者は，原則として行為能力が制限されており，完全に有効な法律行為をするためには，法定代理人（親権者等）の同意が必要です。ただし，本人が損失を被るおそれのない場合，ある財産を自由に使うことを許された場合，営業の許可を受けた場合には，同意は要求されません。

4 成年者には原則として行為能力があります。これを制限するためには，家庭裁判所による審判が必要です。そのしくみには，成年後見，保佐，補助の3種類があります。

5 成年後見は，事理弁識能力を欠く常況にあるときに用いられます。この場合には，本人（成年被後見人）がした法律行為は常に取り消すことができ，成年後見人が法定代理人として選任されます。

6 保佐は，事理弁識能力が著しく不十分であるときに用いられます。この場合には，本人（被保佐人）が特に財産的価値が大きい一定の法律行為をするためには，保佐人の同意を得なければなりません。また，保佐人に代理権を与えることもできます。

7 補助は，事理弁識能力が不十分であるときに用いられます。この場合には，本人（被補助人）が特に財産的価値が大きい一定の法律行為をするために，補助人の同意を得なければならないこととすることができます。また，補助人に代理権を与えることもできます。

8 制限行為能力者が，自分には行為能力があると誤信させるために詐術を用いたときは，制限行為能力を理由として法律行為を取り消すことができなくなります。

第**4**章

法　人
——人③

　本章では,「人」に関する最後のテーマとして,法人について学びます。

法人とは

　これまでの章では自然人について学びました。これに対して,本章で学ぶ法人とは,自然人ではないけれども,法人格（＝権利能力）を与えられているものを⇒20頁いいます。例えば,株式会社がこれに当たります。株式会社は,法律上,1人の「人」として扱われます。

　民法がこのようなしくみを設けている理由は,2つあります。

　第1は,個人が力を合わせることのメリットです。1人ひとりの能力や財力は小さくても,それらを結集して法人をつくれば,大きな事業を動かすことができます。例えば,素晴らしい商品のアイディアがあるのに,商品化のためのノウハウやお金がない。そんなときでも,複数の人が技術や資金を提供しあえば,商品化も現実味をもつことでしょう。

　第2は,利便性です。団体が1人の「人」として扱われると,集めて増やした資金を団体の名前で管理することができるようになります。団体名義の銀行口座

を開いたり，団体として土地を買ってビルを建てたりすることができれば，事務がシンプルになって便利です。

法人を設立し，運営する

こうしたメリットのある法人ですが，これを制度として動かすためには，まず，法人を設立し，運営するためのしくみが必要です。どのようにして法人を設立するのか，設立された法人のなかでメンバーの意見を取りまとめるのにはどうすればよいかといった点については，法律が基本的な方法を定めています。

なお，法人の設立や運営に関するルールは，もともとは民法に定められていたのですが，2006年に行われた法人に関する法制度（法人法と呼ばれます）の改正以降は，大部分が特別法に規定されています（「一般社団法人及び一般財団法人に関する法律」が，その中心です。以下では，「一般法人法」と略します）。特別法だからといって，重要なルールであることに変わりはありませんが，その内容にはかなり細かなものもありますから，ここではポイントを押さえることを心がけましょう。

法人が取引をする

法人に関するルールは，法人が取引をするためのしくみについても定めています。法人は，人として扱われはしますが，自分では動けません。ですから，法人の代表者を選んで，その者が法律行為をする必要があります。

そのために，代理のしくみが使われます。もっとも，代理は，法人のためだけに使われるわけではありません。そこで，代理については，第**12**章以下で改めて詳しく学びます。

1 法人制度の基本事項

1 法人とは ─────────────────────────●

CASE4-1
　長年働いた大学を定年退職したA教授は，今後は民法の研究に没頭したいと思い，数人の研究仲間と「民法研究所」をつくりました。研究所では，民法に関心をもつた

ちから資金を集めて，研究会の開催や本の出版といった活動をしたいと考えています。

権利能力

CASE 4-1 をもとに，法人制度の基本事項を説明します。

団体をつくって活動することは，A たちの自由です（憲21条1項）。もちろん，特別な団体をつくらず，A がお金を集めて，自分名義の銀行口座で管理して活動することもできます。けれども，A が寄付を集めると，自分の財産と混同してしまうおそれがありますし，メンバー全員の資金なのに A だけに税金がかかる心配もあります。

民法研究所が法人になると，権利能力が与えられます。法人が集めた研究資金は，法人自身の資金として，法人名義の銀行口座で管理することができます。⇒20頁このように，団体そのものを人として扱う（＝団体に権利能力を与える）ことで，団体の活動をスムーズに進めることができるのです。

有限責任

団体がメンバーから独立した財産をもつことは，次の点でも重要です。

CASE 4-2
　長年働いた大学を定年退職した B 教授は，今後は金もうけをしたいと思い，株式会社を設立して「ZAC 司法試験塾」という予備校を開校しました。しかし，強気の経営が裏目に出て，ZAC は多額の負債をかかえてしまいました。

CASE 4-2 では，ZAC という法人が取引を行ったわけですから，負債をかかえているのは，あくまでも法人である株式会社です。かりに会社がつぶれれば，B が会社に出資したお金は無駄になります。けれども，それ以上に，B が ZAC の負債について責任を負うことはありません。

このように，B の立場からみて「出資をした限度でしか責任を負わなくてよい」というしくみを，有限責任といいます。

何やら虫の良いしくみですが，なぜ有限責任が認められるのでしょうか。株式会社についていえば，それは，思い切った経済活動を促すためです。そうした活動は，成功すれば社会にも大きな利益をもたらしますから，プラスの影響が大き

いのです。ただ，その反面，自分の責任に限度があるからといっていい加減な経営をするのでは，多くの関係者に損失をもたらします。ですから，法人の事業は，法が定めるルールを守り，合理的な経営判断に基づいて行わなければなりません。また，法人の財産を確保するために，適切な措置を講じる必要もあります。

　もっとも，有限責任のしくみは，すべての法人に適用されるわけではなく，法人の債務のすべてについて構成員が責任を負うものもあります（合名会社や合資会社。会社576条2項・3項，580条1項）。これは，無限責任と呼ばれます。この場合には，会社が負ったすべての債務を，構成員個人の責任で支払わなければなりません。

2　法人の分類

　民法が扱う法人には，いくつかのタイプがあります。何に分類されるかで適用されるルールが変わりますから，注意が必要です。

営利法人と非営利法人

> **CASE 4-3**
> 　CASE 4-1のA教授は，「民法研究所」を一般社団法人としたうえで，『季刊民法研究』という雑誌を自費出版しました。そこで，研究所のウェブサイトで，これを1部500円で希望者に売ることを告知したところ，合計で10部が売れました。

　1つめの分類の仕方は，営利を目的とするかどうかです。営利を目的とするものを営利法人，そうではないものを非営利法人といいます。
（1）営利法人
　営利法人の代表例は，株式会社です。営利法人には，民法のほか，会社法をはじめとする商法のルールが適用されます。
　営利とは，たんに商売をするという意味ではなく，収益をメンバーに分配することをいいます。例えば，株式会社は，事業を展開して得た収益を株主に配当します。この「配当」が営利の内容です。
（2）非営利法人
　これに対して，CASE 4-3のように雑誌を売るだけでは，メンバーに収益を分配することにはなりませんから，営利には当たりません。一般社団法人は，非営

利法人の一種なのです。

　非営利法人には一般法人法が適用されます。さらに，非営利法人のなかでも，公益（学術研究や慈善等を行うことで，社会全体の利益を実現すること）を活動の目的とするもの（公益法人）については，さらに特別なルールが設けられています。

> **公益法人**　行政庁から認定（公益認定）を受けた非営利法人は，公益法人として活動することができます（公益法人 4 条）。公益認定を受けるためには，本文に述べたとおり，法人の活動目的が公益にかなうものでなければなりませんし，そのほかにも，運営や財政の面でさまざまな要件を満たさなければなりません。公益認定を受けた法人は，「公益法人」だと名乗ることで社会から高い信頼を得ることができますし，税制の面では一定の優遇措置を受けることができます（同 58 条）。

社団法人と財団法人

　2 つめの分類として，非営利法人は，社団法人と財団法人とに分かれます。社団とは人の集まり，財団とは一定の目的のために拠 出 された財産の集まりをいいます。例えば，奨学金の元手とするために寄付を集め，集まった資金を「法人」として管理・運営するような場合が考えられます。

　現在，より広く利用されているのは社団法人ですから[1]，以下では，一般社団法人に関する制度を中心に説明して，これとの比較で一般財団法人に関する制度に触れます。

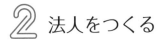

2　法人をつくる

1　法人の設立

　団体をつくっただけでは，法人にはなれません。団体が法人になる（＝法人格を取得する）ためには，法律が定める要件を満たさなければなりません（33 条 1 項。法人法定主義）。

---

note

[1] **説明**　2019 年に法人設立の登記がされた件数を「登記統計」（法務省ウェブサイト：http://www.moj.go.jp/housei/toukei/toukei_ichiran_touki.html）で確認すると，一般社団法人が 6110 件，一般財団法人が 281 件となっています。

必要的記載事項	① 目的 ② 名称 ③ 主たる事務所の所在地 ④ 設立時社員の氏名または名称および住所 ⑤ 社員の資格の得喪に関する規定 ⑥ 公告方法 ⑦ 事業年度	これらの事項は，法人の運営の根幹にかかわるため，必ず定款に定めなければならない。
相対的記載事項	例：理事会・監事の設置に関する定め 　　理事会は必ず設置しなければならない機関ではないが，設置するならば定款に定めなければならない。	
任意的記載事項	例：「事務局」の設置に関する定め 　　「事務局」は法律に定められる機関ではないが，これを設置しても違法ではないので，定款に定めておいてもよい。	
無益的記載事項	例：社員に剰余金や残余財産の分配を受ける権利を与える旨の定め 　　一般社団法人では，法人の財産を社員に分配することは許されないから，このような定めを設けても効力を生じない。	

　一般社団法人・一般財団法人は，以下にみるルールに従って，自由に設立することができます。ルール（＝準則）に従えば設立されるという意味で，これは準則主義と呼ばれます[2]。

┃ 定款を作成する ┃

　一般社団法人を設立するためには，社員になろうとする 2 人以上の者が，共同して定款を作成しなければなりません（一般法人法 10 条 1 項）。定款とは，法人の組織や活動について定めた根本規則のことです。

　定款に記載される事項は，4 つに分かれます。①必ず記載しなければならないもの（必要的記載事項），②記載しなくてもよいけれども，記載しなければ効力を認められないもの（相対的記載事項），③記載してもよいもの（任意的記載事項）のほか，④記載しても効力を認められないもの（無益的記載事項）があります。それぞれの例は，上の表のとおりです。

　定款が効力を生じるためには，公証人[3]から定款のチェックを受け，正当な

---

note

[2] 説明　これに対して，役所から設立を認めてもらう（認可される）必要がある法人もあります。例えば，学校法人の設立には認可が必要です（認可主義）。

手続によって作成されたことを証明してもらわなければなりません（認証といいます。一般法人法13条）。

設立の登記をする

　一般社団法人を設立するためには，設立登記も必要です（36条，一般法人法22条）。そうすることで，法人と取引をしようとする人は，登記を確認すれば，相手がどのような法人かを知ることができるのです。

2　法人の組織・運営

　法人が設立されても，法人は自分で活動することはできません。ですから，法律は，次のようなしくみを特に定めています。

社員と機関

　社団法人は人の集まりですから，必ずメンバーがいます（一般法人法148条4号参照）。メンバー，つまり法人の構成員のことを，社員といいます[4]。
　そのうえで，一般社団法人を動かすための組織である機関を設けることが必要になります。どのような機関があるかは，次のとおりです。

社員総会・理事：必ず置かれる機関

　(1)　社員総会

　まず，法人が活動するためには，活動の中身を決める機関が必要です。一般社団法人でその役割を果たすのは，社員総会です（一般法人法35条1項）。

　社員総会は，社員，つまり法人のメンバー全員が参加して意思決定をくだす機関であり，法人の最高機関です。定款の変更（一般法人法146条）などの重要事項は，必ず社員総会を開いて決定しなければなりません。

---

note

[3] 説明　法律を扱う公務員の一種で，法人が設立されたという事実が存在するとか，契約書が法にのっとって作成されたといったお墨付き（そういったお墨付きのある証書を，公正証書といいます）を与える仕事をします。

[4] 用語　法人の社員というと，その法人で働くサラリーマン（＝従業員）を想像しがちですが，ここでの社員とは，社員総会に加わって法人の意思決定に参加することができる人のことをいいます。株式会社でいえば，株主がこれに当たります。

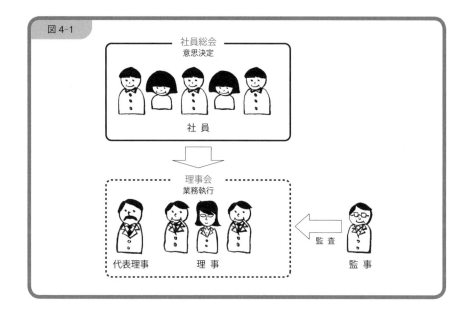

図 4-1

社員総会
意思決定

社　員

理事会
業務執行

代表理事　　　理事

監査

監事

(2) 理　事

　次に，社員総会で決めた方針に基づいて，実際に法人を動かす機関が必要です。そのために，法人には理事が置かれます。理事は，法人を代表[5]して，法人としての法律行為をする機関です（一般法人法77条1項本文）。

　理事は，1人でも複数でもかまいません（一般法人法60条1項）。理事が複数いるときは，特定の理事だけに代表権を与えることもできます。この理事は，代表理事と呼ばれます（同77条3項）。この場合には，代表理事以外の理事には代表権はありません。

　理事は，社員から選んでもかまいませんし，法人の活動にとって適任である外部の人に担当してもらうこともできます。

理事会・監事：必要に応じて置くことができる機関

(1) 理事会

　法人のメンバーが少なければ，すべての意思決定を社員総会で行って，それを

note

[5] [用語] 「代表」という言葉を使いますが，ここでは「代理」と同じ意味だと考えてよいです。

理事が実行すればよいでしょう。しかし，大人数になると，すべての意思決定を社員総会で行うのは困難です。

　そこで，社団法人には，意思決定を行う機関として，社員総会とは別に理事会を設置することができます。理事会が設置された法人では，法律や定款によって社員総会の決議事項とされたことを除いて（一般法人法35条2項），業務執行に関する事項は理事会が決定します（同90条2項1号）。

(2)　監　事

　理事会を設置するときには，それとは別に監事も必ず置かなければなりません（一般法人法61条）。監事は，理事の職務執行が法に従って行われているかを監査するとともに（同99条1項），法人の業務や財産の状況をチェックします（同条2項）。

> **財団法人の基本的なしくみ**　社団法人と財団法人の大きな違いは，財団法人には社員がいないことです。財団は，人ではなく，財産の集まりだからです。そこで，財団法人の意思決定は，評議員と呼ばれる人（3人以上）を定款で定めて（一般法人法173条3項），その全員で評議員会を組織して行います（同178条1項）。理事が置かれることは，社団法人と同じです。ただし，理事は3人以上でなければならず，理事会が必ず置かれる点が違います（同170条1項）。理事会の活動を監査するために，監事も置かれます。このように，財団法人と社団法人とでは組織体制が違いますから，定款に定めなければならない事項（必要的記載事項）にも違いがあります（同153条・154条）。

3　法人格の消滅：解散

　法人の活動目的が達成された場合などには，法人を存続させる意味がなくなりますから，法人は解散します。

　法人を解散する際には，法人をめぐる財産関係を整理しなければなりません。これを清算といいます。例えば，だれかが法人にお金を貸していたならば，法人の財産からそのお金を返済します。

　清算が終わった後に残った財産は，定款で指定した者に与えられます（一般法人法239条1項）。だれも指定されていないときは，社員総会の決議によって決めることになります（同条2項）。

3 法人が活動する

1 法人の権利能力

すでにみたとおり，法人には権利能力が与えられます[⇒54頁]。しかし，だからといって，自然人とまったく同じように扱われるわけではありません。当たり前ですが，法人は生身の人間ではありませんから，結婚することはできません。

それだけではありません。法人は，定款に定められた目的の範囲でしか活動をすることができません（34条）。目的外の行為によって法人が財産を失うなどして，法人の存続があやうくなることを防ぐための制約です[6]。

> ### CASE 4-4
> CASE 4-2 の B 教授は，ZAC の経営失敗を埋め合わせるために，『実践応用民法』というテキストで起死回生を狙っています。実際，『実践応用民法』は大ヒット間違いなしのテキストなのですが，ZAC には出版資金がありません。そこで，B は，長年の知合いである A 教授に，「印税の 2 割をあげるから，君の研究所のお金を貸してくれないか」と依頼しました。

これを CASE 4-4 についてみましょう。『実践応用民法』がもくろみどおりに売れれば，民法研究所ももうかるでしょうから，B の提案は，民法研究所にとってもうまい話です。しかし，民法研究所の活動の目的は，民法の研究であって，利益をあげることではありません。ZAC にお金を貸すことは，目的の範囲外にある行為だといわざるをえないでしょう。したがって，民法研究所が ZAC に貸付けをすることはできません。

これに対して，CASE 4-4 とは違って，営利法人の場合にはどうなるでしょうか。例えば会社についていえば，利益を得るために事業を展開することを制約する理由はありませんから，目的による制約を厳しく適用する必要はありません。利益の追求を目指して取引活動を行うことは，営利法人の場合には，基本的には目的に反しないといえます。

---

note

[6] **説明** ただし，定款に記載がない行為は一切できないというわけではなく，「目的遂行に必要な行為」は，目的の範囲に含まれるとみてよいと考えられます（最判昭和 27 年 2 月 15 日民集 6 巻 2 号 77 頁）。

2 法人の法律行為

　すでに説明したとおり，法人が法律行為をするために，理事に代表権が与えられます。その際に代理のしくみが用いられることも，最初に述べたとおりです。⇒53頁
ただ，次のようなケースでは，法人に特有の問題が生じます。⇒59頁

> ### CASE 4-5
> 　一般社団法人民法研究所の理事であるC准教授は，自分だけの判断で法人を代表して，D出版との間で『季刊民法研究』を自費出版するための契約を結びました。しかし，定款では，出版に関する契約は，特に理事会の決定に基づいて結ぶこととされていました。

　CASE 4-5のCも理事ですから，法人を代表して契約を締結する権限（代表権）をもっています（一般法人法77条1項）。しかし，この事例では，定款によって代表権が制限されています。定款は法人の根本規則ですから，Cはこれを守らなければなりません。そうすると，Cが結んだ契約は無効であるはずです。

　けれども，Dとしては，理事であるCと取引をしたのに法人との契約が無効とされては，思わぬ不利益を受けることになりかねません。例えば，すでに雑誌のデザインを始めていたときなどには，それらの作業がすべて無駄になってしまうおそれがあります。

　そこで，一般法人法は，取引の相手方の利益が害されることを防ぐために，代表権の制限は善意の第三者に対しては主張することができないこととしました（77条5項）。CASE 4-5についていえば，出版契約の締結についての代表権が制限されていることをDが知らなかった（＝善意であった）ときは，法人は，Dに対して，Cには代表権がなかったと主張することはできず，自らDとの取引に応じなければなりません。

3 法人の不法行為責任

　さらに，法人の機関である理事が，法人として活動する際に，不法行為によって他人に損害を生じさせてしまった場合には，法人の責任の問題が生じます。

　法人は，他人に損害を加えるために設立されるわけではありませんから，不法行為はその目的の範囲には含まれません。とはいえ，理事の活動は法人の活動の

一環として行われたのですから，法人が一切責任を負わないのは不合理でしょう。そこで，理事が「職務を行うについて」第三者に加えた損害については，法人が責任を負うこととされています（一般法人法78条）。

　法人が責任を負う理事の行為は，あくまで職務とかかわるものに限られます。例えば，理事が電車で痴漢をしても，職務とは無関係ですから，これについて法人が責任を負うことはありません。

権利能力なき社団

1　権利能力なき社団とは何か

　すでに説明したとおり，法人を設立するためには，設立登記等の要件を満たす必要があります。多くの人を集めて団体をつくり，法人と同じやり方で団体を運営したからといって，それだけで法人になるわけではありません。

⇒56頁以下

> **CASE 4-6**
>
> 　1970年，G大学の学生だったEは，学生運動に没頭していたさなかに「勉学こそが学生の本分」と目覚めて転向し，モーレツに法律を学ぶサークル「猛法会」をつくりました。ストイックな学生の支持を得た猛法会は，いまや歴代会員500人超，現会員20人の団体に成長しました。現役学生のFは，猛法会創立50周年を迎える2020年，HホテルのホールでOB・OG総会を開くことを企画しました。ホールを借りる費用には，会費をもとにして引き継がれてきたサークル名義の預金をあてるつもりです。

　猛法会は，団体として50年以上も活動していますが，だからといって当然に法人になるわけではありません。ですから，いくら法人と同じような内実があっても，猛法会が当事者となってホールを予約することはできないのが理屈です。

　このように，法人になれるような団体としての実質があるのに，法人格をもたない団体のことを，権利能力なき社団といいます[7]。

Column 8　法人法改正と権利能力なき社団

　2006年に行われた法人法改正の前の制度では，「営利」と「公益」のどちらか

note ―――――――――――――――――――――――――――――――――――――――

[7] **用語**　「法人格なき社団」というのも，同じ意味の言葉です。

を目的としない限り，法人になることができませんでした。そうすると，大学の
サークルなどが法人になる余地はないこととなります。サークルは，「営利」を
目的とするわけではありませんし，メンバーだけのために活動する以上，「公益」
を目的とするわけでもないからです。

　それでも，団体の規模が大きくなると，法人と同じように，団体そのものが取
引等の活動を行うことが必要になります。権利能力なき社団というしくみをつく
り出して，法人と同様の取扱いを認めてきたのは，このような事情があったから
です。

　これに対して，現在の制度では，サークルのような団体でも，一般社団法人と
⇒56頁
して法人格を取得することができます。かつては権利能力なき社団として扱うほ
かなかった団体も，法人になることができるのです。とはいえ，そうした団体が
法人格を取得しないときにどう扱うべきかという問題は残りますから，権利能力
なき社団に関する議論が無意味になってしまうわけではありません。

2　効　果

財産を「総有」する

　もっとも，CASE 4-6 では，代々引き継がれてきたサークルの活動資金を使っ
てホテルを予約するというのですから，猛法会自身が契約をすると考えるのが実
態には合っているでしょう。権利能力なき社団を認めることの意味は，このよう
な場合に，団体そのものが財産をもち，取引の当事者となるかのように扱う点に
あります。

　とはいえ，法人格がないのに，団体自身が権利や財産をもち，義務を負うかの
ように扱うというのは特別な取扱いです。ですから，それを認めるためには，特
別な理屈が必要です。

　そこで，次のように考えられてきました。権利能力なき社団の財産は，構成員
全員が共同でもっている（共有している）けれども[8]，それぞれのメンバーには
取り分がなく，いわば全員が一体となって団体の財産をもっているのだと考える
のです。このような特徴をもつ共有のことを，特に総有といいます。

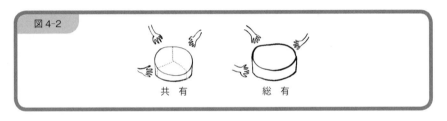

図 4-2

共 有　　　　総 有

有限責任が認められる

> **CASE 4-7**
> 　H ホテルは，学生の団体にホールを貸すのは心配だけれども，OB の E はいまや著名な弁護士だし，現会員にも弁護士の息子などがいるらしいから，いざとなれば OB や会員に費用を請求することができないかと考えています。そのような請求は可能でしょうか。

　「団体そのものが財産をもつ」と考える以上，H に対する支払は団体が管理するお金からすべきであって，個々の会員が支払の責任を負う必要はないといわなければなりません。CASE 4-7 では，H は，あくまで猛法会がお金を払えるかどうかを考えて契約を結ばなければならないのです。

　団体の構成員の視点からみれば，このように，一般社団法人と同様に有限責任が認められるところにも，権利能力なき社団という考え方を認めるメリットがあります。

3　要　件

　法人に準じた取扱いを認めるという以上，その団体は，法人に準じる組織を備えている必要があるはずです。しかし，どういう特徴をもつ団体が法人に準じるといえるかについて，法律の規定があるわけではありません[9]。

　この点について，判例は，権利能力なき社団と認められるためには，団体としての組織を備え，多数決の原則が行われ，構成員の変更にもかかわらず団体その

note

[8] **説明**　共有のしくみ（民 249 条以下）については，物権法（2 巻）で学びます。

[9] **発展**　ただし，民事訴訟法 29 条は，「法人でない社団又は財団で代表者又は管理人の定めがあるもの」について，団体自らが裁判の当事者となることを認めています。この規定は，権利能力なき社団という考え方を法律によって認めたひとつの例です。

ものが存続し，その組織によって代表の方法，総会の運営，財産の管理等，団体としての主要な点が確定しているものでなければならないとしました（最判昭和39年10月15日民集18巻8号1671頁）。つまり，個々のメンバーから独立した団体が存在し[10]，その運営に関する主要な点が決まっていなければならないのです。

POINT

1　法人とは，自然人ではないけれども法人格（＝権利能力）を与えられているものをいいます。法人格をもつことで，独立の財産を形成することができます。

2　法人は，営利法人と非営利法人，社団法人と財団法人に区別されます。営利法人については商法（会社法），非営利法人については一般法人法に，主な規定があります。社団法人は人の集まりに，財団法人は財産の集まりに，それぞれ法人格を与えたものです。

3　法人を設立するためには，法律が定める要件を満たさなければなりません（法人法定主義）。具体的には，定款の作成，法人登記が必要です。一般法人については，認可等を得る必要はなく，ルールに従って設立されれば法人格を取得します（準則主義）。

4　法人は，定款に定められた目的を達成するのに必要な範囲の活動についてしか，権利能力をもちません。

5　法人が活動するためには，重要な意思決定を行う社員総会や，業務を執行する理事など，法律によって求められる機関が必要です。社員総会は，すべての社員が参加して，法人としての意思決定を行う機関です。理事は，社員総会によって選任され，法人を代表します。

6　法人ではないけれども，法人と同じような組織体制をもつ団体については，法人に準じた取扱いが認められることがあります。このような団体は，権利能力なき社団と呼ばれます。

note

[10] 説明　これに対して，構成員の個性が大事な団体としては，組合（くみあい）があります（民667条以下）。組合の場合には，取引の相手方となるのは，組合そのものではなく，組合の構成員（組合員）です。ですから，組合の債権者は，組合の構成員に対して請求することもできます（民675条2項）。

第**5**章

物

◦◦◦◦◦◦◦◦ INTRODUCTION ◦◦◦◦◦◦◦◦

　本章では，民法総則の「物」の章に定められている規定について説明します。物は権利の客体です。権利にはさまざまなものがありますが，そのうちの１つが物権です。物権とは，物に対する権利です（第**1**章参照）。具体的には，次のような問題です。

物とは何か　🔖 85条, 86条

　民法で「物」といわれるものは，何を指すのでしょうか。民法は，物を不動産と動産に分けていますが，これらはどのようなものでしょうか。

主物と従物　🔖 87条

　Ａが甲・乙という２つの物を持っていて，Ｂに対して甲だけを売った場合であっても，民法は，甲と乙が主物と従物の関係にあるならば，従物である乙も甲と一緒に売ったことになるとしています。この主物と従物はどのようなものでしょうか。

元物と果実　🔖 88条, 89条

　柿の木に柿の実がなるように，１つの物（柿の木）から別の物（柿の実）が生み

出されることがあります。新たに生み出されたものの元となる物（柿の木）のことを元物，新たに生み出されたもの（柿の実）を果実といいます。民法では，元物と果実について，どのようなルールが定められているでしょうか。

1 物とは何か：不動産と動産

1 物とは何か

民法における物とは，有体物のことをいいます（85条）。有体物とは，液体（水など）・気体（ガスなど）・固体（土地など）のことを指します。したがって，電気・熱・光は，民法における物ではありません。

2 不動産と動産

民法における物は，不動産と動産に分けられます（86条）。不動産と動産では，異なるルールが適用される場合があります（詳しくは2巻で学びます）。

| 不動産 |

不動産とは，土地と土地の定着物を意味します（86条1項）。CASE 5-1 と 5-2 を見ながらその意味を確認しましょう。

> **CASE 5-1**
> 　学校法人Aは，甲高等学校を運営しています。Aは，乙土地を所有しており，その上に丙建物を建てて所有し，甲の宿泊研修所として利用しています。
> 　乙には，土砂崩れを防止するために石垣が設置されており，風をしのぐために，丙を囲むようにして，たくさんの樹木がひとまとまりになって（集団で）植えられています。
> 　AはBに対して「乙を売る」という契約を結びました。この契約によって，Aは具体的に何を譲渡したことになるのでしょうか。

(1) 土　地

土地は，地中にある土砂や岩石等によって成り立っています。地中にある土砂や岩石等は土地の一部[1]ですので，CASE 5-1 で乙を譲渡すれば，これらも譲渡したことになります。

(2) 土地の定着物

　土地の定着物とは，石垣，側溝，井戸等のように，土地に固定されたもので，通常，土地に固定されたままで用いられるものをいいます。土地の定着物は，土地と一体になって用いられるものですから，土地の一部であって，土地に含まれています。したがって，**CASE 5-1** では，石垣は乙土地の一部であり，乙を譲渡すれば，石垣も譲渡したことになります。

　もっとも，「土地を譲渡すれば，その土地の定着物も譲渡したことになる」という原則には，次の2つの例外があります。

　(a) 建　物　　第1は，建物です。建物は，土地の定着物ですが，土地から独立した不動産とされます（不登2条1号）。したがって，建物は，土地とは別の取引の対象となります[2]。このことからすると，**CASE 5-1** で，Aが乙土地をBに譲渡したとしても，丙建物を譲渡したことにはなりません。Bが乙と丙の両方を手に入れたいと思うのであれば，BはAと「乙と丙を売買する契約」をする必要があります。

　(b) 立　木　　第2は，立木です。立木とは，樹木の集団のことをいいます（立木ニ関スル法律1条1項。以下，この法律を立木法といいます）。原則として，立木は，土地の定着物であり，土地の一部となります。そのため，立木が植えられた土地を譲渡すれば，その立木も譲渡したことになります。

　しかし，立木法1条1項によれば，立木は，登記されると，それが植えられている土地（地盤）から独立した不動産になり，土地とは別の取引の対象となります。もし，**CASE 5-1** で立木が登記されていたならば，Aが乙土地を譲渡したとしても，立木を譲渡したことにはなりません。日本では，昔から，土地に植えられたままの立木が土地と別に取引されることが多く，立木が土地に対してある程度独立したものとして取り扱われていました。立木法は，このような昔から永く続く日本の風習を反映したものです。

---

note

① **説明**　なお，鉱業法は，金などの一定の鉱物（鉱業3条参照）について，それを掘り出して（採掘して）取得する権利が国家にあるとしており（鉱業2条），これらの鉱物は土地に対する所有権の中に含まれません。

② **説明**　土地と建物がそれぞれ別の不動産とされているのは，明治時代の初め頃の税金のしくみが影響しているといわれています。明治政府は，土地に対して税金をかけるために「地券」という制度を作りましたが，建物についてはこのような制度を作りませんでした。そのため，土地に対する制度と建物に対する制度が別立てになってしまいました。このような事情から，民法では土地と建物が別の不動産として扱われています（内田貴『民法Ⅲ〔第4版〕』〔東京大学出版会，2020年〕511頁以下）。

CASE 5-2

Aは丁土地を所有しており，その上にたくさんの杉の木がひとまとまりになって（集団で）植えられています。

Bは，Aからこれらの木をすべて買いました。しかし，Bは，「買った後すぐに切り出す予定なのに，わざわざ手間とお金をかけて立木の登記をするのは無駄なことだ」と考え，立木法の定める登記をしませんでした。ただ，これらの木がBの所有であることを示しておいたほうがよいと思い，木の一部を削って所有者である自分の名前を墨で書き込んでおきました。

その後，Aは，丁をCに売り渡しました。Bがこれらの杉の木を切り出そうとしたところ，Cは，Bに対して，「立木法による登記をしていないのだから，これらの杉の木は土地の一部であって，私（C）のものだ。勝手に切るな」といってきました。

立木を買う人の多くは，Bのように考える人が多いため，立木の登記はあまり用いられていません[3]。そこで，判例や学説において，立木は，登記されていなかったとしても，それが植えられている土地とは独立した物として取引することができるとされています。

もっとも，不動産の譲渡を第三者に主張するためには，土地であれば登記をする必要があります。⇒95頁 登記されていない立木については，登記の代わりに，明認方法（木を削って所有者の名前を墨で書き込んだり，プラスチックの名札を付けたりして，立木の所有権の所在を示すこと）が用いられます。このように，登記されていない立木が売り渡された場合であっても，立木の買主は，立木に明認方法をほどこして，立木の所有者であることを表示しておけば，第三者に対して立木の所有権を主張することができます。

CASE 5-2では，Bは，立木に明認方法をほどこして，立木の所有者であることを表示していますので，丁土地を買い受けたCに対して，立木の所有権を主張することができます。したがって，Bは，これらの杉の木を自分の物として切り出すことができます。

---

note

[3] 説明 2018年における立木の登記件数は129件でした（登記統計：法務省ウェブサイト http://www.moj.go.jp/housei/toukei/toukei_ichiran_touki.html）。

不動産		
土地 （土地の地中にある 岩石等も含む）	土地の定着物	
	土地の一部とされる物	土地から独立した物
	(例) 石垣，側溝，井戸等	(例) 建物，立木法による登記がさ れた立木
	土地の一部として，土地に含まれる ので，土地の取引にしたがう（なお， 例外的に，立木法による登記がされ ていない立木であっても，明認方法 がほどこされていれば，土地とは別 の財産とすることができる）。	土地とは別の財産だから，土地の取 引にしたがわない。

動 産

CASE 5-3

次の❶〜❸の場合，テレビ，ペンキ，エアコンは建物の一部になるでしょうか。
❶ 建物のリビングにテレビを置いた。
❷ 建物の壁にペンキをぬった。
❸ 建物にネジでエアコンを取りつけた。

動産とは，不動産以外の有体物のことをいいます（86条2項）。

動産と不動産は別の物です。そのため，❶テレビ（動産）が建物（不動産）の中に置かれただけでは，テレビは建物の一部にはならず，別の物として扱われます。

しかし，❷ペンキ（動産）が建物（不動産）にぬられた場合，ペンキのみを建物から取り外すことが不可能であり，取り外せたとしても不動産や動産が著しく傷つけられることになります。民法によれば，このような場合には，動産（ペンキ）が不動産（建物）の一部になったものと取り扱います（このような場合にかかわる詳しいルールは，2巻の付合で学びます）。

❸エアコンは，建物にネジで取り付けられただけですから，簡単に取り外しでき，エアコンを取り外したとしても建物やエアコンが著しく傷つけられることもありません。そのため，エアコンは，建物に取り付けられたとしても，動産のままであり，建物の一部になるわけではありません（もっとも，次の❷で述べるルー

ルに注意してください）。

2　主物と従物

CASE5-4

Aは，京都でカフェを経営しようと思い立ちました。そこで，Aは，京都市中心部の古い家である甲建物をBから購入しました。カフェのお客さんに快適に過ごしてもらうために，Aはエアコンを買ってきて甲に取り付けました。

Aのカフェは人気店になりましたが，Aは，働き過ぎて体調を崩したので，甲をCに売りました。

Cは，Aから甲の引渡しをうけるため，甲の中に入ったところ，Aが甲からエアコンを取り外して持ち出していることがわかりました。Aは「甲に取り付けていたエアコンは業務用のものだから，これだけを買いたいと申し出た人（＝D）がいる。このエアコンは，その人に売るつもりだ。そもそも，あなたとの契約書には『甲建物を売る』としか書かれておらず，『エアコンを売る』とは一言も書かれていない」といっています。

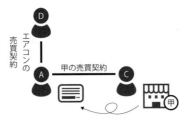

1　主物・従物の意味

エアコンは，動産であり，甲建物の一部になるわけではありません。動産と不動産は別の物ですから，それぞれを別の人に対して譲渡することができます。しかし，民法は，別々の物であっても，それらが主物と従物という結びつきのある場合について，特別なルールを定めています。

2個の物の間に，一方が他方の価値を高める関係がある場合に，価値を高められているほうを主物，高めているほうを従物といいます。建物は，エアコンがなかったとしても利用できますが，エアコンがあると，暑さ寒さをしのぐことができて，建物を利用しやすくなります。そうすると，エアコンは甲の価値を高めるものであり，かつ，甲はエアコンによって価値を高められているといえるでしょ

う。したがって，甲は主物，エアコンは従物に当たるといえます。

2 主物の処分と従物についてのルール

87条2項は，従物は，主物の処分に従うとしています。これは，主物が処分されれば，従物も同じように処分されることを意味します。これによると，CASE 5-4 の場合，主物である甲建物が譲渡されれば，従物であるエアコンも同じように譲渡されたことになります。

通常，主物を譲渡しようとする人も譲渡される人も，「主物とセットで従物を譲渡する」と考えているでしょう。87条2項は，当事者のそのような意思を推測した規定です。
⇒87頁，88頁

しかし，契約の時点で，当事者が，「主物だけを譲渡して，従物は譲渡しない」とする場合もあります。この場合には，当事者の意思が明らかなので，87条2項はもう適用されません。したがって，AとCが「甲だけを売り渡す。エアコンは売らない」という内容の契約をしていた場合には，甲だけがCに譲渡されることになります。なお，このルールは，主物と従物の所有者が同一人物である場合にのみ適用されます。

3 元物と果実

1 天然果実

CASE 5-5
Aは，甲土地を所有しています。Aは，2000年から，甲に梨の木を植えて，毎年，梨の実を収穫していました。
2022年6月10日に，Aは，梨の木も含めて甲をBに売り渡しました。同年9月に，Bが，甲にある梨の木から梨90kgを収穫したところ，Aは，「梨の木を育てたのは私だから，梨の実も私のものだ」といって，梨の実を渡すようにいってきました。

88条1項では，天然果実は「物の用法に従い収取する産出物」と定義されています。つまり，天然果実とは，物をその性質に従って使っていたならば，生み出されてくる物のことです[4]。果実を生み出す物のことを，元物と呼びます。これによると，梨の実は天然果実，梨の木はその元物です。

天然果実は，その元物から分離する時に，これを元物から切り離して手に入れる（収取する）権利を有する者に帰属します（その者が果実の所有者になります）（89条1項）。所有権のある人（所有者）は，物から利益を得ることができます。天然^{⇒6頁}果実は元物から生み出されてくる利益ですので，天然果実は，それが元物から分離する時の元物の所有者のものとなります。これによると，CASE 5-5 では，梨の実は，梨の木の収穫時の所有者であるBのものとなります。

2　法定果実

> **CASE 5-6**
> Aは，乙建物を所有しています。Aは，2025年からBに乙を家賃6万円で貸していました。2026年6月11日に，Aは，Cに乙を売りました。その際，Cは，その日以降もBが乙を同じ条件で賃借することを認めています。Cは，2026年6月分の家賃のうち，いくらを得ることができるでしょうか。

　88条2項は，法定果実を「物の使用の対価として受けるべき金銭その他の物」と定義しています。いいかえると，法定果実とは，元物を他人に使用させた見返りとして得られる金銭その他の物のことです。CASE 5-6 では，建物が元物であり，家賃はその使用の対価として受けるべき金銭ですから，家賃が法定果実に当たることになります。

　法定果実は，これを得る権利の存続期間に応じて日割計算によって決められます（89条2項）。CASE 5-6 の場合のAとCの権利について見てみましょう。

▌AのBに対する権利▐

　2026年6月1日から10日までは，AがBに乙建物を貸しています。6月1日から10日までの期間に関しては，Bから家賃を得る権利がAにあります。そうすると，6月分の家賃のうち，AはBから家賃2万円（6月1日から10日までの10日分の家賃）を得ることができます。

---

note

[4] **説明**　元物から生み出される果実にはさまざまなものがあります。梨の実のように，生命力によって自然に生み出される物だけでなく，土地から人の手を使って掘り出された石のように，人工的に生み出される物もあります。民法の天然果実は，元物から得られる利益（収益）をすべて含みますので，これらの物も天然果実に当たります。

CのBに対する権利

2026年6月11日以降，乙建物の所有権が譲渡され，CがBに乙を貸しています。したがって，6月11日から30日の期間に関しては，Bから家賃を得る権利がCにあります。そうすると，Cは4万円（6月11日から30日までの20日分の家賃）を得ることができます。

	家賃を得る権利の存続期間	AとCが得ることのできる法定果実
A	10日	6万円（1か月分の家賃） × $\dfrac{10（6月のAの権利の存続日数）}{30（6月の日数）}$ = 2万円
C	20日	6万円（1か月分の家賃） × $\dfrac{20（6月のCの権利の存続日数）}{30（6月の日数）}$ = 4万円

POINT

1　民法における物とは，有体物のことをいいます。

2　民法における物は，不動産と動産に分けられます。

3　不動産とは，土地と土地の定着物をいいます。土地の定着物のうち土地から独立した不動産となる物としては，建物と登記された立木があります。

4　動産とは，不動産以外の有体物のことです。

5　2個の物の間に，一方が他方の価値を高める関係がある場合に，価値を高められているほうを主物，高めているほうを従物といいます。従物は，主物の処分に従います。

6　天然果実は，その元物から分離する時に，これを元物から切り離して手に入れる（収取する）権利を有する者に帰属します。

7　法定果実は，これを得る権利の存続期間に応じて日割計算によって分けられます。

第**6**章

法 律 行 為

INTRODUCTION

　本章では，法律行為について学びます。法律行為について学ぶためには意思表示についても学ぶ必要があります。

　ポイントとなるのは次の2点です。

意思表示とは何か

　まず，意思表示はどのような要素から構成されているのか，意思表示が効力をもつのはいつか，という問題について扱います。

法律行為とは何か

　意思表示をすることで，契約等の法律行為が成立します。法律行為とは何でしょうか。またどのような種類があるのでしょうか。この点について学びます。

　法律行為が成立しても具体的な内容が不明確なことがあります。そこで意思表示の内容をもとに法律行為の不明確な部分を確定していく作業が必要になります（法律行為の解釈）。この点についても学びます。

第7章以下との関係

　なお，意思表示と法律行為という概念は，第7章以下の項目にも密接にかか

わります。ここでは，その全体像について簡単に触れておきましょう。

　法律行為をするため意思表示をしても，意思表示が不完全であるために，意思表示に効力を認めるべきではない場合があります。例えば，意思表示が相手に伝えられたものの，自分のミスや他者からの働きかけにより，相手に伝わった意思表示の内容と，自分が意図している意思表示の内容が異なり，自分は望んでいない内容の不本意な意思表示となってしまう場合があります。その場合に，意思表示をした者（表意者といいます）が，自らの不本意な意思表示を否定することができるのはどのような場合なのか。この点に関するルールが必要です。

　心裡留保・虚偽表示・錯誤・詐欺・強迫に関する規定はこうしたルールにかかわりますが，これらの制度については論じるべき点が多いため，章を改め，第 **7** 章以下で詳しく説明します（心裡留保・虚偽表示→第 **7** 章，錯誤→第 **8** 章，詐欺・強迫→第 **9** 章）。

　また，意思表示そのものには効力が認められても，意思表示から構成される法律行為の効力については制限をすべき場合もあります。それが，第 **10** 章で扱う法律行為の内容規制にかかわる問題です。

　本章で学ぶ意思表示・法律行為の問題は，第 **7** 章～第 **10** 章の問題を扱ううえで踏まえておかなければならない重要な内容を含みます。

意思表示	
意思表示の構成要素：効果意思・表示行為	→ 第 **6** 章
意思表示の効力発生時期	
不完全な意思表示 　：心裡留保・虚偽表示・錯誤・詐欺・強迫	→ 第 **7** 章～第 **9** 章

法律行為	
法律行為と意思表示の関係	→ 第 **6** 章
法律行為の種類 　：契約，遺言等	
法律行為の解釈	
法律行為の内容規制	→ 第 **10** 章

1 法律行為とは何か

法律行為とは何を意味するのでしょうか。

> **CASE 6-1**
> 　Aはマンションの一室を借りようと思っています。友達が，ハイツ有斐閣の大家が入居者を募集していると教えてくれ，大家さんBを紹介してくれました。AはBに会い，①「ハイツ有斐閣の一室を借りたい」と頼みました。Bは少し考えた末，②「いいですよ」とOKしてくれました。これら一連のプロセスを経て，Aはマンションの部屋を借りる契約を結ぶことができました。
>
>

　契約は，意思表示がなければ成立しません。このように意思表示がなければ法的な効果が発生しない場合を，法律行為と呼びます。

　CASE 6-1 において締結されている契約も，法律行為の一部です。

1 法律行為に欠かせない要素としての意思表示 ●

　契約を締結する際，欠かすことのできない要素が，意思表示です。**CASE 6-1** のように「マンションの一室を借りる約束」を，法的には賃貸借契約といいます。
　賃貸借契約は，**CASE 6-1** の①のような申込みの意思表示と，②のような承諾の意思表示が合致することで成立します[1]。賃貸借契約が成立すると，B（賃貸人）は，借主であるA（賃借人）に部屋の鍵を引き渡し，一定期間Aにその部屋を自由に使わせなければなりません（賃貸人の義務）。その代わり，AはBに対し，家賃を一定期間支払う義務を負います（賃借人の義務）。これが，意思表示が契約に欠かすことのできない要素といわれる理由です。

---

note ●

[1] 〔発展〕 賃貸借契約がどのような要件のもとに成立するかについては，601条に定めてあります。詳しくは，5巻を参照してください。

2 意思表示の成立プロセス

Aが「ハイツ有斐閣の一室を借りたい」とBに話すこと。これは（申込みの）意思表示であると先ほど説明しました。

実は民法では，意思表示が出来上がるプロセスに着目し，意思表示をもう少し細かな要素に分解して理解しています。それが，効果意思・表示行為です。

効果意思

意思表示をする人は，まず，心の中で（これを内心と言います）「部屋をBから借りる」と考えます。これは，「部屋を借りる」という効果を発生させる賃貸借契約という法律行為をする，と心の中で決意する意思そのものです。このような内心の決意を——法律効果を欲する意思という意味で——「効果意思」といいます[2]。

表示行為

以上のような効果意思は，Aが心の中でもっているだけでは意味がありません。自分が望んだ効果が発生するように効果意思をBに伝え，Bの承諾の意思表示を得る必要があります。「効果意思を外部に表示すること」，具体的には，Bに「ハイツ有斐閣の一室を借りたい」と「伝えること」が必要であり，このような行為を表示行為と呼びます（単に表示と呼ぶこともあります）。

以上の点を，ここで一度まとめておきましょう。

賃貸借契約という法律行為は，まず，

- Aの，「ハイツ有斐閣の一室を借りる」という意思表示
- Bの，「ハイツ有斐閣の一室を貸す」という意思表示
- この2つの意思表示があることとその内容の一致

note

[2] 用語 効果意思という語は，内心の意思であることを強調するために，「内心的効果意思」と呼ばれることもあります。また，同様に効果意思を指す言葉として，「真意」という言葉が用いられることもあります（なお，民法では，「意志」ではなく「意思」という表現を使います）。

という要素から構成されています。

そして、さらに、Aの「借りる」という意思表示は、

- ・心の中で「借りる」と決心すること（効果意思）
　　に基づき、
- ・実際に「借りる」とBに伝える（表示行為）

という2つの要素で構成されています。

法律行為は意思表示を含みますが、その意思表示もいくつかの要素から構成されていることがわかります。

3　意思表示の効力が生じる時期（効力発生時期）

CASE 6-1で、賃貸借契約という法律行為が成立するためには、AがBのそばで「家を貸してください」と独り言をいうだけでは十分ではなく、表示行為が必要でした。

AがBの目の前で賃貸借契約の交渉をしている場合は問題はありません。Bに面と向かって「家を貸してください」と話せば、Bにその意思表示が到達し、承諾するかどうかを判断できるためです。**CASE 6-1**はそのような例でした。

では、Bが遠いところに住んでいて、郵便でやり取りをしなければならない場合はどうでしょうか。あなたが表示行為をしてからBがそれを認識するのに時間を要します。これが、意思表示の効力発生時期の問題です。

> **CASE 6-2**
> Aは、Bが所有するマンションの一室甲を借りたいと考え、Bに対し、甲を貸してくれるよう申し込む手紙を書いて、10月1日に郵便ポストに入れました。ところが、台風が来たため郵便物の配達が遅れ、Aの手紙がBの家（住所）に届いたのは10月5日でした。
>
>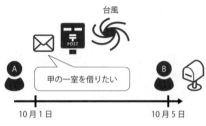

Ａが手紙を通じて行った意思表示は，いつから効力をもつのでしょうか。

　理論的には，次の４つの時点が考えられます。

①Ｂへの手紙を書いた時点（これを，意思表示の表白[3]がされた時点といいます）。
②ＡがＢへの手紙をポストに入れた時点（発信がされた時点といいます）。
③Ｂの家の郵便受けに届いた時点（到達した時点といいます）。
④Ｂが実際に手紙の封を開いて，読んだ時点（了知の時点といいます）。

　まず，①の時点では相手方に意思表示がまだされていないので，①の時点で効力が発生するということは考えられません。では，②～④のうち，どの時点で意思表示は効力をもつのでしょうか。

　民法は，97条１項で，相手方の家に到達した時点で意思表示の効力が発生すると定めています。Ｂは手紙を読もうと思えば読むことができるためです。これを到達主義といいます。Ａがポストに手紙を投函した（発信した）時点で意思表示が効力をもつと考える（この考え方を発信主義といいます）のではなく，Ｂの家に届いて（到達して）はじめて「意思表示」が効力を生じると考えるのです（到達主義。つまり，③の時点で効力が発生するとする考え方です）。

① 表白 手紙を書く	② 発信 ポストに投函	③ 到達 郵便受けに到着	④ 了知 手紙を読む

97条１項

｜ 到達主義 ｜

　到達主義との関係で重要なのは，意思表示が効力をもつためには，Ｂのところに到達していればよく，実際に読んだこと（了知）までは要求されない（④の時点ではない）という点です。意思表示を記した手紙は，Ｂが読もうとすれば読める状態にあればよく，実際に読んだか（了知したか）どうかは問題とされません。手紙は届いていたけれど読んでいなかったという反論が認められてしまうと，意思表示の効力が生じたり生じなかったりしてしまい，不安定な状況に陥ってしまいます。それを避けるためです。

---

note

[3] 用語 「表白」とは，「ことば・文書に表して言う」ことを，「了知」とは，「はっきり承知する」ことを意味します（いずれも『漢字海』より）。

到達の意味

では，配達人がＢの家に配達に行ったものの，Ｂが不在で，しかも受取りの
サインが必要な書留郵便[4]であったため，配達人が持ち帰ってしまった場合はど
うなるでしょうか。

Ｂが手紙を読もうとすれば読める状態にまでは至っていませんので，手紙が到
達したとはいえません。配達人が再配達に出かけ，実際にＢが受け取ってはじ
めて，到達したといえます[5]。

受領拒絶の場合

では，書留郵便の内容を読んでしまうと不利益が生じることが予想されるため，
Ｂが意図的に郵便物を受け取らないようにしていた場合はどうなるでしょうか。

いつまでも手紙が到達しないというのでは，意思表示の効力はいつまでたって
も発生しません。

97 条 2 項は，郵便物が配達されたにもかかわらずＢが受け取ろうとしなかっ
た場合で，Ｂの受取拒否に「正当な理由」がない場合には，意思表示は通常到達
すべきであった時，つまり，本来Ｂが受け取ることができた時に到達したもの
とみなすとしています[6]。
⇒23頁

4 契約以外の法律行為 ─────────────────●

CASE 6-1・6-2 では，マンションの一室を借りる賃貸借契約という法律行為
を例に挙げました。賃貸借契約は契約の一種であり，契約は法律行為の一種です。

note ────────────────────────────────────●

[4] 用語 「引き受けから配達までの郵便物等の送達過程を記録」している郵便です（郵便局〔日本郵便〕のウェブサイト参照）。

[5] 説明 別の似たような事例で，判例は，配達された手紙が配達先の勢力範囲（支配圏）内に入ればよいという言葉を使います（最判昭和 36 年 4 月 20 日民集 15 巻 4 号 774 頁）。

[6] 発展 なお，手紙が到達したものの，手紙を受け取った相手方が意思表示を理解する能力（了知する能力）をもっていない場合には（意思表示の受領能力がないといいます），意思表示の効力発生を相手方に主張できないと規定されています。例えば，7 歳の子どもが手紙を受け取ってもその内容を理解できません。民法は，98 条の 2 で，意思無能力者・未成年者・成年被後見人は受領能力がないものとして規定しています。なお，これらの人の法定代理人（例えば未成年者の親）が手紙が来ていることを知った後は，意思表示は到達したものとされ，意思表示はその効力を生じます。4 歳の子どものお母さんが手紙の内容を読んだ場合をイメージするとよいでしょう（第 **3** 章を参照してください）。また，手紙を送った人が投函後に死亡したり意思能力や行為能力を失ったりした場合には，意思表示は効力を失いません（97 条 3 項）。

契約

「契約」には，賃貸借契約以外にも，売買契約など，様々な種類の契約が存在します。そして，これらの「契約」もすべて意思表示を含むので，「法律行為」の一部です。

単独行為

「法律行為」には，「契約」以外のものも含まれます。「契約」は，相手方の意思表示もあってはじめて法的な効果が発生する法律行為です（あなたが「借りたい」と意思表示しただけでは借りられませんね。大家さんも，「あなたに貸してあげましょう」と意思表示をしてはじめて，契約という法律行為が成立します）。しかし，相手方の意思表示なしに法的な効果が発生する法律行為も存在します。このように，意思表示単独で法律行為を発生させる場合を単独行為といいます。一例が「遺言[7]」です。

> **CASE 6-3**
> あるおじいさんが，自分の死期を見越し，自分が死んだ後はお世話になったＡさんに全財産をあげようと考え，遺言書を書きました。

一定の要件を満たせば（詳しい要件は相続法〔7巻〕で学びます），おじいさんの死後，その望みどおりにＡさんに財産が渡され（財産権が移転され）ます。このような「遺言」も「法律行為」です。なぜなら，おじいさんの死後，遺言書に示された「Ａさんに財産を譲る」という意思表示に基づいて，「Ａさんに財産を譲る（「財産（権）を譲渡する」といいます）」という，おじいさんが意図したとおりの法的な効果が発生するからです。

重要なのは，契約も遺言も，意思表示をもとに法的な効果が発生するものであるため，どちらも法律行為であるという点です（なお，このほかに，いくつもの意思表示から成立する合同行為と呼ばれるものも存在します）。

---

note ───

[7] **用語** 「遺言」は，一般には「ゆいごん」と読むことが多いですが，法学の世界では「いごん」と読みます。ただし，「ゆいごん」と読んだからといって間違いであるわけではありません。遺言については家族法で学びます。7巻を参照してください。

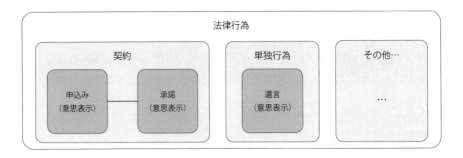

2 私的自治の原則

　法律行為には，重要な前提が存在します。人は，「自分に関する法律関係を自由に形成することができる」という大前提です。あなたがマンションを借りようと思うのも買おうと思うのも自由です。条件さえ満たせばどのマンションを借りるかも自由に選べます。大家さんと口約束で契約をしてもかまいませんし，弁護士に立ち会ってもらって契約書を作ってもかまいません。このように，相手が承諾してくれる限り，あなたはだれの強制も受けることなく，自由に，自分の思ったとおりの法律関係——それによって権利を取得し，義務を負うような関係——を，法律行為（そして，その中心にある意思表示）によって作り上げることができます。このことが，民法を支える重要な前提となっているのです[8]。そして，この前提のことを，私的自治の原則といいます。

⇒35頁

　これは，当たり前のことのように思われるかもしれません。しかし，民法は，このような自由を認めるという基本的な考え方によって支えられています。意思表示に基づき成立する法律行為も，このような「法律関係を形成する自由」の上に成り立つ制度なのです。

3 法律行為の解釈

　さて，以上からは，法律行為が意思表示を含むものであること，そして，意思表示がどのような要素から構成され，意思表示がいつから効力を認められるのか

---

note

[8] 説明　このことを示す条文として民法には521条，522条2項という条文が存在します。

がわかりました。意思表示が無事に相手方に到達し，相手方が承諾の意思表示をすれば，賃貸借契約という法律行為が成立します。CASE 6-1 の A は無事にマンションの一室を使い始めることができます。

　ただ，現実に賃貸借契約を結ぶ場合，賃貸借契約という法律行為（契約）が成立したことは確かでも，その具体的な内容に関して不明確な部分が残っている場合があります。そして，トラブルが生じたときに，その不明確な部分の内容が問題となることも少なくありません。そのような場合には，どうすればよいのでしょうか。

　法律行為の内容に不明確な部分が残っている場合には，法律行為の解釈をして解決をします。

> **CASE 6-4**
>
> 　A は B との間で B 所有のマンションの一室について賃貸借契約を締結しました。賃貸借契約書には「住んでいる間に生じた軽微な不具合に関する修理費用は，賃借人（A）が負担する」という条項が入っていました。ある日，浴槽の排水口付近のタイルにひび割れが見つかりました。業者を呼んで修理する必要があります。A は修理費用を払わなければならないでしょうか。

　「タイルのひび割れ」は，賃貸契約書に書かれている「軽微な不具合」に当たるのでしょうか。そもそも，契約書に書かれている「軽微な不具合」とは，何を意味しているのでしょうか。

　CASE 6-4 では，賃貸借契約が意思表示等によって有効に成立していますが，その契約の内容にわからない点が出てきています。そこで，契約書に書かれている「軽微な不具合」という言葉の意味を明らかにしなければなりません。この作業を「契約の解釈」と呼びます。契約も法律行為の一種ですので，より広い意味において法律行為の解釈とも呼ばれます。

1　一般的な解釈

法律行為の解釈は，通常，次のように行われます。

社会一般に理解されている意味がある場合

　まず，ある言葉の使い方について，一般的に社会で理解されている意味がある場合には，当事者もそのように理解しているだろうと考え，その意味に従います。

「軽微な不具合」という契約書上の文言について，「建物の構造に影響を及ぼすような大規模な修理を要するものではない」と理解するのが一般的といえる場合には，それによります。

このように理解できるならば，CASE 6-4での「タイルのひび割れ」は「軽微な不具合」にすぎないことになります。

当事者間で明確な了解がある場合

> **CASE 6-5**
> CASE 6-4で，契約を締結する際に，「風呂場で水漏れが生じるようであれば大規模な修理が必要ですね」とのやり取りがされていました。

CASE 6-5のように，AとBとの間で，風呂場から水漏れがあった場合は一大事だ，という点で認識が一致していた場合も考えられます。タイルのひび割れは水漏れにつながります。そのため，タイルのひび割れが「軽微ではない」不具合であるとAとBとの間で明確に了解されていると考えられます。このような場合には，社会一般に理解されている意味ではなく，当事者間の明確な了解に従って解釈されます。

明確な了解はないが契約の趣旨から読み取れる場合

明確な了解はなくても，契約を締結した経緯や当事者の態度などをもとに，一定の合意が契約の趣旨から推測できる場合は，その合意が優先されます。

> **CASE 6-6**
> AはBとの間でマンションの賃貸借契約を締結しました。賃貸借契約書には「住んでいる間に生じた軽微な不具合に関する修理費用は，賃借人が負担する」という条項が入っていました。
> そのマンションは浴槽に大きな亀裂が入っていたため，Bは浴室がないマンションとして貸し出そうとしていましたが，Aは，自分で修理をして浴槽を使えるようにしようと考え，その旨Bに伝えました。Aは，浴槽なしのマンションと同程度の賃料にしてもらい，浴槽を修理のうえ住み始めましたが，その後，水漏れするようになりました。調べたところ，浴槽の裏にある配管にも亀裂が入っていたことがわかりました。

配管の修理費用はA・Bのどちらが負担すべきでしょうか。

このケースにおいて，浴槽の配管の亀裂が契約書中の「軽微な不具合」に該当するかどうかについて，当事者の間に明確な了解は存在しません。

しかしながら，この契約を解釈するうえで，次の点は重要です。

> ・Bは浴室がないアパートとして安価で貸し出そうとしていた点
> ・Aは自分で修理をして浴室を使用する予定であった点

この2点をふまえると，A・B間で締結された賃貸借契約は，浴槽がはじめから使えないことを前提としたものであり，浴槽に関連する不具合については賃借人の負担で処理するという趣旨が当該契約に含まれているといえます。そうであるならば，この契約の趣旨に従い，配管の修理費も，Aが費用負担をすべきことになります。

2 法律行為の内容の補充

> **CASE 6-7**
>
> Cは友人Dから直接部屋を借りました。友人との契約であるため，契約書も交わしていませんでしたし，借りている部屋について生じたトラブルの取扱いに関する約束も，一切していませんでした。その後，壁の一部に穴が開いていることがわかりました。修理費用はどちらが負担すればよいのでしょうか。

CASE 6-6 までとは異なり，CASE 6-7 のように，C・D間で締結された契約において，建物のトラブルに際し，どちらが負担するかにつき何の合意もされていなかった場合はどうでしょう。手がかりとなる約束がないため，このような場合にどのようなルールが適用されるか直ちに明確にはなりません。

このように，トラブルを解決するための合意がない場合には，法律行為の内容を補充する必要があります。

この場合，まず，トラブルを解決するためのルールとして任意規定や慣習がある場合には，それによります。

任意規定による補充

民法の中には，当事者が特別な約束をしなかった場合に備えたルール（任意規定とも呼びます。ルールが定めている内容について，それと異なることを自由に〔任意に〕
⇒156頁

決められるという意味で，任意規定と呼ばれます）が置かれている場合があります。そのようなルールが存在する場合には，それに従います（つまり，任意規定が適用されます）。

CASE 6-7 ですと，修繕についてのルールを定めた 606 条 1 項という規定が存在します。606 条 1 項は，賃貸人が使用および収益に必要な修繕をする義務を負うと定めていますので，これによると，友人 D が修理費用を負担することになります。

なお，CASE 6-4・6-5・6-6 では，修繕についてのルールについて「住んでいる間に生じた軽微な不具合に関する修理費用は，賃借人が負担する」という当事者間の合意がありました。このルールの内容は，606 条 1 項の定める内容と異なります。しかし，同条は任意規定ですので，このような合意をすることが可能です。これが任意規定であるということの意味です[9]。

慣習による補充

CASE 6-8

CASE 6-7 で，壁の修理は終わりましたが，借りている部屋のお風呂を 3 日程度使ったところ，たっぷりお湯をためようとすると途中から必ず水になってしまうことがわかりました。C は壊れているのかと思い D に聞きました。すると，その部屋の給湯設備はシャワー・浴槽併用のタンク式で，タンク容量が少ないため，1 人分のシャワーに必要な湯を沸かすことはできるものの，浴槽に湯をたっぷり張れるだけの量の湯を一度に沸かす性能はないことがわかりました。建設当時には，その部屋にはシャワーしか設置されておらず，浴槽設置後も，給湯設備はそのままであったためです。

❶ 今までその部屋に住んできた人は外国人ばかりでシャワーしか使わないため苦情もありませんでした。
❷ 借りているマンションが建っている地域は，日本人も多く住む地域で，浴槽があるにもかかわらずシャワーしか使えないというマンションはほとんどありませんでした。しかし，家賃は，シャワーしか設置されていない物件と同等の価格に抑えられていました。

CASE 6-8 ❶ においても，建物のトラブルに際し，どちらがどのように負担するのかにつき約束がされていません。しかし，このケースで，例えば，「その地

note ────
[9] 発展 すでに勉強した部分ですと，第 5 章で学んだ 87 条 2 項も任意規定です。73 頁も参照してください。

域では外国人の賃借人が多く，浴槽にたっぷりお湯を張る人はいないので，容量の小さなタンクしかない給湯設備でも不具合とは考えない」という慣習が存在する場合には，その慣習に従います（92条）。この慣習の存在が認められれば，Dには修繕する義務はありません。

補充的解釈

CASE 6-8 で，マンションが建つ地域に給湯設備の性能に関する慣習はなかっ・・・たとします。この場合は，当事者が契約を締結した趣旨に従い，解釈によってルールを補充します。

CASE 6-8 ❷では，マンションの賃料が近隣の浴槽付きのマンションよりも安く抑えられており，シャワーしか設置されていない物件と同等の価格に抑えられています。このことから，当該契約においては，浴槽にあわせた給湯設備がないことは不具合ではなく貸主は責任を負わないという内容が含まれることが推測されます。

このように考えられる場合には，C・D間で締結された契約の趣旨から，Dに給湯設備を修繕する義務はないと考えます。

以上のような解釈の方法は，補充的解釈と呼ばれます。

POINT

1 意思表示がなければ法的な効果が発生しない場合を，法律行為と呼びます。
2 契約も遺言も，法律行為です。
3 意思表示は，効果意思と表示行為という2つの部分から構成されています。
4 意思表示は，相手に到達した時点で効力をもちます。この考え方を到達主義と呼びます。
5 民法は，私的自治の原則によって支えられています。
6 法律行為の内容に不明確な部分がある場合には，法律行為の解釈をします。

第 **7** 章

心裡留保・虚偽表示

━━━━━━━ INTRODUCTION ━━━━━━━

　本章では，心裡留保と虚偽表示という 2 つの制度について学びます。

　意思表示に基づいて法律行為がされる場合，その意思表示は常に明瞭で，誤りなくされるわけではありません。表意者が相手方に意思表示をしたつもりでも，表意者が「心の中で考えていたこと」（内心の効果意思）と，相手方が理解した「表意者が言いたいこと」との間に食い違いが生じる場合があります。心の中で考えていたことと表示されたこととの間に食い違いが生じた場合（このような場合をまとめて，意思の不存在〔意思欠缺〕と呼ぶこともあります）について民法はいくつかのルールを定めています。本章で学ぶ心裡留保と虚偽表示は，そのうちの一部です。

心裡留保 　📖93条

　意思表示をした者が，心の中で考えていたことと表示されたこととの間に食い違いがあることを知っている場合が心裡留保です。

虚偽表示 　📖94条

　意思表示の相手方と一緒になって合意して，心の中で考えていることと表示されたこととの間に食い違いがある意思表示をする場合が虚偽表示です。

それぞれの場合について，意思表示の効力の有無や，意思表示を信じた第三者の保護等について学びます。

1 心裡留保

1 心裡留保とは何か ─────────────────────●

表意者が，自らした表示行為に対応する効果意思がないことを知っている場合，これが心裡 留 保です。具体的なケースに即してみていきましょう。

> **CASE 7-1**
>
> Bと2年間同棲していた貧乏学生のAは，Bとの関係を清算しようと思い，別れ話を切り出しました。Aの話を聞いたBは動揺して泣きわめき，「絶対に別れない！」と言って聞きません。困ったAは，自分が絶対に払えないことはわかりつつも，その場をとりつくろうために，Bに「手切れ金として 1000 万円あげるから別れてくれないか」ともちかけ，やむなく「1000 万円，手切れ金として支払います」と書いたメモまで渡しました。それを受けとったBは，あきらめた顔をして実家に帰りました。

CASE **7-1**で，AはBに「1000 万円をあげる」といっています。Aのこの意思表示は有効でしょうか。AはBに，そのことを記したメモまで渡しているので，ある種の贈与契約（549 条）が成立したとされる可能性があります。かりに贈与契約が成立したとすると，AがBに 1000 万円を支払う法的な義務が発生します。

では，このケースで，Aは本当にBに 1000 万円を支払わなければならないのでしょうか。貧乏学生であるAにとって 1000 万円なんてとうてい手にできるはずもない状況であることを考えれば，AがBに「1000 万円あげるよ」と切り出した（表示行為）のは，動揺したBに落ち着いてもらうためで，その場を取りつくろうためやむなく口走ったにすぎず，本当に「1000 万円あげる」とは思っていなかった（効果意思）可能性があります。このような状態で，Aの「意思表示」に基づき贈与契約という法律行為が効力を有するのかが問題になります。

先ほど見たように，Aは，少なくとも「表示行為」はしています（Aを表意者といいます。第**6**章も参照してください）。では，Aは，心の中で本当にBに「1000 万円あげる」と思っていたのでしょうか。いいかえれば，Aは，「Bに 1000 万円あげる」という効果意思をもっていたのでしょうか。

⇒79頁

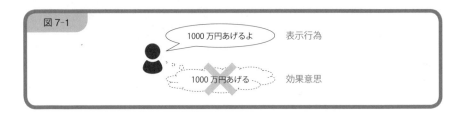

図 7-1

1000 万円あげるよ　　表示行為

1000 万円あげる　　効果意思

　貧乏学生である A にとって 1000 万円なんてとうてい手にできるはずもない状況であることを考えれば，A には効果意思はなかったと考えることができそうです。泣き叫ぶ B を前にして，効果意思がないことを自分でも意識しながら，その場を取りつくろうためにやむなく口走ったという程度でしょう。そうだとすると，CASE 7-1 での A の発言は，表示行為はあるものの，それに対応する効果意思がない発言だったことになります。では，このような発言に「意思表示」としての法的な効果を認め，贈与契約という法律行為の効力の発生を認めてよいでしょうか。この問題について定めるのが，心裡留保[1]に関する 93 条です。

2　心裡留保の効果

　民法は心裡留保の効果について，以下のように原則と例外を定めています。

原則：93 条 1 項本文

　A は，B に「1000 万円あげる」という表示行為をしていますが，それに対応する効果意思がないことを A 自身が知っています。

(1)　相手方の信頼

　一般に，「A が心の中で何を考えているか」は，A 以外の人はわかりません。相手は，A が発言したとおりの内容を A は心の中でも考えていると思うのが普通です。つまり，A の発言につき，相手方は表示行為どおりの効果意思をもっているであろうと信頼します。

(2)　本人の帰責性

　CASE 7-1 の場合，A 自身が，自分の発言が表示行為に対応する効果意思を

note

[1] 用語　心「理」ではなく，心「裡」という文字が用いられています。「裡」という語には，「内側」という意味があります。

欠くものであることを知っています。そのため，A は，自らがした表示行為が効果意思に合致していなかったとしても，意思表示に基づいて発生するはずの法的な効果を引き受けなければなりません。

　このような考慮から，93 条 1 項本文は，「意思表示は，表意者がその真意ではないことを知ってしたときであっても，そのためにその効力を妨げられない」と定めています（A の効果意思は，93 条 1 項では真意という言葉で表現されています）。

　CASE 7-1 でもう一度確認しましょう。

　A は，本当は（＝つまり効果意思〔＝真意〕のレベルでは）1000 万円なんてあげるつもりはなかったにもかかわらず，その場を取りつくろうため B に「1000 万円あげる」という表示行為をしました。この場合，93 条 1 項本文によれば，A の意思表示は効力を「妨げられ」ません。つまり，A の意思表示は有効とされ，A は B に 1000 万円を支払わなければなりません。

例外：93 条 1 項ただし書

　CASE 7-1 で，B が，A が本心から 1000 万円をあげると約束したと信じていたならば，契約は有効となります。

　これに対し，CASE 7-1 で B が，A がその場を取りつくろうためにやむなく口走ったということを知っていた場合はどうでしょうか。B が，少し考えれば，そのことを知ることができた場合も同様です。

　このような場合には，相手方の信頼が存在しないか，相手方の信頼が保護に値しないため，A の意思表示を有効にする理由がありません。

　この点について定めるのが，93 条 1 項ただし書です。93 条 1 項ただし書によると，「相手方がその意思表示が表意者の真意ではないことを知り，又は知ることができたときは，その意思表示は，無効とする」とされています。（相手方である）B が，「1000 万円あげる」という A の意思表示が本心から出たもの（真意に基づくもの）ではないことを知っていた（または，知ることができた）場合，A の「1000 万円あげる」という意思表示は無効となる（つまり，A は 1000 万円をあげなくてよい）というのが，93 条 1 項ただし書です。

　A と B は同棲していたのですから，A の日頃からの貧乏学生ぶりを B はよく知っていたのではないでしょうか。そのため，A による「1000 万円あげる」という意思表示が，その場を取りつくろうためにやむなく口走っただけで，「真意

でない」ことをB自身知っていた（または知ることができた）はずです。もしそうであったとするならば，Aによってされた意思表示が効力をもたず，Bが1000万円をもらえなかったとしても，仕方がありません。Bが，Aによる意思表示が真意でないことを知っていた（あるいは知ることができた）といえるならば，Aが，効果意思がないにもかかわらず意思表示に拘束される必要はありません。その結果，Aの「1000万円あげる」という意思表示は，その効力を否定されます。つまり，Aは1000万円あげなくてもよいことになります。このことを定めるのが，93条1項ただし書なのです[2]。

2 虚偽表示

表示行為はされたけれども，表意者側に対応する効果意思がないという場合は，心裡留保だけではありません。以下に述べる虚偽表示も同様です。

1 虚偽表示とは何か

虚偽表示について理解するための前提知識

虚偽表示が問題となる事例では，土地や建物の不動産の売買がひんぱんに出てきます。これらの不動産の取引が問題となる際には，気をつけなければならない点があります。そこで，虚偽表示の説明に入る前に，不動産の売買に関して押さえておくべき点を，先に勉強しておきましょう。

(1) 不動産の取引の特徴

土地や建物は，数千万円・数億円で取引されることも多い高価な財産です。そのため，不動産を取引する際には，所有者がだれかが重要になります。土地を買ったつもりだったものの，売主がその土地の所有者ではなかったために，その土地の所有権を取得することができなかったということになれば，大変だからです。

しかし，買おうとしている土地の所有者がだれかは，その土地に行って様子を

note

[2] **説明** なお，心裡留保を理由とした表意者の意思表示の無効が認められる際に，「第三者」が登場する場合があります。93条2項は，1項ただし書が適用される場合の意思表示の無効は，善意の第三者に対抗することができない，と定めます。この規定の内容は，この後に学ぶ94条2項とほぼ同様ですので，94条2項のところでまとめて扱います（→98頁以下）。

みるだけではわかりません。その土地に住んでいる人がいたとしても，もしかしたら別の人から借りているだけかもしれないからです。現地に見に行って，「自分がこの土地の持ち主です。興味があるなら1億円で売ってあげましょう」と声をかけてくる人がいたとしても，その人を信用してよいわけではありません。

(2) 登記制度

では，ある不動産の所有者がだれかは，どのように調べればよいのでしょうか。この問題に対応できるように，登記という制度が整えられています。

登記とは，不動産ごとの権利関係等（権利がどのように変動しているか）を記録することです。ある土地や建物等の所有者がだれかを調べたい場合には，登記簿が置いてある各地の役所（法務局）に出向き，だれが所有権を取得したと記録されているか，まずは調べることになります。

この「登記」という仕組みがあるのは，民法に次のようなルールが定められているためです。それは，土地や建物の取引によって所有権を譲り受けた人（譲受人といいます）は，元の所有者（譲渡人といいます）とともに役所に行って，所有者が変わったことを登記簿に書き込んでもらわない限り（移転登記とか登記を移転するなどといいます），他の人に対して，自分が新たな所有者になったこと（所有権を前の人から譲り受けたこと）を主張できない，というルールです（177条。詳しくは2巻で学びます）。譲受人は，他の人に対して自分が新たな所有者になったと主張したいと考えますので，普通は，土地や建物の所有者等が変わったときには，その変化が，そのつど，登記簿に反映されることになります。

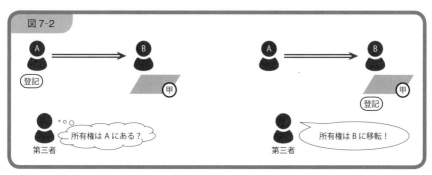

図7-2

所有権はAにある？　第三者

所有権はBに移転！　第三者

CASE7-2

　Aは，自分が所有する甲土地をBに売るという内容の売買契約を締結しました。

では，売買契約などによって，ある不動産を譲り受けたのに，登記を移転しなかった場合はどうなるでしょうか。

先ほどのルール（177条）によると，ある不動産の権利者が変わったにもかかわらず登記の移転をしなかった場合には，譲受人は第三者（譲渡人以外で，その不動産に利害関係を有する人のこと[3]を指します）に対して当該不動産を譲り受けたことを主張できません。つまり，自分が新たな所有者になったことを他の人にも主張したい場合には，登記を移転しなければなりません。このルールがあれば，普通はみんな登記を移転します。そうすると，登記をみれば，だれからだれに所有者が代わり，いまだれが所有者になっているかということがわかるようになるわけです。そして，登記が移転されれば，登記簿に記載されている人がその不動産の権利者なのだと考えてもらいやすいのです。登記とは，このようなしくみに基づくものです。

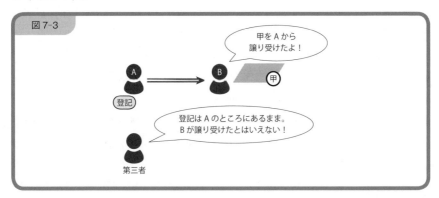

図7-3

甲をAから譲り受けたよ！

登記はAのところにあるまま。Bが譲り受けたとはいえない！

登記

第三者

虚偽表示とは

このことを前提に，94条の虚偽表示について学びましょう。

まずは，次のケースを考えてみましょう。

CASE 7-3

XはAから甲建物を購入しました。そのままもち続けると多額の税金がかかると税理士から聞いたため，節税目的で，娘Yに表向きは売ったことにしようと考えました。

note

[3] 用語　「第三者」がどのような者なのかについて，詳しくは物権法で学びます。2巻を参照してください。

Ｙに相談したところ，Ｙも了承し，甲をＹに売る内容の嘘の売買契約書も一緒に作りました。甲の所有権がＹに移ったことを表向きに示すために，甲の登記もＹに移しました。

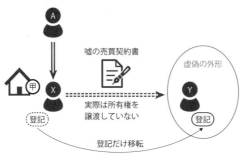

CASE 7-3 で，Ｘは，甲建物の所有権をＹに移転するつ̇も̇り̇な̇ど̇な̇い̇のに，Ｙに甲建物の所有権が移転したかのような状態を作り上げようとし，相手方Ｙと示し合わせて（「通謀して」といいます）虚̇偽̇の売買契約の意思表示を行っています。このようなＸの意思表示を虚偽表示といいます。

CASE 7-3 で問題となっている財産は建物ですから不動産です。先にみたように，不動産取引において，不動産を譲り受けたことを第三者に認めてもらうためには，登記を移転しなければなりません。そのため，Ｘは，甲の登記もＹに移転しています。このことにより，登記簿上は，甲の所有者がＹである（ＸからＹへの譲渡があった）という記載が作り出されています。

しかし，これは，甲の真の所有権のありか（所有権はＸに残ったままという状態）とは異なります。このような登記簿上の記載を虚偽の外形と呼びます。

2 虚偽表示の効力

では，Ｘが行った虚偽表示の効力はどうなるのでしょうか。

Ｘが行った虚偽表示の効力は，意思表示の相手方であるＹに対して問題となる場合と，Ｙ以外の他の者（「第三者」）に対して問題となる場合とで，異なった形で扱われます。Ｙとの関係を問題とするのが94条1項，Ｙ以外の者（「第三者」）との関係を問題とするのが94条2項です。

当事者間の関係（94 条 1 項）

　まず，虚偽表示を行った本人 X と相手方 Y との関係において，X の虚偽表示の効力はどのように扱われるのでしょうか。

> **CASE 7-4**
>
> 　CASE 7-3 において，X が Y に対し，税金対策の必要がなくなったので，甲建物の登記を X のところに戻してくれと頼みました。

　Y が直ちに戻してくれれば問題はありません。

　しかし，Y が X に対し，「X が Y に甲を売るという売買契約書があるではないか。所有者は私（Y）であり，X に登記を戻す必要はない」と反論してきた場合，X は Y の主張にさらに反論することができるでしょうか。

　そもそも，X がした意思表示は，売買契約に対応する内心の（効果）意思がないという意味で，不完全な意思表示でしかありません。そのような不完全な意思表示に対し効力を認めることは適当ではありません。

　また，意思表示の相手方である Y は，X によってされた売買契約の意思表示が効果意思を欠く（つまり，本当は売買を行うつもりがない）ことを知っているだけではなく，X と示し合わせて（通謀して）虚偽行為を行っており，協力してすらいます。Y は，X による意思表示の効果が生じるとは思っていなかったはずです。

　以上を踏まえると，Y との関係においては，X が行った不完全な意思表示である虚偽表示に効力を与える必要はありません。

　実際，94 条 1 項は，Y と示し合わせて行った X の嘘の意思表示（「相手方と通じてした虚偽の意思表示」）は無効とすると定めています。X は Y に対し，94 条 1 項に従い，自らが行った嘘の売買契約に関する意思表示が無効であることを理由として，X から Y に甲を譲渡したという登記簿上の記載を削除する（「抹消する」といいます）ことを請求することができます[4]。

第三者との関係（94 条 2 項）

　これに対し，第三者との関係では，異なったルール（94 条 2 項）が適用されます。

　X が不完全な意思表示を行っていることを Y は知っていますが，Y 以外の者は，X による意思表示が虚偽であることを知らない場合があるためです。

CASE 7-5

甲建物を所有するXは，建物をそのままもち続けると多額の税金がかかると税理士から聞いたため，節税目的で娘Yに売ったことにしようと考えました。Yに相談したところ，Yも了承し，甲をYに売る内容の嘘の売買契約書も一緒に作りました。甲の所有権がYに移ったことを表向きに示すために，甲の登記もYに移しました。その後，お金に困ったYは，この嘘の登記を悪用して，何も知らない知人Zに甲を売ってしまい，Zに登記も移転しました。XはZへの登記の移転の抹消を請求しています[5]。

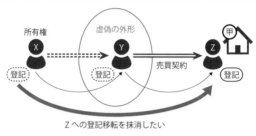

X が，Z に対し，「X・Y 間の売買契約は虚偽の意思表示（虚偽表示）に基づくもので無効であり，Y には甲の所有権が移転していない。Z は，所有権をもたない Y から買ったといっているにすぎず，無権利者である Y から Z が甲土地を買ったとしても，Z は甲土地の所有権を取得できていない」という主張をした場合，X の主張は認められるでしょうか。94条1項によればこのような主張が認められそうです。

しかし，CASE 7-5 では，X が自らの嘘に真実味をもたせるために Y に登記を移転しています。このような状況で，Z が登記簿の記載（X から Y に売買を原因として所有権が移転しているという記載）を目にすれば，X から Y に所有権が譲渡されているのだろうと普通は考えます。

このような局面にかかわる規定が，94条2項です。94条2項は，「前項の規定による意思表示の無効は，善意の第三者に対抗することができない」としてい

note

[4] **発展** このような請求が可能になるのは，真実に反する（登記原因がない）登記は無効である，というルールが存在するためです。詳しくは物権法で学びます（2巻を参照してください）。

[5] **発展** X が登記の抹消を請求できるのは，相手方である Y のみであるようにも思うかもしれません。しかし，X が甲建物の所有権をもっているとすると，自分の物を返せという主張は，だれに対してもできます。登記が奪われている場合にも，同じことがいえます。そのため，X は Z に対しても，登記の抹消を請求できます。詳しくは物権法で学習します（2巻を参照してください）。

2 虚偽表示 ● 99

ます。

　対抗することができないとは，主張することができない，ということです。す
なわち，Ｚが94条２項の要件を満たしているならば，ＸはＺに「Ｘ・Ｙ間の売
買契約は虚偽の意思表示に基づくもので無効である」という主張をすることがで
きなくなる（つまりＸは，Ｚのもとにある甲の登記を抹消できない＝甲を取り戻すこと
ができない）ことを意味します。

(1)　94条２項の基礎にある正当化根拠

　94条２項が規定されている理由として，次の２つの点をあげることができます。

(a)　信頼原理

　第１に，**CASE 7-5** のような例において，登記簿に記載され
た売買契約の意思表示が有効なものであると信じたＺの信頼を一定の場合に保
護する必要があるという点です（94条２項を支える信頼原理と呼ばれます）。Ｘ・Ｙ
間のやりとりは第三者にはわからないものであるにもかかわらず，Ｚの取引の前
提となるＸ・Ｙ間の取引が無効になってしまうのでは，こわくて不動産に関する
取引に手を出せないということになりかねません。そこで，Ｚの信頼を一定の要
件の下で保護することにしています。

(b)　帰責原理

　第２に，**CASE 7-5** において作り出された「虚偽の外形」
（嘘の登記が存在しているという外観）は，Ｘ自身によって故意に作り出されたもの
だという点です。Ｘは，Ｚが信頼してしまう状況を自ら作り出しており，その点
につき責任があります（Ｘに帰責性[6]があるといいます。94条２項を支える「帰責原
理」と呼ばれます）。

Column 9　94条２項と表見法理・権利外観法理

　94条２項は，信頼原理と帰責原理の２つの原理により支えられている規定で
す。このような，表意者の帰責性を基礎として，第三者による外観への信頼を保
護するという考え方は，表見法理・権利外観法理と呼ばれます。表見法理に基
づく制度は他にもあります（表見代理もその１つです）が，94条２項は少し特殊
⇒201頁
な性格を有している点には注意が必要です。他の表見法理では，第三者が信頼
しているだけではなく，その信頼が正当なものであることが要求されるためです。

---

(2) 94条2項の要件

では，Ｚは，どのような要件を満たせば94条2項による保護を受けられるでしょうか。

ポイントは2点あります。

第1に，Ｚは，94条2項にいう第三者に該当すること。具体的には，虚偽表示の対象となっている目的物につき「法律上の利害関係を有していること」が必要だという点です。

そして第2に，Ｚは，Ｘの虚偽表示につき善意でなければならないという点です。

ここでは説明の都合上，まず，「善意」の内容について説明してから，「第三者」の意味について説明をします。

(a) 「善意」であること　CASE 7-5 のＺが94条2項によってＸの主張をしりぞけるためには，ＸからＹに甲建物を譲渡するという意思表示がＸの虚偽表示によるものであったことについて知らなかったこと（善意であるといいます）が必要です。94条2項における「善意の第三者に対抗することができない」という「善意」の部分です。Ｘの虚偽表示によるものであったことを知っていた場合（悪意の場合）には，そのようなＺを保護する必要はありませんから，意思表示が無効であるとされても仕方がないためです。

なお，Ｚが，Ｘによる意思表示が虚偽表示によるものであったことを知らなかったことに落ち度がなかった場合のことを無過失といいますが，94条2項は，Ｚが善意であることのみを要求しており，無過失までは必要としていません。

これは，虚偽表示はＸが自ら意図的に作り出したものであり，自ら意図して虚偽の表示をしながら，第三者に対して注意を求めることができるとするのはおかしい，と考えられるためです。例えば，少し調べればＸ・Ｙ間の登記移転が嘘のものであることがわかったような場合です。この場合，Ｚが善意であれば（Ｚに過失があっても），94条2項による保護を受けることができ，Ｘに対抗することができます。

(b) 「第三者」に当たること　Ｚが94条2項によってＸの主張を封じるためには，「第三者」に当たる必要があります。第三者とは，Ｘの虚偽表示による無効の主張が認められてしまうと財産を失ってしまうＺのような，「利害関係をもった者」のことです。Ｘの主張を封じたところで何の利益もない者にＸの主張を否定させる必要はないため，このような限定がされているのです。

（i）「第三者」に該当する場合　「第三者」の典型例として，CASE 7-5 の Z を挙げることができます。

Z は，X・Y 間の意思表示が有効であれば，甲建物の権利を取得することができますが，無効であれば，取得することができません。判例は，Z のような立場にある者を，X によってされた虚偽の表示が対象とすることがらにつき「法律上利害関係を有するに至った者」であると表現し（大判大正 5 年 11 月 17 日民録 22 輯 2089 頁等），94 条 2 項の「第三者」に該当するとします。

（ii）「第三者」に該当しない場合　反対に，94 条 2 項の「第三者」には当たらないのはどのような場合なのでしょうか。

一般に，次のケースの Z のような者は（「法律上利害関係を有するに至」らないので）「第三者」に当たらないとされています。

CASE 7-6

> X は A から甲建物を購入しましたが，そのままもち続けると多額の税金がかかると税理士から聞き，表向きは娘 Y に売ったことにしようと考えました。Y に相談したところ Y も了承したため，甲を Y に売る内容の嘘の契約書を Y と一緒に作ったうえで，甲の登記の移転も Y とともに行いました。その後，お金に困った Y は，Z から 1 億円のお金を借りました。X が，Y から登記を戻そうとした際，Z がやってきました。Z は，「自分は 94 条 2 項にいう『第三者』だから自分に対しては売買契約が無効だとは言えないはずだ。そもそも Y が甲をもっているから 1 億円を貸したのだ。Y からお金を返してもらえなくなるから，登記を移すことはできない」と主張しています。

では，CASE 7-5 の Z と CASE 7-6 の Z の違いはどこにあるのでしょうか。

一方で，CASE 7-5 の Z は，X による虚偽表示の主張が認められた場合，甲を直ちに失います。他方で，CASE 7-6 の Z は，X による虚偽表示の主張が認められたとしても，何らかの権利を失うわけではありません。Z は，そもそも甲について権利を得ているわけではないので，X による虚偽表示に基づく無効が認められても，甲に関する権利を失うわけではないためです。確かに，甲が Y の所有物ではないことになると，いざというときに甲を売却してお金を用意することができませんから，Y が Z に 1 億円を返すための資金は減ります。しかし，Z は，Y に貸した金を返してくれと請求する権利を奪われるわけではありません。

そのため，判例は，CASE 7-6 の Z は CASE 7-5 の Z とは異なり，「法律上利害関係を有するに至った者」ではなく，94 条 2 項の「第三者」には該当しない

とします。その結果，94条2項の保護が受けられない，つまり，Xによる無効の主張が認められることになります。

Column 10　債権者が差押えをした場合

　Yの財産がどれだけあるかという点は，お金を返してもらう立場にあるZにとって重要な問題です。CASE 7-6のようなケースで，Yにお金を返してくれと請求しても返してくれない場合，Zは，裁判所に申し立てて甲建物を差し押さえるという手続に出ることがあります。この手続まで行った場合には，Zは，X・Y間の売買契約に「法律上の利害関係」をもつものと判断されます。つまり，Zが差押えまでかければ，Zの主張は認められうることになります。詳しくは民事執行法で学びます。

　(c)　94条2項と登記　94条2項の「第三者」に当たるためには，以上の要件さえ満たしていれば十分でしょうか。それともXの主張を封じるために，登記まで備えている必要はあるでしょうか。

　先ほどみたように，土地や建物のような不動産を取引する際，不動産の所有者から権利を譲り受けたことを他の人に認めてもらうためには登記を備える必要があります（CASE 7-2 参照）。_{⇒95頁}

　先ほどみた CASE 7-5 では，ZもYから甲建物を取得しています。「虚偽表示だったから無効だ」と後から主張してきたXとの関係で，Zも同様に登記まで備えなければ，Xに対し94条2項を使った反論ができないのか。これが，ここでの問題です。_{⇒99頁}

　判例（最判昭和44年5月27日民集23巻6号998頁）は，Zが「善意」であり，先ほど述べた意味での「第三者」に当たれば，登記まで備えていなくても，Xによる虚偽表示に基づく無効の主張を封じることができるとします。

　Xは自分からまぎらわしい嘘の状態（虚偽の外形）を作り出したのだから，CASE 7-5 のようなZが未登記であることを取り上げて，XがZに無効を主張できることになるのは適切ではない，と考えるためです。

　(d)　転得者と94条2項　CASE 7-5 では，Zが，94条2項によってXの虚偽表示の主張を封じることができるのか，が問題となりました。では，Zから甲建物をさらに譲り受けたW（さらには，Wから譲り受けた者等も含みます）は，94

条2項を使えないのでしょうか。

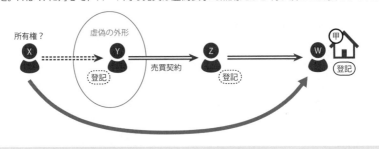

CASE 7-7

CASE 7-5のZは，Yから甲建物を買ったのち，すぐにWに甲建物を売り渡しました。XはWに対して，X・Y間の売買は虚偽表示で無効だから明け渡せと主張しました。

所有権？　　　虚偽の外形

X ┈┈> Y ──売買契約──> Z ──> W 甲🏠

（登記）　　　　　（登記）　　　　（登記）

　第三者であるZからさらに目的物を譲り受けたWのような人を<ruby>転得者<rt>てんとくしゃ</rt></ruby>といいます（Wからさらに譲り受けた者等も転得者と呼ばれます）。

　判例は，このようなWも「第三者」に当たるとします。つまり，W（やさらにWから転得を受けた者）も，94条2項を使って反論を行うことが可能です。

　では，94条2項による場合，Wは，Zと同様に，「善意」でなければならないのでしょうか。

　この点については2つの考え方があり，判例は2つ目の考え方をとっています。

　(i)　**相対的構成**　第1に，94条2項による保護をWが主張するためには，W自身も善意でなければならない，とする考え方があります。Xによる虚偽表示の主張を封ずるには，W自身が，X・Y間の売買が虚偽表示によるものであったことを知らなかった（善意）ことが必要であると考えるのです。Wも虚偽の外形を信頼しているという点では，第三者Zの場合と区別する必要がないからです。

　このように考える場合，Zから転得した者がW，W_1，W_2と増えていったとしても，それぞれの転得者について，善意であるかどうかが問題となります。94条2項による保護を主張できるかが転得者ごとに相対的に決まるため，相対的構成という言葉が使われています。

　(ii)　**絶対的構成**　第2に，第三者Zが善意でありさえすれば，転得者WはXの主張を封じることができるという考え方があります（いったん中間に善意のZが現れれば，転得者は絶対的にXの主張を封じることができるという意味で，絶対的構成と呼ばれます）。かりにWが，X・Y間の売買が虚偽表示によるものであったこ

とを知っていたとしても，Zが善意でさえあれば，Wは94条2項により常に保護されると考えるのです。

この考え方によれば，Zが甲建物を善意で取得した後，Xの意思表示が虚偽表示であったことを知ってしまった（悪意になった）Wが甲を取得したとしても，Wは，X・Y間の売買契約は虚偽表示で無効であるというXの主張をしりぞけることができることになります（なお，この考え方によっても，Zが悪意であってもWが善意であれば，Wは「第三者」として位置付けられ，Xの主張をしりぞけることができる，と考えられています）。

この考え方は次のような点を考慮したものです。

相対的構成により，Wが悪意でZから甲を買い取った後，94条1項によりXの主張が認められ，甲をXに取り上げられてしまったとしましょう。この場合，Wは，Zから得られるはずであった甲を得られなくなるため，Zとの間の売買契約を解除し，支払済みの代金をZから返還してもらうことが可能になります[7]。しかし，このことは，逆からみると，Zは，自らが善意であったとしても，転得者Wに代金を返還しなければならなくなることを意味し，Zが実質的には保護されなくなります。

このような帰結を避けようというのが，この考え方の背景にはあります。判例は，絶対的構成を採っています。

94条2項の類推適用

厳密には虚偽表示が存在するとはいえない場面にも，判例により，特殊な形での94条2項の適用が認められています。94条2項の類推適用が問題となる場面です。

CASE 7-8

　Xは知人Aから甲建物を買い，代金を支払いました。登記も移転しようとしましたが，Xに登記を移転すると多額の税金がかかると税理士から言われたため，節税目的で，娘Yと協議の上，AからYが直接買ったことにしようと考えました。XはAに対し，AからYに直接登記を移転してくれるよう頼み，実際，そのとおりに登記が移転されました。その後，お金に困ったYが，自らのところにある登記を悪用して，Xに無断で甲を知人Zに売ってしまいました。XはZから甲を取り戻せるでしょうか。

---

note

[7] 発展 561条，542条。詳しくは債権各論で学習します。5巻を参照してください。

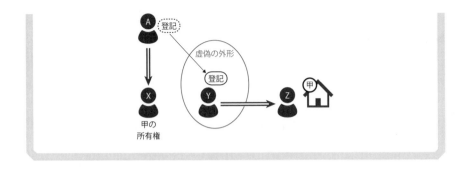

1 94条2項の類推適用が問題となる場面

CASE 7-8 は CASE 7-3 （⇒96頁）および CASE 7-5 （⇒99頁）と似ています。しかし，重要な点で異なっています。CASE 7-8 では「虚偽表示」がないためです。

94条2項の本来的適用

CASE 7-3 と CASE 7-5 では，X・Y間で「XからYに甲建物の所有権を移転するため売買契約を締結する」との虚偽の意思表示がされ（Xの虚偽の意思表示），それに基づき，X・Y間で移転登記がされていました。これが94条2項が本来適用されるべき場合です。

94条2項から外れる場面

これに対し，CASE 7-8 では，X・Y間で相談はしていますが，X・Y間に虚偽の売買契約（Xによる虚偽の売買契約の意思表示）が存在するわけではありません。

確かに CASE 7-8 でも，甲建物について売買契約は締結されていますが，それはA・X間の契約であり（Aが売主，Xが買主という売買契約），これは虚偽表示とは関係のない有効な契約です。ただ，CASE 7-8 では，登記が，AからXにではなく，AからYに移っているにすぎません。

つまり，CASE 7-8 には，94条2項の本来の要件である表意者Xによる「虚偽の意思表示」（Xが所有者なのに，「虚偽の売買契約によってXからYに登記を移転したことにしよう」という内容の，虚偽の売買契約のための意思表示）が存在しません。

では，CASE 7-8 では94条2項は使えないのでしょうか。そうすると，何も知らずにYから甲を買ったZは，保護されないことになります。

2　94条2項の類推適用

　判例は，このような解決は適切ではないと考え，CASE **7-8** における Z のような立場の者を，一定の条件のもとで保護してきました。その際に用いられるのが，94条2項の類推適用という方法です。

類推適用とは

　先に見たとおり，CASE **7-8** では，厳密にいえば，X・Y 間でされた虚偽の意思表示が存在しないため，94条2項の適用要件を満たさず，94条2項は適用できません。

　しかしながら，事案の本質的な部分を比べた場合，CASE **7-8** と CASE **7-5** は似ています。

　類推適用とは，ある2つのケースが，単に似ているというだけではなく，本質的な部分において同じで，かつ，同じ効果を与えることが適切だと考えられる場合に，たとえ一定の要件を厳密には満たしてはいなかったとしても，例外的に，同じ法的な効果を与えるという考え方です。

⇒100頁

　94条2項は，信頼原理と帰責原理によって支えられている規定です。94条2項が適用される典型的なケースである CASE **7-5** は，信頼原理によっても，帰責原理によっても正当化することが可能です。同じく CASE **7-8** も，94条2項の要件は満たしてはいないものの，以下に説明するように，信頼原理によっても，帰責原理によっても，正当化することができます。その意味で，CASE **7-5** と CASE **7-8** は，本質的な部分において同じといえます。

　そのため，CASE **7-8** においても，94条2項を類推適用することができると，考えられています。

　以上の点を確認するため，CASE **7-5** と CASE **7-8** を比べてみましょう。

　先に見たように，94条2項は，信頼原理と帰責原理という2つの原理によって支えられていました。CASE **7-5** が，実際にこの2つの原理から導かれる要件を満たすものであることについては，いま確認したとおりです。

　では，CASE **7-8** は，同様に，信頼原理と帰責原理によって導かれるルールが適用されるべきケースなのでしょうか。

　いずれのケースも，本当の所有者は Y ではなく X であるのに，登記簿上は Y

が所有者として記載されているという虚偽の外形が作られており，かつ，第三者Zがそれを信頼している，という点では共通していることがわかります。

(a) 信頼原理　どちらのケースにおいても，Zが善意であるならば，所有者がYと記載されている登記簿をみて，甲建物の所有者を判断しているという点では同様です。そのため，Zの信頼が保護に値するという点において，**CASE 7-5** も **CASE 7-8** も同じです。つまり，**CASE 7-8** におけるZも，信頼原理によって正当化されるルールによって，同じように保護される必要があります。

(b) 帰責原理　一方で，Zが信用した虚偽の外形を作り出したのは，**CASE 7-5** においても **CASE 7-8** においてもXです。他方で，虚偽の外形の作り出し方には違いがみられます。

まず，**CASE 7-5** では，XはYと示し合わせて（通謀して）X・Y間の売買契約の虚偽の意思表示を行い，その結果，XからYに所有権が譲渡されたという誤った登記簿上の記載（虚偽の外形）を作り出していました。

これに対し，**CASE 7-8** では，AからYに所有権が譲渡されたという登記簿上の記載（虚偽の外形）を作り出す意思表示を，X自身が行っているわけではありません。しかしながら，**CASE 7-8** で虚偽の外形が作られることになった原因は，XがA・Y間の移転登記に積極的に関与し，Xが虚偽の外形を意図的に作出しようとしたことにあります。Xは，Yへの虚偽の登記を，積極的に作ろうとしていたのです。

つまり，**CASE 7-8** では，**CASE 7-5** と同じように，帰責原理によって正当化されるルールにより，Xにおける所有権を否定することが適切といえます。

以上のように考えるならば，**CASE 7-8** と **CASE 7-5** の間には違いはあるものの，その本質的な部分（帰責原理・信頼原理によって支えられる重要な構成要素）においては「同じ」です。そのため，**CASE 7-8** に94条2項を類推適用することが可能だと考えられます。

▌94条2項類推適用の類型

判例では，**CASE 7-8** のような場合も含め，比較的広く94条2項の類推適用が認められています。判例が類推適用を認める方法にはいくつかのタイプがあり，次のように整理することができます。

(1) 外形作出型

先にみた CASE 7-8 の事例は，虚偽の外形（Y が所有者であるとの登記簿上の記載）を X が実質的に自ら作り出しているという点に，類推適用が認められるポイントがあります。虚偽の外形を X 自身が作り出していることから，外形（自己）作出型（さくしゅつがた）と呼ばれます。

(2) 外形承認型

判例は，X が自分から進んで虚偽の外形を作り出したわけではないものの，他人が作り出した虚偽の外形を X が承認しているような場合にも，94 条 2 項の類推適用を認めています。外形承認型（がいけいしょうにんがた）と呼ばれます。

次のようなケースです。

CASE 7-9

Y は，同棲中の X のハンコなどを勝手に使って，X が知らない間に X 所有の土地の登記を X から Y へと移転しました。後からそれを知った X は，一時は登記を戻そうとしたものの，その後 X・Y が結婚をするなどしたため登記名義が変更されないままとなりました。のみならず，X が銀行からお金を借りる際には，当該土地に Y 名義のままで担保を設定したりしていました。その後，Y は当該土地を Z に売ってしまいました。

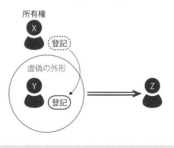

このケースでは，Y が勝手に登記の移転を行い虚偽の外形を作り出しており，X 自身が自ら虚偽の外形を作り出したわけではありません。しかし，X は，銀行からお金を借りる際に，Y が作り出した嘘の登記を変更せずにそのまま利用しています。これは，Y が所有者として書かれている登記簿上の記載という「虚偽の外形」が存続することを積極的に（意図的に）承認したものとしてとらえることができます。X が虚偽の外形になることを知りつつ自分で作った場合と（例えば，CASE 7-8 の場合），作られた虚偽の外形を自ら認めた（承認した）場合は（CASE 7-9 の場合），意図的に虚偽の外形を作った，という点で同じです。虚偽の

外形を自ら承認したということは，意図して虚偽の外形を作った場合と本質において似ていますので，判例はこのようなケースについても，94条2項の類推適用を認めました。

(3) 一部承認型

CASE 7-10

甲建物を所有している X は，娘 Y から，銀行から融資を受ける際に財産があることを示さないといけないので，甲の名義を貸してくれないかと頼まれました。X は，登記を Y に移転することは認めないが，売買契約の本契約ではなく売買予約をしたことにし，売買予約に基づく仮登記をするのならよい，と答え，甲についての仮登記を行いました。しかし，Y は，仮登記があることを利用し，書類を偽造した上で本登記に直してしまい，Z に甲を X に無断で売ってしまいました。

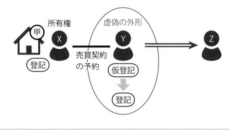

このケースでは，X・Y 間で通謀して「売買の予約」をするという虚偽の意思表示が行われています。しかし，X・Y 間で「売買」をする（「予約」に対して「本契約」といいます）という虚偽の意思表示は行われていません。そのため，94条2項をそのまま適用することはできず，類推適用を認めることができるかどうかが問題となります。

CASE 7-10 において問題となる点は，帰責原理によって支えられるケースといえるかという点です。

Z が信頼した「Y に本登記があるという虚偽の外形」は，Y によって勝手に作り出されたものであり，X によって作り出されたものではありません。X が作り出したのは仮登記までです[8]。

では，X にまったく帰責性がないかというと，そうとも言い切れません。X か

note

[8] **発展** 仮登記（不登 105 条）と本登記はまったく別のものです。本契約がされた場合には本登記を移転できますが，予約しかされていない場合に本登記はできず，仮登記ができるにすぎません。仮登記がされても，将来的に X から Y に登記が移転するかもしれないということが登記簿からわかるだけです。

らYへの本登記という「虚偽の外形」は，XがYへの仮登記を作り出さなけれ
ば，そもそも作り出しえなかったものです。ここでは，Yが，Xによって認めら
れた内容以上のことを勝手にしてしまったという点に特徴が認められます。つま
り，Xは仮登記という虚偽の外形を作り出しているものの，Zが信頼した本登記
という「虚偽の外形」を作り出したわけではなく，本登記という「虚偽の外形」
が作り出される原因の一部を認めていたにすぎません。

　そのため，判例（最判昭和43年10月17日民集22巻10号2188頁）は次のように
考えました。

　CASE 7-10 では，YがXによって認められた内容以上の行為をしたことによ
り「虚偽の外形」が作られています。このことは，代理権を与えられたものの，
それを超えた行為をした場合と類似しています。それゆえ，判例は，94条2項
の類推適用を可能にするため，その根拠として代理権に関する110条という条文
も援用し，110条の「法意に照らし」94条2項の類推適用を認めるという判断を
行いました（110条については代理の章〔第13章〕で学びます）。

　110条は，本人（真の権利者）に責任を課し，権利を奪うためには，第三者の信
頼が正当なものでなければならないとしますので，110条も援用されたことによ
り，Zは善意であるだけではなく，無過失であることも必要となります。Xが自
ら虚偽の外形をすべて作り出したわけではないので，Zが保護されるためには，
Zの信頼が正当なものでなければならないと考えられるためです。そのため，
CASE 7-10 において，甲の本登記につきあやしい点があるのに調べもせず，Z
が登記簿上の記載を安易に信じてしまったような場合には，過失があるとして，
Zは善意であっても保護を受けられません。

(4) 外形与因型

　判例（最判平成18年2月23日民集60巻2号546頁）の中には，虚偽の外形の作出
に際し，Xの側の関与がさらに薄い場合でも，94条2項の類推適用を認めるも
のがあります。

　Xが，①虚偽の外形を積極的に作り出したわけでも，②Yによって作り出され
た外形を承認し利用したわけでもないが，Xのひどい不注意等が原因となってY
によって虚偽の外形が作り出されてしまったような場合です。Xが，虚偽の外形
が作り出された原因を与えているという意味で，外形与因型と呼ばれます。この
ような場合であっても，判例は94条2項の類推適用を認めています。

CASE 7-11

　Xは，自らが所有する甲土地につき，Yに管理その他の事務をまかせていました。X
は，Yから，土地の管理に関する事務処理に必要だといわれたため，Yに言われるまま
に，土地の権利に関する重要書類をYに渡し，また内容を確認せずに甲をYに売る旨
の契約書にもハンコ（印章）を押し，さらに，実印が必要だといわれたため，Yに実印
を渡し，XからYへの甲の登記移転の申請書にYが押印する（ハンコを押す）ことを
漫然と見ていました。このような各種書類等に関する危険な扱いや，Xの著しい不注意
がもとになって，Yは無断で，XからYへの甲土地についての虚偽の移転登記を行っ
てしまいました。その後，Yは，甲をZに売却し，登記も移転しました。

　このケースにおけるXは，①自ら進んで虚偽の外形を作り出したわけでもあ
りませんし，②Yによって作られた虚偽の外形を承認し利用しているわけでもあ
りません。そのため，外形作出型や外形承認型のケースとも異なります。

　しかし，判例（前掲・最判平成18年2月23日）は，Xの著しい不注意は，自ら
虚偽の外形を作り出した場合や，虚偽の外形を承認した場合と同視しうるほど重
大なものであるとして，94条2項の類推適用を認めています。

　ただし，CASE 7-11では，事務処理を任されていたYが，任されていた以上
のことをしてしまっています。このことは，代理権を与えられたものの，それを
超えた行為をした場合にもかかわります（しかし，YはXの代理人として甲土地の移
転登記を行ったわけではありませんので，代理の問題そのものとは異なります）。そのた
め判例は，94条2項と，代理に関する110条を，ともに類推適用することで，Z
を保護しました。110条は，本人（真の権利者）に責任を課し，権利を奪うために
は，第三者の信頼が正当なものでなければならない，としますので，CASE 7-
11においてZが保護されるためには，Zが善意・無過失であることが必要です。

1 心裡留保とは，対応する効果意思がないことを知ってした表示行為です。

2 心裡留保は原則有効ですが（93条1項本文），相手方が表意者の真意を知り，または知ることができたときは，無効です（同項ただし書）。

3 虚偽表示とは，相手方と通謀して，虚偽の意思表示をすることです。

4 虚偽表示は無効（94条1項）ですが，虚偽表示をした者は善意の第三者に無効を対抗することができません（同条2項）。

5 94条2項の「第三者」とは，Xの虚偽表示による無効の主張が認められてしまうとZが財産を失ってしまう場合のような，「利害関係をもった者」のことです。

6 94条2項の「善意」とは，虚偽表示であることを知らなかったことを意味します。

7 94条2項は，第三者を保護するために，「無過失」を要求していません。

8 94条2項で保護を受ける第三者は，登記を備えていなくても，虚偽表示をした者による無効の主張を封じることができます。

9 善意の転得者は，94条2項を使って，虚偽表示をした者による無効の主張を封じることができます。

10 転得者は，前主である第三者が善意でありさえすれば，94条2項を使って，虚偽表示をした者による無効の主張を封じることができます。

11 判例は，94条2項の類推適用を認めています。

12 判例が類推適用を認める方法には，外形作出型・外形承認型・一部承認型・外形与因型という4種類があります。

CHAPTER

第8章

錯　誤

━━━━━ INTRODUCTION ━━━━━

　第7章で検討した心裡留保や虚偽表示は，意思表示を行った本人（表意者）が自分で知りつつ，効果意思と表示行為の間の不一致を作り出していた場合でした（意思の不存在〔意思欠缺〕）。これに対し，表意者が，効果意思と表示行為の不一致に気づかずに意思表示をしてしまっている場合もあります。典型的な例が，錯誤です。本章では，錯誤について学びます。

錯誤とは　　📖 95条

　表意者の意図とは異なる意思表示がされた場合，そのような意思表示に法的な効果が与えられると，表意者は意図しない義務を負わされます。しかし，誤った意思表示の相手方も，誤った意思表示をもとに行動しており，そのとおりの効果が発生することを期待しています。表意者が後から，「あの表示行為は間違いだったので，なかったことにしてほしい」と言ってきても，相手方は困ってしまいます。表意者と相手方の利害を調整するのが，95条の錯誤のルールです。

表示錯誤と動機錯誤（基礎事情錯誤）

　民法95条は，錯誤に基づいてされた意思表示を一定の場合に取り消すことを可能とする規定です。この規定は，錯誤を，表示錯誤と動機錯誤（基礎事情錯誤）

という2つの種類に分け，それぞれ異なった形で要件を規定しています。表示錯誤は，効果意思と表示行為の間に不一致があるため，意思の不存在（意思欠缺）の一類型と考えられていますが，動機錯誤は，効果意思と表示行為の間に不一致はなく，意思表示の形成過程に問題がある場合ですので，意思表示の瑕疵（かし）の一類型と考えられています。

錯誤の効果

95条の要件を満たせば，意思表示の取消しが可能となります。しかし，錯誤の要件を満たした場合であっても，表意者の側に重過失があった場合等には取消しの主張ができなくなる場合があります。本章ではこの点についても学びます。

1 錯誤とは何か

意思表示をした際に錯誤があった，という場合，一般には，表意者に勘違いがあったことを意味することが多いでしょう。

しかし，「錯誤に基づき意思表示がされた」と表現される場合，その意味する内容はもう少し複雑です。

民法は，錯誤につき，2種類に分けて規定しています。

第1が，表示行為と効果意思の間の「不一致」に表意者自身が気づいていないため，表示行為に対応する効果意思がない場合（表示錯誤の場合。CASE 8-1とCASE 8-2）です。これは，95条1項1号に「意思表示に対応する意思を欠く錯誤」として規定されています。第2が，表示行為と効果意思の間に「不一致」はないが，効果意思を形成する過程において表意者が基礎にした事情についての認識が真実（事実）とは異なっていた場合（動機錯誤〔基礎事情錯誤〕の場合。

表示錯誤 ： 95条1項1号

表示行為 ≠ 効果意思

動機錯誤（基礎事情錯誤）： 95条1項2号

表示行為 ＝ 効果意思

基礎事情 ≠ 真実

CASE **8-3**）です。これは，95条1項2号に「表意者が法律行為の基礎とした事情についてのその認識が真実に反する錯誤」として規定されています。条文の文言にならい，基礎事情錯誤とも呼ばれます。

95条の要件を満たしていれば，いずれの場合でも，錯誤を理由として意思表示を取り消すことができます。

1 表示錯誤

はじめに，表示錯誤と呼ばれる類型から学びましょう。

表示錯誤とされる類型の錯誤には，2種類のものが存在します。表示上の錯誤と内容の錯誤（表示行為の意味の錯誤）です。

表示上の錯誤

> **CASE 8-1**
> Xはパーティーで使うためビール120本を購入しようと思い，ビールの売買契約をYとの間で締結しました。しかし，注文書の数量欄に誤って「1200本」と書いてしまっていたため，後日，Yから1200本のビールが送られてきてしまいました。

Xは，Yと契約するときに，「ビール120本を購入する」と考えていました。つまり，Xの内心の効果意思は「ビール120本を購入する」というものです。しかし，Yに示された注文書には，「ビール1200本を購入する」と書いてありました。これが，Xの表示行為に当たります。この場合，Xには，「ビール1200本を購入する」という表示行為に対応する効果意思はありません。

このような場合には，表意者たるXに表示上の錯誤があるとされ，錯誤のルールが適用されます。表意者の書き間違い等により意思表示がされた場合が典型例です。

内容の錯誤

> **CASE 8-2**
> Xはパーティーで使うためビール100本を購入しようと思い，ビールの売買契約をYとの間で締結しました。Xは1ダース＝10本と勘違いしており（正しくは1ダース＝12本です），注文書の数量欄に「10ダース」と書いてしまったため，後日，Y

X は契約書に「10 ダース」と書いたため，X の表示行為は「10 ダースのビールの注文」ということになります。1 ダースとは，通常 12 本という意味で理解されますので，X の注文は，120 本のビールの注文として解釈されます。

しかし，X の内心では，10 ダースを 100 本と理解していたため，X は，自分の注文を，100 本のビールの注文と考えていました（X の効果意思）。

この場合の X は，「10 ダース」という，表示行為の「意味」について思い違いをしていたため，X の表示行為に対応する効果意思が存在していません。このような錯誤を，内容の錯誤または表示行為の意味の錯誤と呼びます。

2 動機錯誤

では，次のようなケースはどうでしょうか。

> **CASE 8-3**
> X は，ホテルを開業しようと思い，沖縄で適当な土地を探していました。たまたま見つけた甲土地は良い土地でしたが，駅からは遠い，という難点がありました。X が甲近くの飲み屋で一杯飲んでいたところ，「甲のすぐ近くに，延長予定のモノレールの駅ができるらしい」との噂を耳にしたため，X は甲の購入を決意し，甲の所有者である Y との間で甲の売買契約を締結しました。しかし，後に，その噂は真実ではないことが判明しました。

表示行為と効果意思の一致

このケースにおいて，X は①「甲を購入する」という意思をもっています。これが X の内心の効果意思です。そして，X が売買契約を締結するために Y に対してした表示行為も，②「甲を購入する」というものです。

CASE 8-3 では，X がした表示行為と効果意思は一致しており，2 つの間にずれはありません（①＝②ですね）。

認識と事実の不一致

しかし，CASE 8-3 のような場合にも，X には錯誤があります。実際，民法は，先にあげた表示錯誤とは別に，基礎事情錯誤についても定めており，CASE 8-3

はそちらの錯誤に当てはまります。

CASE 8-3 において X に錯誤があるとすれば，次の点に求められます。X は，「甲を購入する」という効果意思を形成する過程で，「甲の近くに駅ができる」と認識していたけれども，その認識が事実とは異なっていたという点です。

X は「甲の近くに駅ができる」からこそ，「甲を購入する」と思ったわけですから，「甲の近くに駅ができること」が，X がこの契約をする際に「基礎とした事情」です。しかし，この基礎とした事情についての認識と事実（真実）の間に「ずれ」があったのです。このように，X がこの契約をする際に「基礎とした事情」についての認識と事実（真実）との間に「ずれ」が存在した場合を，動機錯誤（基礎事情錯誤）と呼びます（動機錯誤・基礎事情錯誤という表現の区別については，125 頁を参照してください）。

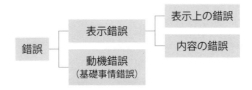

 錯誤による取消しの要件

1 表示錯誤と動機錯誤の違い

では，どのような要件を備えれば，錯誤に基づいてされた意思表示を取り消すことができるのでしょうか。

表意者が錯誤に陥（おちい）ったからといって，それだけで表意者の意思表示の効力を否定できる（つまり，X が自らの意思表示をすぐに取り消せる），とは民法は規定していません。意思表示の効力が，表意者に錯誤があるだけで否定されてしまうと，意思表示の相手方や第三者に大きな影響を与えてしまうからです。

意思表示の取消しが認められるためには，2 つの要件を備える必要があります。

第 1 は，その錯誤が重要なものでなければならない（95 条 1 項柱書）というものです。これは，表示錯誤・動機錯誤（基礎事情錯誤）のどちらについても，要件となります。

第2に，動機錯誤（基礎事情錯誤）については，これに加え，基礎とした事情について，法律行為の基礎とされていることが表示されている必要があります（95条2項）。

2 「重要」な錯誤

95条1項によると，錯誤による意思表示を取り消すための第1の要件として，「錯誤に基づくものであって」，その錯誤が，「法律行為の目的及び取引上の社会通念に照らして重要なものである」ことが必要とされています（同条1項柱書）。この要件は，表示錯誤・動機錯誤（基礎事情錯誤）どちらにおいても必要とされます。

判例は，古くから，この要件につき，次のように考えてきました。つまり，①表意者が，その点について錯誤に陥っていなければその意思表示をしなかったであろうと考えられ，かつ，②一般の人であっても，同じような立場に置かれた場合には，そのような意思表示をしなかったであろうと考えられる場合には，これらの要件を満たすと考えるのです。

①の判断基準を主観的因果性，②の判断基準を客観的重要性と呼ぶことがあります。①主観的因果性は，1項柱書の「次に掲げる錯誤に基づくものであって」に対応し，②客観的重要性は，「……に照らして重要なものであるとき」に対応するとされています。

CASE 8-1 や CASE 8-2 において，Xは間違った本数のビールを注文していましたが，では，Xの錯誤は，上の①②の2点を満たしているといえるでしょうか。

第1に，Xが本数の誤りに気づいていたならばその本数での売買契約の意思表示はしなかったといえるならば，Xの「錯誤に基づく」ものといえ，Xにおける主観的因果性は満たされていると考えられます（①）。

第2に，客観的重要性はどうでしょう（②）。パーティー用飲料の取引を行う際，売買契約の目的物であるビールの「本数」は重要な事柄であることが多いと考えられます。そのような売買契約が締結される際には，（Xに限らず）同様の取引にかかわる人ならば，本数を誤って発注してしまったことがわかれば，誤った本数

に基づいた意思表示を維持したいとは思わないでしょう。CASE 8-1 や CASE 8-2 における X だけがそう考えるというのではなく，通常そのような取引を行う者はそのように考えるかどうか，という点が重要です。

以上のように考えられるならば，客観的重要性も満たしているということになります。

3 動機が「表示」されていること ━━━━━━━━━━━━━━●

動機錯誤（基礎事情錯誤）が問題となる場合（CASE 8-3 の場合）には，意思表示を取り消すためには，もう 1 つ別の要件も満たしている必要があります。

それが，「法律行為の基礎とした事情」が「表示されていた」ことです。

▌動機錯誤（基礎事情錯誤）の範囲を限定する趣旨 ▌

そもそも動機錯誤（基礎事情錯誤）が問題となる場合というのは，表意者がある事実について考えていたことが真実とは異なっていた，という状況で意思表示がされた場合です。

表示錯誤とは異なり，動機錯誤（基礎事情錯誤）の場合には，表示行為に対応する効果意思が存在しますので，意思表示そのものに重大な欠陥があるわけではありません。そのため，心裡留保・虚偽表示や表示錯誤の場合とは違って，動機錯誤（基礎事情錯誤）があるからといって，直ちにその効力を否定する（つまり取り消す）ことは適当ではありません。動機錯誤（基礎事情錯誤）は，意思表示を形成する過程において表意者がもっていた事実についての認識が真実と異なっていた場合にすぎず，そのような誤解は，表意者の心の中にとどまるものであることが多いため，相手方も容易に気づくことができないからです。また，事実についての認識が真実と異なる危険は，本来表意者が負うべきと考えることもできます。

⇒91頁　⇒94頁　⇒116頁

いずれにしても，動機錯誤（基礎事情錯誤）があるということから，直ちに意思表示を取り消すことができるとは考えられておらず，動機錯誤（基礎事情錯誤）に基づく意思表示の効力を否定するためには，もう 1 つ別の要件を満たすことが必要とされています。

この点について定めるのが 95 条 2 項です。95 条 2 項は，基礎となる事情（＝基礎事情）について，「法律行為の基礎とされていることが表示されていた」ことを要求します。

この要件の内容に関しては，2017年改正前から，学説・判例において活発な議論が展開されてきました。2017年改正前民法（以下，旧法といいます）95条では，動機錯誤についても，法律行為の要素に錯誤があった場合には，無効とするとされていました。そのため，どのような場合に「要素」に錯誤があったのかにつき，さまざまな議論が展開されました。以下に説明するように，判例は，動機が表示され法律行為の内容になっている場合には動機錯誤も無効となるという理解を示し，現行の95条も，そのような定式を踏まえて作られました。そのため，以下では，旧法下での判例の定式について触れたうえで，95条2項の読み方について学びます。

判例の理解：動機の「表示」と「法律行為の内容化」

旧法下の判例は，動機錯誤を理由に取消し（旧法では無効）が認められるための要件として，当事者の動機が①「表示され」，②「法律行為の内容になっている」ことを要求していました。

CASE 8-3 では，買主Xが，「モノレール駅の建設予定がある」という事情についての認識（動機）を基礎として売買契約を締結したものの，その基礎とした事情の認識が真実（モノレール駅の建設予定はないという事実）と異なっていたという錯誤が問題となっていました。

⇒117頁

このケースにおいて，動機（Xが売買契約という法律行為の基礎とした事情についての認識）に関する錯誤を理由にXがした意思表示の効力が否定されるためには，上記の動機が①表示され，②法律行為の内容とされることが必要とされていたわけです。

旧法下の判例における判断の方法

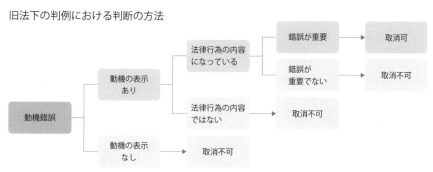

(1) 「表示」

では，どのような事情があれば，動機の表示があったとされるのでしょうか。旧法下の判例は，次のように考えていました。

(a) 表示が認められる場合　例えば，甲土地の売買契約を締結するために交渉を行う過程で，「甲の近くにモノレール駅の建設計画があること」が当事者間で話題にのぼったような場合です。当事者の会話の中で「モノレール駅の建設計画」についてはっきりと述べられている場合だけではなく，交渉をしている際の状況などから，Xが甲の近辺にモノレール駅が建設されることを当てにしていることが明確になるような場合も同様です。前者の場合は，「明示の表示」があり，後者の場合は「黙示の表示」があった場合と評価されます。いずれの場合であっても「表示」があったものと認められます。

(b) 表示が認められない場合　これに対し，契約交渉の過程で，「甲の近くにモノレール駅の建設計画があること」をXは考慮していたものの，そのことをYに話さなかったため，YもXがそのようなことを考えていることに気がつく手がかりがなかったような場合には，「表示」があったとは認められません。

契約（法律行為）締結の際の基礎とした事情に関する認識の誤りについては，それが基礎とされた事情であることが「表示」され，相手方が少なくともそのことに何らかの形で気づくか，容易に気づくことができたことが要求されているのです。

(2) 「法律行為の内容」

では，動機が「表示」されたうえで「法律行為の内容」になるとは，どのようなことを意味するのでしょうか。

(a) 「法律行為の内容」になる場合　先ほど述べたとおり，判例は，動機が「表示」されるだけではなく，「法律行為の内容となっていること」も要求します。

CASE 8-3 では，「モノレール駅の建設の有無」といった事情が，動機錯誤（基礎事情錯誤）との関係で問題となっていました。この「モノレール駅の建設の有無」といった事情は，ホテルを経営するために甲土地の売買契約を締結しようとしている者にとって（Xに限らず，一般に同種の契約を締結しようとする者にとって，ということです）重要な事情であるといえます。「モノレール駅の建設の有無」という事情は，そのホテルの利便性にかかわるからです。

X・Y間の契約交渉の際に，この事項が，「表示」されただけではなく，上記のような重要な事情であることがX・Y双方において意識されていたならば，こ

の事情は「法律行為の内容」になっていたと評価されます。「表示」によりXの動機についてYが気づいていただけはなく，その「表示」を通して，その事項がX・Y間の売買契約（という法律行為）の効力を左右する事情であることが当事者双方において了解されていたとまで評価することができるためです。

(b)　「法律行為の内容」とは認められない場合　では，次のようなケースの場合はどうでしょうか。

CASE 8-4

Yは甲土地一帯の再開発を行おうとしていましたが，資金が足りないため，Z銀行に融資を頼みました。Zは融資に際し，Yに保証人をたてることを要求しました。銀行から資金を借り入れる際に，信用保証協会という公的な機関が保証人になってくれる制度があることを知ったYは，必要書類等をそろえ，信用保証協会Xに，保証人となってくれるよう依頼しました。仮に，XがYの保証人になると，YがZ銀行にお金を返せなかったときに，Xは，Yが借りたお金を，代わりにZに返す必要があります。Xは審査のうえ，Yへの保証を適当と認め，Yの保証人になることとし，Xは，Zとの間で保証契約を締結しました。契約締結の際，X・Z間で，「昨今は反社会的勢力――暴力団とかですね――との取引に厳しい視線がそそがれていますから，保証人になることも含め，反社会的勢力と取引をすることは避けなければなりませんね」という会話がされていました。Yに融資がされた後しばらくしてから，Yの会社の役員の1人が反社会的勢力の構成員であることが判明しました。YがZにお金を返さないため，ZがXに保証債務の履行を求めたところ，Xは，「Yが反社会的勢力とつながりがある企業だとは知らなかった。Yが反社会的勢力とつながりがあると知っていれば保証契約を締結しなかった」として，錯誤を理由にZとの間の保証契約を取り消すと主張しました。

Column 11　保証とは何か

CASE 8-4 では，「保証」という言葉がでてきます。この言葉は，聞いたことがあるのではないでしょうか。

Xが保証人になるということは，XがZ銀行に対し，「Yが1000万円を返済しなかった場合には，私が代わりに返済します」という約束をし，Zがこれを承諾すること（これによってZとXの間で成立する契約を「保証契約」といいます）を意味します。YがZから1000万円の融資を受ける際，ZとXの間でこのような保証契約が結ばれることが少なくありません。その場合，Yが返済期日に1000万円を返済できなければ，XがYに代わって1000万円をZに支払わなければならなくなってしまいます（XがZと保証契約を結ぶとはそのような約束です[1]）。

CASE 8-4 では，X と Z の間で反社会的勢力について上のようなやりとりが されていますので，「Y が反社会的勢力ではない」という事情についての X の認 識は，Z に「表示」されています。では，X が，当該事情は「表示」されていた から，錯誤を原因として売買契約を取り消すと主張した場合，この主張は認めら れるでしょうか。

「Y が反社会的勢力とつながりがある」という事情は，X にとっては重要な点 だったかもしれません。しかし，X・Z 間の会話の中で，「反社会的勢力との取 引は避けなければならない」という趣旨の会話がなされただけでは，「Y が反社 会的勢力とつながりがある」という事情が，X・Z 間の保証契約においてもつ意 味は，明確にはなりません。X は，保証人となることを仕事としている機関（専 門家）ですので，保証した先の企業が反社会的勢力とつながりあることが明らか になった場合に保証契約の効力をどのように扱うのかにつき，Z と事前に協議す ることも十分可能でした。それにもかかわらず，その点について話合いはしてい ませんでした。そのため，「Y が反社会的勢力とつながりがある」という事情は， CASE 8-3 における「モノレール駅の建設の有無」と同じように扱うことはでき ません。

つまり，CASE 8-4 における動機は，たとえそれが Z に「表示」されていた としても，その認識の誤りが，当該保証契約の取消しを認めうるようなものであ るとはいいきれないのです。実際，判例の中には（最判平成 28 年 1 月 12 日民集 70 巻 1 号 1 頁），似たような場合に，動機の「表示」はあったものの，「法律行為（す なわちこのケースでは保証契約）の内容」にはなっていないとして，動機錯誤に基 づく取消しの主張を認めなかったものがあります。

つまり，判例における「法律行為の内容化」の要件は，動機が単に「表示」さ れているだけでは足りず，（動機が）意思表示の当事者の間で法律行為の効力にか かわりうる特別な意味をもつことを要する点を強調する要件として，付け加えら れているものといえます。

---

note

[1] **発展** ここでの Z 銀行を債権者，Y を債務者，X を保証人と呼びます（Z は，この債権をもっている者な ので債権者，Y は 1000 万円の債務を負っている者であるため，債務者と呼ばれています。保証人 X は，Z が Y に対してもっている 1000 万円の債権を担保しています）。保証契約とは，債権者である Z と保証人 X との間で締結される契約です。詳しくは，4 巻で学びます。

動機錯誤に関しては，動機が「表示」されるだけではなく，「法律行為の内容となっている」必要があるとする以上の判例の理解は，現行の95条２項にも引き継がれていると一般に理解されています。ただし，いくつかの点に気をつける必要があります。

（1）　動機錯誤と基礎事情錯誤

第１に，従来の判例において動機錯誤と呼ばれていた部分が，95条においては，法律行為の基礎とした事情についての認識が真実に反する錯誤と呼ばれるようになったという点です。そのため，従来の判例において前提とされてきた「動機」は，95条１項に規定されるとおり，売買契約等の法律行為を行う際に表意者が「基礎とした事情についての認識」と読みかえられます。

（2）　法律行為の内容化と基礎とされていることの表示

第２に，判例は，「動機が法律行為の内容となっている」ことを要求していましたが，95条２項でこの要件に対応する部分は，（動機に関する事情が）「法律行為の基礎とされていることが表示されていたとき」という部分です。

表現は大きく異なります。しかし，95条２項の以上の表現は，動機が「表示されて法律行為の内容になっていた」という判例の理解に修正を加えない表現であると理解されています。95条２項の文言から判例の定式をどのように導き出すのかという問題はありますが，この点に関しては，このあと学習が進んでから学んでください。

Column 12　95条２項の錯誤の呼び方

95条２項は，従来の学説・判例の議論と，2017年民法改正における議論が，複雑にからみあってできた規定です。95条２項が対象としている錯誤は「動機錯誤」・「基礎事情錯誤」と呼ばれることが少なくありませんが，「事実錯誤」と呼ばれることもあります。同項が規定する錯誤の呼称について一定したものはまだなく，今後もさまざまな呼び名が使われていくのではないかと思われます。

95条は，2017年改正前から，論者ごとにさまざまな表現が使われ，さまざまな内容の議論が展開されてきた分野でした。2017年改正は，「民法をわかりやすいものにする」という目的のもとにはじまったとされていますが，残念なことに，

95条に関する限り，改正後の条文は，（民法をはじめて学ぶ人にとって）必ずしも
わかりやすいとはいえないようです。

表示錯誤・動機錯誤（基礎事情錯誤）の要件の関係

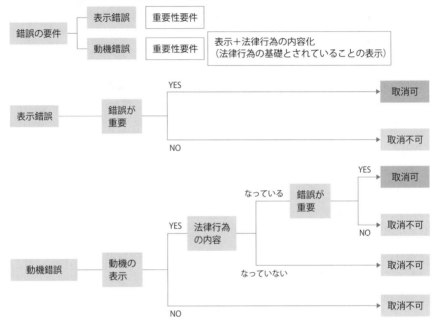

3 錯誤による取消しが認められない場合

　以上のような錯誤の成立要件が満たされた場合には，表意者は自分がした意思
表示を取り消すことができます（95条1項柱書）。

　しかし，上記の要件を満たしているにもかかわらず，例外的に表意者が意思表
示を取り消すことができない場合があります。それは，表意者の側に重大な過失
（「重過失」と略して呼ばれることもあります）があった場合です。

1 例外的に錯誤取消しが否定される場合：表意者の重過失 ──●

　表示錯誤も動機錯誤も，95条1項・2項の要件を満たせば取消しが認められま

す。しかし，その錯誤が表意者の重過失による場合には，95条3項柱書により，意思表示の取消しは認められなくなります。重過失がある表意者まで，相手方を犠牲にして意思表示の取消しを認める必要はないと考えられているためです。

> ### CASE 8-5
>
> Xは，道路工事の業者を選定するために東京都Yによって行われる手続（入札）に参加することにしました。工事を担当する業者を決めるため，Yの定める手続に従い，各業者が，希望する工事代金額を書いた札（入札書）をYに提出しました。Xも入札書を提出しましたが，工事代金を5000万円と記入しようと考えていたところ，誤って500万円と記入したまま札を提出してしまいました。提出された入札書をもとに業者を決定する会合（開札）において，Xの価格は他の業者の価格に比べて低かったため，Xが担当業者に選ばれ，Yとの間で，500万円で工事をする契約が成立しました。

　Xの書き間違いにより意思表示がされていますので，Xに表示錯誤（表示上の錯誤）⇒116頁があります。ただ，CASE 8-1の場合とは異なり，CASE 8-5では，記入の際に時間の余裕がありますし，取引の金額をみても，慎重に記入することが求められています。入札額に誤った金額を記入してしまったことは，X側の重大な落ち度（重過失）によるものと評価しえます。このような場合には，95条3項柱書により，Xは意思表示を取り消すことができません。

2　表意者に重過失があるときでも取消しが認められる場合 ──●

　ただし，表意者が重過失によって錯誤に陥っていた場合であっても，なお取消しが認められる例外として次の2つの場合があります（95条3項1号・2号）。

相手方が表意者の錯誤について悪意または重過失により知らなかった場合

　第1は，相手方が，表意者に錯誤があることを知っていた場合（相手方が悪意の場合），または表意者に錯誤があることを重大な過失によって知らなかった場合（相手方が重過失の場合）です（95条3項1号）。この場合は，表意者は意思表示を取り消すことができます。

　表意者が重過失により錯誤に陥った場合，そのような表意者は保護に値しません。しかし，表意者が錯誤に陥っていることを相手方も知っていた場合や，相手方が重過失により知らなかった場合には，相手方にも同じように保護に値する事情がありません。そのような場合には，95条1項・2項の原則どおり，表意者

を保護しようというのが，95条3項1号の趣旨です。

共通錯誤の場合

　第2は，表意者が重過失により錯誤に陥っていたところ，表意者だけでなく，相手方も表意者と同じ点について錯誤をしていた場合（共通錯誤）です。

　この場合，この契約を有効とする利益はありません。そのため，表意者は錯誤を理由として自らの意思表示を取り消すことが可能となります（95条3項2号）。

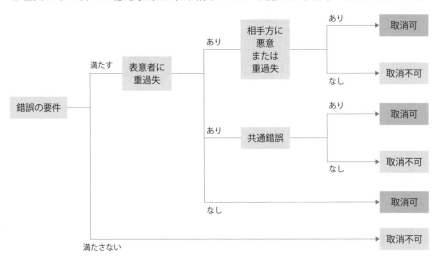

4 錯誤の効果

　ここまで説明してきた錯誤の要件を満たしたときは，表意者は意思表示を取り消すことができます（95条1項柱書）。「取消し」という効果との関係では，次の2つが問題となります。

1 取消しをすることができる者（取消権者）の範囲 ──────●

　第1に，意思表示の取消しを「だれが」することができるかという問題があります。誤った意思表示の効力が認められた場合，不利益を受けるのは表意者です。そのため，表意者が取り消すことができるのは当然です。

　では，表意者以外の者にも，取消しをすることができる者はいるのでしょうか。

錯誤を理由として意思表示が取り消されるのは，錯誤による意思表示をした表意者を保護するためです。そのため，錯誤をした表意者本人（および，本人の代理人・承継人）以外の者は，錯誤を理由とする意思表示の取消しを行うことができません（120条2項。詳しくは第11章で学びます）。

2　第三者との関係

　第2に，錯誤を理由とした表意者の意思表示の取消しが認められる際に，「第三者」が登場する場合があります。心裡留保や虚偽表示でも問題となった「第三者保護」の問題です。

　この点について，95条4項は，表意者は，錯誤による意思表示の取消しを善意で，かつ過失がない第三者には対抗できないと規定しています。95条4項の具体的な内容は，次の第9章で説明する詐欺のところと同様ですので，具体的な事例も含め，次章でまとめて扱います。

1 錯誤には，表示錯誤（95条1項1号）と動機錯誤（基礎事情錯誤。95条1項2号）の2種類があります。動機錯誤は事実錯誤と呼ばれることもあります。

2 表示錯誤とは，表意者が行った表示行為と，表意者が内心で有する効果意思が一致せず，表意者がそのことに気がついていない場合です。表示錯誤には，表示上の錯誤と内容の錯誤があります。

3 動機錯誤（基礎事情錯誤）とは，表意者が効果意思を形成する過程でもった認識が事実と異なる場合です。

4 表示錯誤により意思表示を取り消すためには，その意思表示が錯誤に基づくもので，法律行為の目的および取引上の社会通念に照らして重要なものでなければなりません。

5 動機錯誤（基礎事情錯誤）により意思表示を取り消すためには，その意思表示が錯誤に基づくもので，法律行為の目的および取引上の社会通念に照らして重要なものであるだけでなく，法律行為の基礎とした事情につき，法律行為の基礎とされていることが表示されていなければなりません。法律行為の基礎とされている，とは，動機が表示され，法律行為の内容となっていることを意味します。

6 錯誤をした表意者に重過失があった場合には，意思表示を取り消すことができません。

7 表意者に重過失があった場合でも，相手方が表意者の錯誤について悪意または重過失により知らなかった場合や，相手方も表意者と同じ点について錯誤をしていた場合（共通錯誤）には，表意者は意思表示を取り消すことができます。

8 表意者本人（および，本人の代理人・承継人）以外の者は，錯誤を理由とする意思表示の取消しを行うことができません。

9 錯誤による意思表示をした者は，錯誤による意思表示の取消しを，善意で，かつ過失がない第三者には対抗できません。

第9章

詐欺・強迫

　本章では，詐欺・強迫に基づいてされた意思表示の効力について学びます。

　詐欺により意思表示がされた場合も，強迫により意思表示がされた場合も，表意者は，自分がした意思表示の意味を理解していますので，効果意思と表示行為は一致しています。しかし，これらの場合には，当事者が意思を形成する過程で，他人により不当な干渉を受けているため，一定の場合に意思表示の取消しが認められます。

詐欺・強迫による取消しの要件　🔍96条1項・2項

　まず，詐欺・強迫それぞれによる意思表示の取消しが認められる要件について検討します（1・2・3）。詐欺は，意思表示の相手方によりされる場合（1）と，第三者によってされる場合（3）の2種類がありますので，要件の違いを確認します。強迫についても，意思表示の相手方によりされる場合と，第三者によってされる場合の2種類があります。この点についても確認します（2・3）。

詐欺・強迫により取り消される場合の効果　🔍96条3項

　次に，詐欺・強迫による意思表示が取り消される場合の効果について学びます（4）。

1 詐欺による取消しの要件

96条1項は、「詐欺又は強迫による意思表示は、取り消すことができる」と定めています。どのような場合に、詐欺による意思表示があると認められるのでしょうか。

1 詐欺が認められるための要件 ─────────────────●

> ### CASE 9-1
> BはAが退職後お金に困っているらしいという噂を聞き、AからA所有の1億円相当の建物をだまし取ろうと考え、「以前、君の家は1億円相当の価値があると言っていたが、知り合いの不動産屋によればせいぜい1000万円がよいところだそうだ。いまなら売ってもそれほど高く売れるかどうかすら怪しいもんだ」などと嘘を言って、偽造した鑑定価格の証明書を見せながら、「自分に売ってくれれば2000万円で買ってやる」ともちかけました。Aはお金に困っていたため、Bの言葉を信用し、その家を2000万円でBに売るという意思表示をし登記もBに移転しました。

CASE 9-1では、BがAをだましてAの家を安く手に入れようとしています。詐欺を理由とする取消しが認められるためには、次の2つの要件が必要です。

第1は、詐欺行為がされること、第2は、詐欺による意思表示がされていることです。

詐欺行為がされること

まず、Bが実際に詐欺行為をしたことが必要です。詐欺行為をしたと認められるためには、Bの側において、(1)故意により、(2)違法な欺罔行為(欺罔とは、あざむいたり、だましたりすることです[1])をしたと認められることが必要です。少しわかりにくいかもしれませんので、順に説明しましょう。

(1) 故意があること

第1に、Bは詐欺を故意に行っている必要があります。

ここでBの側に要求される故意には二段階のものがあります(二段の故意とい

---

note ────────────────────────

[1] 用語 「欺」も「罔」も、どちらも「だます」という意味を含みます。

われます)。

第1の故意は，錯誤をひき起こす故意です。CASE 9-1 でいうと，「A をだますことで建物が 1000 万円の価値しかないと思わせ，A を錯誤に陥らせよう」という B の故意です。

CASE 9-1 では，A は B に「2000 万円で家を売る」との表示行為をしており，内心でも「2000 万円で家を売る」という効果意思をもっています。しかし，A がこの効果意思を形成する過程で，B は，A を錯誤に陥らせようと考えています。その結果，A は，B に嘘の情報を与えられ，建物の価値につき真実とは異なる認識をもつに至っています（動機錯誤〔基礎事情錯誤〕に陥っています。第 **8** 章を参照してください）。このように，A を錯誤に陥らせようと B が思っていることが第 1 の故意です[2]。

第2の故意は，錯誤による意思表示をさせる故意です。CASE 9-1 でいうと，「家の価値について A を錯誤に陥らせることによって，2000 万円という格安の値段で家を売るという意思表示を A にさせよう」という B の故意です。

(2) **違法な欺罔行為を行うこと**

第2に，B が A に錯誤を生じさせる行為をすること（欺罔行為の存在）が必要です。CASE 9-1 では，B が，A の家の価値について真実と異なる事実を述べ，その結果 A に錯誤が生じています。つまり，欺罔行為が存在します。

そのうえで，その欺罔行為が違法なものであることも必要です。

B の上手なかけひきにより A が誤った認識をした（錯誤をした）という程度では違法な欺罔行為があったとはいえません。違法な欺罔行為と認められるためには，欺罔行為が「社会的に許されるものではない」と評価される必要があります。

CASE 9-1 では，お金に困っていて正常な判断ができなくなっている A につけこんで，実際の価値とはかけ離れた安値で A の建物をだまし取ろうとしています。B が A を欺罔する行為は，違法なものであったといえます。

---

note

[2] 説明 ここで A が陥る錯誤は（この例のように）動機錯誤の場合が多いですが，表示錯誤に陥っている場合でも同様です。例えば，「オンス」と「グラム」は同じ意味（重さの単位）だとだまされて，金 10 オンスを時価で購入するという契約をさせられた場合などです（実際は 1 オンスは約 28 グラムです）。

詐欺による意思表示

Bによる詐欺が認められるためには，表意者であるAが詐欺による意思表示を行うことも必要です。

この要件も2つの部分に分けて考えることができます。(1)表意者が意思表示をするときに錯誤に陥っていること，(2)その錯誤によって表意者が意思表示をしたこと，です。

(1) 表意者が詐欺行為により錯誤に陥ること

第1に，詐欺による意思表示がされたと認められるためには，詐欺者（B）の詐欺行為によって表意者（A）が錯誤に陥っていることが必要です。

CASE 9-1 では，「Bに家を売る」という意思表示をAがするに至る過程でBが詐欺行為をしたために，「家がせいぜい1000万円程度の価値しかない」との認識をもつことになり，売買契約の目的物である家の値段についてAは動機錯誤（基礎事情錯誤）に陥りました。Bの欺罔行為によりAが錯誤に陥っている，といえます。

(2) 錯誤と意思表示の因果関係

第2に，表意者AがBに対してした意思表示（「家を2000万円で売る」とAがBに言ったこと）が，上のような錯誤によって引き起こされている，という関係にあることも必要です。Aは，「1000万円程度の価値しかない」という錯誤に陥っていなければ，「家を2000万円で売る」という意思表示をしなかった，つまり，本当は1億円の価値があることを知っていれば，「家を2000万円で売る」という意思表示をしなかった，という関係が認められなければなりません。このように，「あれがなければ，これがない」という関係のことを因果関係といいます。

CASE 9-1 では，Aが「家がせいぜい1000万円程度の価値しかない」という錯誤に陥っていなければ，「家を2000万円で売る」という意思表示をしなかったでしょう。そのため，両者には因果関係があるといえます。

Column 13　詐欺と錯誤

詐欺を理由とする取消しが認められるためには，以上のように，表意者は錯誤に陥っている必要があります。錯誤に陥っているのであれば，第8章で学んだように，錯誤による取消しが認められるのではないかと思われるかもしれません。

しかし，錯誤による取消しが認められるためには，その錯誤が「法律行為の目的及び取引上の社会通念に照らして重要なものである」（95 条 1 項柱書）ことが必要ですし，動機錯誤（基礎事情錯誤）の場合は，「その事情が法律行為の基礎とされていることが表示されていた」（同条 2 項）ことが必要です。詐欺の場合は，これらの要件を満たす必要はありませんが，すでに説明したように，故意による違法な欺罔行為によって錯誤が引き起こされたことが必要になります。このように，詐欺による取消しと錯誤による取消しは要件が違いますので，表意者は，どちらか使いやすいほうを選んで，意思表示を取り消すことができます。

2 詐欺による意思表示の効果

A がした意思表示が詐欺によるものだったと認められれば，表意者 A は，自分がした意思表示（「B に建物を 2000 万円で売る」という意思表示）を取り消すことができます（96 条 1 項）。A が実際に取消しの意思表示をすれば，「B に建物を売る」という意思表示は，その意思表示をした時点から（これを「はじめに 遡 って」という意味で遡 及 的にといいます）無効だったことになります（121 条。取消しの項を参照してください）。

⇒176頁

強迫による取消しの要件

1 強迫取消しの要件

強迫による取消しが認められるためには，どのような要件が必要でしょうか。

> **CASE 9-2**
> B は，A 所有の家を手に入れるため，A の家に強そうな子分数人といっしょに出向き，格安の 500 万円で家を売るように要求しました。A は安すぎると思い，拒絶しようとしましたが，B が拳を握って見せつけながら「500 万円で売らないとどうなるかわかっているな。お前に小さな子どもがいることもわかっているんだ」と言って子分たちとともに詰め寄ってきたため，身の危険を感じ，B に「500 万円で売ります」との意思表示をしてしまいました。

強迫による取消しが認められるためにも，2 つの要件が必要です。第 1 が，強

迫行為があること，第2が，強迫行為によって意思表示がされていることです。

強迫行為がされること

強迫による取消しが認められるためには，相手方（B）が表意者（A）に対して強迫行為をしたことが必要です。「強迫行為」がされたと認められるためには，強迫をするBが，(1)故意により，(2)違法な強迫行為をしたと認められることが必要です。

(1) 故意があること

強迫行為がされるためには，まず，Bによる強迫の故意が必要です。

ここでの故意には二段階のものがあります（これを二段の故意といいます）。

第1の故意は，他人に畏怖[3]を生じさせようとする故意です。Aに「怖い」と感じさせよう（畏怖させよう）と意図することです。**CASE 9-2** では，Bが強そうな子分といっしょに出向き，拳を握って見せつけながら詰め寄っていますので，Bは，Aに畏怖を生じさせようとしているといえます。つまり，Bに第1の故意があるといえます。

第2の故意は，Aを畏怖させることによって意思表示までさせようという故意です。**CASE 9-2** では，Bは，Aに「怖い」と感じさせることで「Bに500万円で家を売ります」という意思表示をさせよう，と考えています。つまり，Bには，第2の故意もあるといえます。

(2) 違法な強迫行為を行うこと

強迫による意思表示の取消しが認められるためには，Bに故意があるだけでなく，Bが強迫行為をしたことが必要です（強迫行為の存在）。強迫行為とは，害悪（不利益となること）を示して相手方を畏怖させる行為のことをいいます。**CASE 9-2** では，BはAに対して，子分が子どもに危害を加えるかもしれないぞという害悪を示してAを恐れさせています。この行為が，強迫行為に当たります。

さらに，この強迫行為が違法なものであることも必要です。社会的に許されない形で，その行為が人を怖がらせなければなりません。例えば，Bがひとりで何度もAの家に来てしつこく説明を続けるので，Aが根負けして売ると言ってしまった，という場合には，「違法な」強迫行為があったとまではいえません。

note ――――――――――――――――――――――――――――――――――――――

[3] **用語** 「畏」も「怖」も，いずれも「こわがる」という意味があります。

CASE 9-2 のように，強そうな子分を後ろに控えさせながら，子分たちとともに詰め寄り，A に身の危険を感じさせて 500 万円で無理やり売却させた場合には，「違法な」強迫行為だったといえるでしょう。

┃ 強迫による意思表示 ┃

強迫による取消しが認められるためには，加えて，強迫行為によって表意者（A）が意思表示をしたことも必要です。

この要件も詐欺と同じように 2 つの部分に分けて考えることができます。(1)表意者が意思表示をするときに強迫行為によって畏怖をしていること，(2)その畏怖によって表意者が実際に意思表示をしたことです。

(1) 表意者が強迫行為により畏怖すること

第 1 に，表意者 A が畏怖する（＝こわがる）ことが必要です。CASE 9-2 では，A は身の危険を感じているわけですから，畏怖しているとみることができます。

(2) 畏怖と意思表示の因果関係

もっとも，表意者 A がこわがっただけでは意思表示の取消しは認められません。第 2 に，表意者 A が B に対してした意思表示（「家を 500 万円で売る」と A が B に言ったこと）が，上のような畏怖によって引き起こされている，という関係にあることも必要です。CASE 9-2 では，A は怖いと思わなければ「500 万円で売る」という意思表示をしなかっただろうと考えられますので，畏怖と意思表示の因果関係も認められます。

ただし，畏怖しなくても意思表示をしたといえる場合には取消しは認められません。CASE 9-2 において，B が奥さんに先立たれ 5 人の子どもをひとりで育てている苦労人であった，という別の事情を A が思い出し，B がかわいそうになったから「500 万円で売る」との意思表示をした，というような場合には，畏怖と意思表示の因果関係が認められません。この場合，A は，畏怖していなくても意思表示をしたといえるためです。

2　強迫による意思表示の効果 ────────────●

以上のような形で，強迫行為があり，それによって意思表示がされたと認められれば，強迫取消しの要件が満たされます。

96 条 1 項によると，強迫により意思表示をしたと認められる場合，表意者 A

は，自分がした意思表示（「Bに建物を500万円で売る」という意思表示）を取り消すことができます。Aが実際に取消しの意思表示をすれば，「Bに建物を500万円で売る」という意思表示ははじめから（意思表示をした時から），遡及的に無効だったことになります（121条）。CASE 9-2では，AはBへの売買契約の意思表示を取り消すことができますので，実際に取消しをすれば，Bに500万円で家を売る必要はなくなります。

3 第三者による詐欺

CASE 9-3

❶【詐欺の場合】 AはB銀行から1000万円の融資を受けたいと考えています。Bに融資を頼みに行ったところ，Bの担当者から，「あなた（A）に1000万円を融資するためには，保証人を用意してくれないと困る」と言われました。困ったAは友人Cに，「Bから融資を受けるために自分の保証人になってくれないか」と相談しました。1000万円は大金なので，Cはいったんは断りました。しかしAが，「借入れに際しては，銀行に自分の土地を担保に入れるなど万全の対策をしているから，Cに請求が行くことはない，絶対に迷惑はかけない」と泣きながら頼むので，CはAの保証人になることにし，Bに対し「Aの保証人になります」という意思表示しました（CとBの間で保証契約が締結されました）。しかし，その直後，Aは行方をくらましてしまい，返済期日になってもBに1000万円が返済されることはありませんでした。また，Aが自分の土地を担保に入れるというのも真っ赤な嘘であったことが判明しました。Bは，Cに対し，保証人として1000万円の支払を求めました。

❷【強迫の場合】 ❶において，Cが保証人になることを決定した理由が，「保証人になってくれないなら，家族がどうなってもいいんだな」とAに脅（おど）されて怖くなったことによるものだった場合はどうでしょうか。

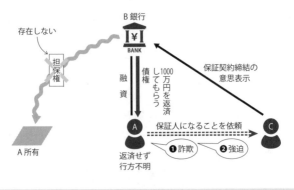

CASE **9-3** の❶では，Cは，Aの詐欺行為により，最終的に保証人となるという意思表示をしています。また，❷では，Cは，Aの強迫により同様の意思表示をしています。

では，詐欺や強迫を理由に意思表示を取り消すことができるでしょうか。

ここでのポイントは，詐欺や強迫をしているのが意思表示の相手方ではない，という点にあります（Cが，詐欺や強迫により保証契約締結の意思表示をした相手方は，Bです）。

1 第三者による詐欺

│ 詐欺をした者：第三者A │

CASE **9-3** ❶で，CはBとの間で保証人となるという約束をしましたが（これを保証契約といいます。第 **8** 章を参照してください），この約束（意思表示）は（意思表示の相手方であるBではなく）Aによる詐欺によって引き起こされています。このAのように，意思表示の当事者（表意者であるCと意思表示の相手方であるB）以外の者を，第三者と呼びます。

⇒123頁

│ 意思表示の相手方：相手方B │

注意すべき点は，保証人になるという約束（保証契約）が，CとAではなく，CとBとの間でされている点です。Cの立場からすれば，Bに対し，「自分は詐欺にあったのだから保証契約の意思表示を取り消す」と主張したいはずです。

│ 第三者による詐欺とは │

しかし，詐欺行為をした者は，取り消そうとしている意思表示の相手方であるBではなく，第三者であるAです。このような場合を「第三者による詐欺」と呼びます。

│ 第三者による詐欺における取消しの要件 │

では，このように，詐欺をした者（A）と，取り消したい意思表示の相手方（B）とが異なる場合，Cは自分の意思表示を取り消すことができないのでしょうか。

96条2項は，第三者（A）が詐欺をした場合には，相手方（B）がその事実（AがCに対し詐欺をしたという事実）を知り，または知ることができたときに限り，その意思表示を取り消すことができると規定しています。つまり，この場合，CはBに対して，保証契約の意思表示を取り消すことができます。

逆に，BがAによる詐欺の事実について知らず（善意），そのことについて落ち度もなかった場合（無過失）には，Cは保証契約の意思表示を取り消すことができません。この場合には，CはBから保証人として1000万円を支払うように求められれば，それを拒めません。

2　第三者による強迫

これに対して，❷の場合，つまり第三者Aが強迫行為をしたことにより，CがB銀行に，「保証人になる」という意思表示をしてしまった場合はどうでしょうか。

96条2項をよくみてみると，「詐欺」としか書かれていません。「強迫」は書かれていないのです。そのため，96条2項は第三者による強迫の場合を対象としておらず，第三者による強迫には適用されないことになります。強迫をうけた側には何の落ち度もないためです。

そうすると，第三者による強迫の場合は，「相手方（B）が善意・無過失であるときは，Cは第三者であるAの詐欺を理由として保証人になるという意思表示を取り消すことができない」というルール（96条2項）は当てはまらず，「強迫による（保証人になるという）意思表示は取り消すことができる」というルール（96条1項）のみが適用されます。したがって，**CASE 9-3**の❷では，Cは，Bに対してした保証契約の意思表示を取り消すことができますので，実際に取り消せば，Bに保証人として1000万円を支払う必要はないことになります。

4 取消しの効果を対抗することができる人的範囲

3 で検討したのは，詐欺・強迫をしたのが意思表示の相手方ではなく，第三者であった場合でした。詐欺・強迫の関係で，いわゆる「第三者」が問題となる場面がもう1つあります。

詐欺・強迫によって意思表示をした者がその意思表示を取り消したものの，そ

⇒132頁
の意思表示について他の第三者がかかわっていた場合です。例えば，**CASE 9-1**
で，AがBに対してした「家の売買契約をする」という意思表示を詐欺を理由
として取り消したものの，Cがその家をBから譲り受けていたような場合です。
この場合に，Aは，Bに対してした意思表示を取り消したことを，第三者Cに
対しても主張することができるでしょうか。

　この問題を考えるためには，2つの場面を区別して考える必要があります。

　第1は，AがBに対してした意思表示を取り消す前に，CがすでにBから家
を譲り受けていたような場合です（取消前に第三者Cが現れている場合。この場合の
Cを取消前の第三者といいます）。

　第2は，AがBに対してした意思表示を取り消した後に，CがBから家を譲
り受けたような場合です（取消後に第三者Cが現れた場合。この場合のCを取消後の
第三者といいます）。

1　取消前に第三者が現れた場合

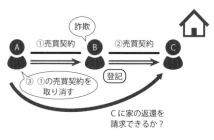

CASE 9-4
⇒132頁
　CASE **9-1**で，その後，Aは，Bにだまされたことに気づき，詐欺を理由として売買
契約の意思表示を取り消し，Bに家の返還を求めました。ところが，AがBに対して
返還を求める前に，BがCにすでに家を転売してしまっていました。AはCに対して，
家を返すよう求めることができるでしょうか。

　96条3項は，詐欺による意思表示の取消しは，善意でかつ過失がない（善意・
無過失の）第三者に対抗することができない，と定めています。96条3項の「善
意」とは，第三者Cが，AがBの詐欺によって売買契約の意思表示をしたこと
を知らないことを意味し，「無過失」とは，第三者Cが，AがBの詐欺により売
買契約の意思表示をしたことを知らなかったことに落ち度がなかったといえる場

合のことをいいます。第三者Cが，以上のように善意・無過失であった場合には，Aは，「家の売買契約は詐欺にもとづく意思表示によるものだから，売買契約の意思表示を取り消す」，とCに対して主張できなくなります。96条3項の「対抗することができない」とは，このように，Cに「主張できない」ことを意味します。

　このことは，具体的に何を意味するのでしょうか。

　詐欺を理由に意思表示を取り消すことができる場合と，96条3項が適用されて取消しを主張できなくなる場合とを，比較して確認しましょう。

▍詐欺を理由に意思表示を取り消した場合の効果 ▍

　Aが詐欺を理由に意思表示を取り消せた場合，Aの（売買契約の）意思表示ははじめからなかったことになります（121条）。そのため，A・B間の建物の売買契約もなかったことになり，家の所有権は，ずっとAにあったことになります（これを取消しの遡及効といいます。詳しい内容は第11章で学びます）。

　この場合，Aは，Cのような立場の者に対し，次のような主張が可能になります。すなわち，取消しの結果A・B間の売買契約はなかったことになるのだから，Aのもとに権利があり続ける。つまり，家の所有権はAのもとにあるのだから，CはAに家を返せ，という主張です。

　しかし，Aによる取消前に，Aに対し詐欺がされたことを知らずにBから家を買い取ったCが，常にこのような主張を受け，家を返さなければならないとすると，（Cは）怖くて取引をすることができません。

▍詐欺を理由に意思表示を取り消せなくなる場合（96条3項）▍

　そのため，このようなC（取消前の第三者）を，取消しの遡及効から保護しようというのが，96条3項です。96条3項は，「BがAに対して詐欺をしたという事実」を知らず（善意），かつ，知らなかったことにつき過失のなかった（無過失）Cについては，Aは，意思表示の取消しをCに対抗できない（＝主張できない）と規定しています。つまり，96条3項が適用されると，AはCに対し，「自分がした意思表示を取り消した」という主張ができなくなります。したがって，A・B間の売買契約は効力をもち，AからBに所有権が移ります。このことは，Cに「家を返せ」という主張ができなくなることを意味します。

このように，96条3項は，意思表示が取り消される前に取引に入った人（取消前の第三者）が，その後，表意者Aにより詐欺を理由とした意思表示の取消しがされることで不利益を被（こうむ）らないよう遡及効を制限するために設けられている規定です。「取消しの遡及効から保護」するとは，このことを意味します。

96条3項の要件

なお，Cが96条3項による保護を受けるためには，「善意・無過失」であることと，96条3項にいうところの「第三者」に該当することが必要です。

「善意・無過失」とは，先にも説明したとおり，Aが詐欺により売買契約の意思表示をしたことを知らず，かつ，知らなかったことに落ち度がなかったといえる場合です。

また，ここでの「第三者」とは，詐欺の当事者（つまりA・B）以外の者で，「詐欺による意思表示によって生じた法律関係につき，新たに独立した法律上の利害関係を有するにいたった者」です。CASE 9-4 のCのように，Aによる取消しの主張が認められると家を失ってしまうような者は，「第三者」の典型例です。

「第三者」に該当するその他の例については，94条2項における「第三者」の説明と同じです。第7章を参照してください。⇒101頁

96条3項は強迫に適用されない

なお，注意すべきなのは，96条3項は，詐欺を理由とした意思表示の取消しの場合のみを定め，強迫を理由とした意思表示の取消しの場合を定めていない，という点です。その結果，96条3項は，強迫を理由とした意思表示の取消しが問題となる場合には適用されません。

その結果，強迫を理由として意思表示の取消しがされた場合には，取消前に善意・無過失の第三者が出現していたとしても，表意者は常に第三者に対抗すること（つまり，意思表示を取り消すこと）ができます。例えば CASE 9-2 において，強迫を理由とした意思表示の取消しがされる前に，家をBから買い受けたDが現れていたとしても，Dの善意・悪意や過失の有無に関係なく，Aは家を取り戻せます。

96条3項が強迫に適用がない理由

では，なぜ詐欺と強迫とで，このような区別をするのでしょうか。

詐欺が問題となる場合には，表意者はだまされています。だまされる場合には，だまされる側もうっかりしているなど（例えばうまい話に安易にのってしまうなど）一定の落ち度がある場合が少なくありません。

これに対し，強迫が問題となる場合には，強迫を受けた側には何の落ち度もありません。

このように，意思表示を行った表意者の側の落ち度に大きな差があるため，強迫による意思表示の取消しが問題となる場合には，表意者はより強い保護を受けるべきである（第三者の保護よりも表意者の保護を優先すべきである）と考えられているのです。

2 取消後に第三者が現れた場合

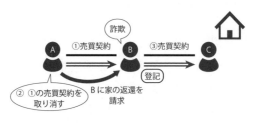

CASE 9-5

⇒132頁

CASE 9-1 で，その後，Aはだまされていることに気づき，詐欺を理由として売買契約の意思表示を取り消し，AはBに家の返還を求めました。AがBに対して返還を求めた後に，BがCに家を転売していた場合，Cはどうなるでしょうか。

CASE 9-5 は CASE 9-4 とは微妙に異なります。どこが異なるのでしょうか。CASE 9-4 とは異なり，CASE 9-5 では，CがBから家を譲り受けたのが，Aが売買契約の意思表示を取り消した後だという点が違います。次頁の図9-1で比べてみましょう。

注意すべき点は，CASE 9-5 では，CがBから建物を譲り受けた際（③），Aによる取消しがすでにされていた（②）という点です。CがBから建物を譲り受けた時点で，Bはすでに権利者（家の所有者）ではなかったのです。Cは，家の

所有権をもたない者（無権利者）から家を買うという契約をしただけです。CASE 9-5 の C は，取消後の第三者と呼ばれます。

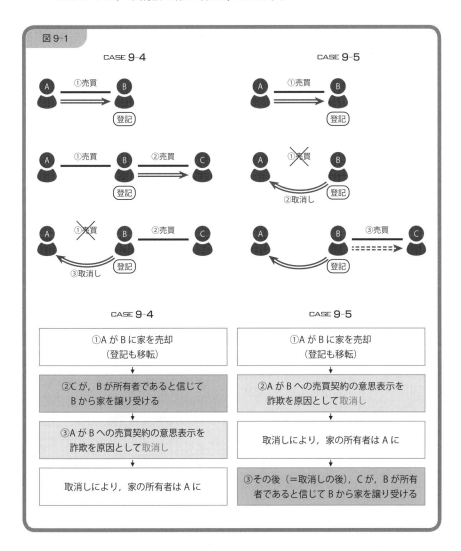

図9-1

CASE 9-4

① 売買　A → B　登記

① 売買　A — B　② 売買　B → C　登記

① 売買（×）　③ 取消し　A ← B　② 売買　B — C　登記

CASE 9-5

① 売買　A → B　登記

① 売買（×）　A ← B　② 取消し　登記

A ← B　③ 売買　B ⇢ C　登記

CASE 9-4
①A が B に家を売却 （登記も移転）
②C が，B が所有者であると信じて B から家を譲り受ける
③A が B への売買契約の意思表示を 詐欺を原因として取消し
取消しにより，家の所有者は A に

CASE 9-5
①A が B に家を売却 （登記も移転）
②A が B への売買契約の意思表示を 詐欺を原因として取消し
取消しにより，家の所有者は A に
③その後（＝取消しの後），C が，B が所有 者であると信じて B から家を譲り受ける

取消後の第三者と 96 条 3 項の関係

先にもみたとおり，96 条 3 項は，前提となる法律行為の意思表示が取り消される前にその対象物に関する取引に入ってしまった人が（取消前の第三者：

⇒141頁
CASE **9-4** のCです），その後，表意者（A）により詐欺を理由とした意思表示の取消しがされたことで不利益を被らないために設けられている規定でした。

これに対し，CASE **9-5** のCは，Aが詐欺を理由とした意思表示の取消しをした後に家の所有権に関する取引に入ってきたにすぎないため，96条3項が保護しようとしている「第三者」に当たりません。

では，CASE **9-5** では，Cは何の保護も受けられないのでしょうか。判例（大判昭和17年9月30日民集21巻911頁）は，CASE **9-5** におけるCについては，詐欺に関する96条とは別の，物権法のルールによって保護されるべきであるとします。そこで判例が用いる物権法の考え方とは，以下のようなものです。

取消後の第三者と物権法のルール

物権法には，CASE **9-4** や CASE **9-5** のように「不動産」を取引する場合，契約当事者以外の者に対し「自分が所有権を得た」ことを主張するためには，登記を備えていなければならないというルールが存在します（177条。第**7**章で説明⇒95頁
しました）。その意味をもう一度説明しておきましょう。

（1）　物権法のルール

（a）　177条のルール　　YとZが売買契約を締結したとします。売買契約とは，所有権（財産権）を移転することを内容とした契約です。そのため，目的物である家の所有権はYからZに移転し，Zが新所有者となります。その結果，Zは相手方当事者であるYに対し，自分が家の所有者であると主張することができます。

しかし，Y以外の他の人に対しては，Zは「自分が所有権を取得した」とはまだ主張できません。Y以外の「第三者」に対しても同じ主張ができるようになるためには，家の登記をYからZに移さなければならないためです（177条という規定があるために，このようなルールになっています。95頁のほか，2巻を参照してください）。

YからZに家の登記が移り，登記簿に「YからZに所有権が移った」という趣旨の記載がされてはじめて，Zは，「自分が家の所有権を取得した，したがって家の所有者である」と第三者[4]に対しても主張できるのです。

note ───

[4]　説明　正確には177条における「第三者」を意味します（→96頁）。

(b)　不動産の二重売買（二重譲渡）の場合　　この考え方は，Y がまず X に家を売り，そのあと，さらに Y が Z にも同じ家を売ったような場合にも適用されます（家は 1 つしかありませんが，その家を売るという契約を Y が X と Z それぞれとの間で締結することはできます。不動産の二重売買〔二重譲渡〕と言われます）。X も Z も，Y から家を譲り受けたと主張したいところです。

しかし，X も Z も，登記を備えていないと，所有権を取得したことを相手に主張することができません。

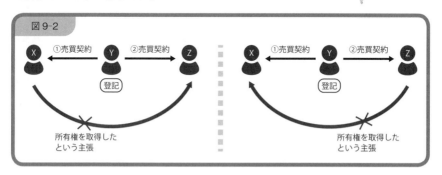

図9-2

逆に言えば，X も Z も，相手に対して自分が家の所有権を取得した，したがってその家の所有者である，と主張できるようになるためには，先に登記を自分のところに移す必要があるのです。かりに X が先に登記を自分のところに移せば，X は家の所有権を取得したことを Z に主張できるようになり，Z は家の所有権を取得したことを X に主張できなくなります。

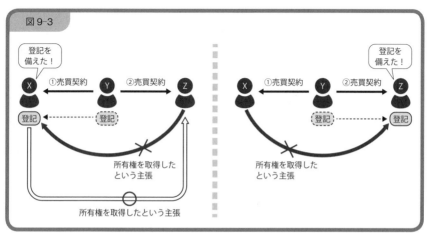

図9-3

(2) 物権法のルールと取消後の第三者との関係

このことを踏まえて，⇒144頁 CASE **9-5** に戻りましょう。

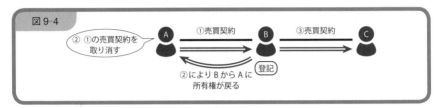

図9-4

② ①の売買契約を取り消す

Ⓐ ①売買契約 → Ⓑ ③売買契約 → Ⓒ

②によりBからAに所有権が戻る （登記）

詐欺を理由として A が B との間の売買契約の意思表示を取り消した後に，C が B から建物を買い取ったというのが，CASE **9-5** でした。

(a) A・B 間の売買契約が取り消された後の関係

(i) **A と B の関係**　家の所有権は，A・B 間の売買契約により B に移ります。しかしその後，詐欺を理由として A が B に対する意思表示を取り消したことにより，A・B 間の売買契約ははじめからなかったことになり，A がもとどおり所有者であることになります。A が取消しをするまでは，A から B に家の所有権が移っていたのですが，A が取消しをすることにより，家の所有権が A に戻ったとみることもできます。

(ii) **B と C の関係**　では，B と C の関係はどのようなものでしょうか。

CASE **9-5** では，A により意思表示の取消しがされた後に，C が B から家を譲り受けています。この点をどのように考えればよいでしょうか。

(b) 177 条の二重譲渡

ここでの B と A，そして，B と C の関係は，よくみると，先ほど説明した不動産の二重譲渡の場面と似ています。

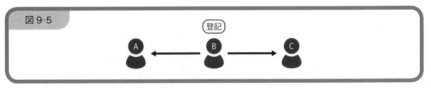

図9-5

（登記）

Ⓐ ← Ⓑ → Ⓒ

まず，A・B 間の売買契約が詐欺により取り消されたことで，B から A へと所有権が移転します。その後，B が C に家を売却したことで，B から C へも所有権が移転したと考えるのです。

⇒147頁
先にみたとおり，このような場合には，A も C も，自らのもとに登記を備えていないと，所有権を取得したことを他方の者に主張することができません。逆

に，AもCも，他方よりも先に登記を備えれば，他方に対して所有権を取得したことを主張することができることになります。

この考え方を前提とすると，**CASE 9-5** において最終的に所有権に基づく請求ができるのは，A・Cのうち「先に登記をBから移転した者」ということになります。

▌取消前の第三者と登記 ▌

では，**CASE 9-4** で問題となっている取消前の第三者Cとの関係では，登記は問題にならないのでしょうか。 ⇒141頁

取消前の第三者の保護について定める96条3項には，**CASE 9-4** におけるCの保護のためにはCが登記を移転していることが必要だ，というルールは書かれていません。学説の中には，取消前に取引関係に入ったCであっても，登記を移転している必要があると主張するものがありましたが，判例（最判昭和49年9月26日民集28巻6号1213頁）は，**CASE 9-4** におけるCのような取消前の第三者は，（少なくとも）表意者Aとの関係では，登記を備えていなくても保護されるとします。

96条3項は，Aが詐欺による意思表示の取消しによって「建物の所有権が自分のところに戻ったのだ」との主張をCに対してすることを封じる規定です。Cに対し，Aは，「意思表示を取り消した」と主張できなくなるのですから，Cとの関係では，家の所有権はBからAに戻らないことになります。つまり，（Aとの関係では，）Cだけが，Bから家の所有権を取得したことになります。

Cだけが所有権を取得するということは，Aは家について所有権をもたないもの，つまり無権利者になります。177条のルールの中には，家の所有権を取得したものは，「無権利者」に対しては，登記にかかわりなく所有権の取得を対抗できるというルールが含まれています（詳しくは2巻で学びます）。つまり，家の所有権を取得したCは，無権利者であるAに対しては，家の登記を移転していなくても，家の所有権を取得したことを対抗できる，ということになります。

Column 14　詐欺・強迫と消費者契約法

　詐欺・強迫により意思表示を取り消すためには，96条の要件を満たさなければなりません。しかし，これらの要件をすべて満たすことは大変です。

　そのため，民法とは別の消費者契約法という法律では，事業者と消費者が締結した契約については，96条の要件よりも緩い要件を満たせば，取消しが認められてます。例えば，①マンションの売買に際し，事業者である売主が，耐震性のような重要な事項につき，事実とは異なることを告げたような場合（重要事項の不実告知）や，②実際にどうなるかはわかっていないのにマンションを賃貸に出した際に多くの収益があげられると断定的に告げたような場合（断定的判断の影響），③1年後に隣にマンションが建って日当たりが悪くなることを知っているのに，あえて告げないような場合（不利益事実の不告知），④訪問販売の販売員がやってきて，断っているにもかかわらず帰ってくれないため契約を締結してしまったような場合（不退去）や，⑤キャッチセールスにつかまり，ビルの一室に通され，いらない化粧品の販売をされたところ，買わないと帰れない雰囲気となったため契約書にサインをしてしまったような場合（退去妨害）に，消費者が契約の意思表示を取り消せるという規定が置かれています（これらの例は詐欺や強迫に似ていますが，詐欺・強迫の要件を満たさない場合が大半です）。さらに，近時の改正では，就活中の学生の不安をあおって怪しげな高額の就活セミナーの契約をさせたり，生活に不安を抱く高齢者等の不安をあおり，その契約を結ばないと生活できなくなるなどといって契約を結ばせたような場合，購入を迷っている段階にもかかわらず自分の家の軒に合わせて竿竹を短く切られたため購入せざるを得なくなったような場合，さらには，デート商法・霊感商法などと呼ばれるような取引についても，一定の要件のもとに意思表示を取り消すことが可能になっています（いずれも消費者契約法4条によって，取消しが認められます）。これらの規定は，消費者契約という特定の種類の契約に限定する形で，詐欺・強迫に関する96条の要件を緩めているものといえます（消費者契約法は，公序良俗にもかかわります。第**10**章の **Column17** も参照してください）。

1 詐欺または強迫による意思表示は，取り消すことができます（96条1項）。

2 詐欺による取消しが認められるためには，①詐欺者が故意により違法な欺罔行為をしたことが必要であり，さらに，②表意者が詐欺により錯誤をし，意思表示と錯誤の間に因果関係があることが必要です。

3 詐欺の故意には，第1の故意（錯誤をひき起こす故意）と第2の故意（錯誤による意思表示をさせる故意）の二段の故意が必要です。また，欺罔行為は違法なものでなければなりません。

4 強迫による取消しが認められるためには，①強迫者が故意により違法な強迫行為をしたことが必要であり，さらに，②表意者が畏怖し，意思表示と畏怖の間に因果関係があることが必要です。

5 強迫の故意には，第1の故意（他人に畏怖を生じさせようとする故意）と，第2の故意（畏怖によって意思表示までさせようという故意）が必要です。

6 第三者が詐欺をした場合には，相手方がその事実を知り，または知ることができたときに限り，その意思表示を取り消すことができます（96条2項）。

7 96条2項は強迫の場合を対象としていませんので，第三者による強迫の場合には，常に意思表示を取り消すことができます。

8 詐欺による取消しの前に善意・無過失の第三者が現れた場合には（取消前の第三者），詐欺による意思表示の取消しをその第三者に対抗することができません（96条3項）。

9 詐欺による取消しの後に第三者が現れた場合（取消後の第三者）には，96条3項は適用されず，物権法のルール（177条）が適用されます（判例のルール）。その結果，先に登記を移転したほうが所有権に基づく請求ができるようになります（つまり，相手との関係では勝ちます）。

第10章

法律行為の内容規制

INTRODUCTION

　心理留保・虚偽表示・錯誤・詐欺・強迫（第7章〜第9章）は，表意者の表示行為と効果意思に不一致がある場合や，意思表示の形成過程に問題がある場合のように意思表示に瑕疵があった場合に意思表示の無効・取消しを認めるというものでした。

　これに対し，意思表示に瑕疵があるかどうかにかかわりなく，その内容自体に問題が含まれる場合に法律行為を無効にするというルールも存在します。「法律行為の内容規制」と呼ばれるルールです。

　法律行為の内容規制が問題とされる場合には，大きく分けて2つの場合があります。

法令に違反する法律行為の効力　　📖 91条

　第1は，表意者によってされた法律行為が法令に違反する場合です（91条）。違反すると法律行為の効力が否定される法令を強行法規，それに反したからといって法律行為の効力が否定されるわけではない法令を任意法規と呼びます。本章では，強行法規と任意法規の関係や，強行法規に反した場合にどのような効果が生じるのかについて，学びます。

公序良俗に反する法律行為の効力 90条

第2は，法令に違反したかどうかにかかわりなく，法律行為の内容が「公^{おおやけ}の秩序又は善良の風俗」に反する場合です（90条）。「公の秩序又は善良の風俗」は，公序良俗^{こうじょりょうぞく}と呼ばれます。本章では，どのような場合に公序良俗に違反するのかについても，学びます。

1 強行法規と任意法規

契約などの法律行為をする場合，当事者はその内容を原則として自由に決めることができます。「私的自治の原則」にもとづくものです。実際，民法521条2項は，契約について，「契約の当事者は，法令の制限内において，契約の内容を自由に決定することができる」と規定しています。これが大原則です。例えば，売買契約を締結する場合，目的物の価格や納期等について，通常，当事者間で自由に定めることができます。

しかし，法律行為の内容について法律が規定をしていることもあります。この規定には，法律と異なる合意をした場合に，その合意を無効とするものと，有効とするものの2種類があります。それぞれ，強行法規（強行規定ともいいます）と任意法規（任意規定ともいいます）と呼びます。

Column 15　法令・法規・法律

　上の文章には，法令・法律・法規という言葉が出てきました。一番なじみのある言葉は法律でしょうか。法律とは，一般に，国会が定めるルールのことを指します。これに対し，行政機関が，例えば法律を補ったりするために作るルールのことを，命令といいます（上司が命令する，といった場合の命令とは意味が違います）。そして，この，法律と命令をまとめて，法令と呼んでいます。法規という言葉も，法令とほぼ同じ意味で使われています。

---

1 強行法規

> **CASE 10-1**
>
> A は B に,「1 年後に返すから 100 万円を貸してくれ」と電子メールで頼みました。B からは「利息 50% でなら貸してもよい」との返事が来ましたので, A は「背に腹はかえられない。その条件で借りるよ」と返信しました。翌日, B から 100 万円が振り込まれました。A は 1 年後, 150 万円を返済しなければならないでしょうか。

強行法規とは

A・B 間では, 利息付きで 100 万円を貸し借りするという契約が締結されました (このように金銭を貸し借りする契約を金銭消費貸借契約と呼びます。5 巻で学びます)。

私的自治の原則 (第 6 章参照) によれば, A も B も, どのような内容の契約であっても自由に締結できます。そのため, CASE 10-1 のような契約も有効であるはずです。

しかし, よく考えてみると, 1 年後に 50 万円もの利息がつくというのは高額すぎるようにも思われます。

実は, 貸主が借主に高利で貸し付けることについては, 法律で規制がされています。利息制限法という法律です。この法律は, 貸主が借主に対して要求できる利息の上限を定めています。それによると, CASE 10-1 のような 100 万円を貸すという契約については, 年 15% を超える利息を取ってはいけない, とされています (利息 1 条 3 号)。CASE 10-1 の契約では年 50% の利息が約束されていますので, この契約には, 利息制限法 1 条に違反する内容が含まれています。

では, 利息制限法という法律に違反する契約を締結した場合, その契約はどうなるのでしょうか。

利息制限法は, 同法 1 条各号に定める利率を超える利息を取る約束は, その制限を超えた部分については無効とすると定めています。そのため, CASE 10-1 の契約のうち, 15% (1 年で 15 万円) を超える利息の部分 (つまり 35% 分) は無効となります。その結果, B は, 約束した 50 万円の利息のうち, 35 万円分は利息としてとることができないことになります。

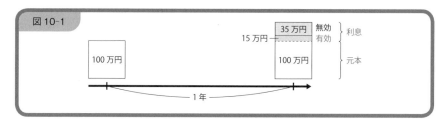

図 10-1

利息制限法 1 条のように，当事者がそれに反する法律行為をしても無効とされる法令を強行法規といいます。なお，91 条は，「法律行為の当事者が法令中の公の秩序に関しない規定と異なる意思を表示したときは，その意思に従う」と規定していますが，この条文は，逆からみれば，「公の秩序」に関する規定と異なる意思を表示した場合には，無効とされるということを意味します。この「公の秩序に関する規定」が，強行法規です。

Column 16　条文と規定

　利息制限法 1 条には，「金銭を目的とする消費貸借における利息の契約は，その利息が次の各号に掲げる場合に応じ当該各号に定める利率により計算した金額を超えるときは，その超過部分について，無効とする」と書かれています。「条文」という言葉を使う場合，通常は，この 1 条に書かれているような「文章」のことを意味します。これに対し，利息制限法 1 条が示しているルール（規範）を指す場合は，「規定」という言葉を使います。常に厳密に区別されて使われているわけではありませんが，以上のように分けて使われている場合があります。

強行法規の判定基準

　以上のように，法令の中には強行法規があるとして，ある法令が強行法規かどうかは，どうすればわかるでしょうか。

　法律の条文には，「これは強行法規です」といった形で，強行法規であることがはっきりとわかるように書かれているわけではありません。各法律の条文のうち，強行法規である条文を見分ける必要があります。

　強行法規かどうかを見分ける方法として，次の 2 つがあります。

　第 1 は，ある法規に定められる内容と異なる約束（反対の特約）をした場合，

その法規によって，その約束の効力が否定されることが明確に書かれている場合です。上記の利息制限法1条のような法規がこれに当たります。

第2は，法令上は反対の特約の効力について触れられていないものの，その法令がもつ内容や，その法令が定められた趣旨（目的）から，強行法規（「公の秩序に関する規定」）であると判断される場合です。

例えば，民法732条には「配偶者のある者は，重ねて婚姻をすることができない」と規定されていますが，これは強行法規であるとされています。これに反する契約（重婚といいます）がされた場合，その契約を無効としなければ，一夫一婦制を原則とするという732条の内容や趣旨が実現されず，社会の基本的な秩序を維持することができないと考えられるためです。

第2のタイプのものは，一見したところ直ちに強行法規であると判別できるものばかりではありませんが，一般には区別して理解されています。民法の各種のルールを学んでいく中で，強行法規であるといわれている理由がわかるようになるはずです。

2 任意法規

強行法規とは異なり，法令に定めはあるものの，それと異なる内容の約束を当事者が行っても，その約束の効力が認められるタイプの法令も存在します。このような法令を，意思に任せる法規という意味で，任意法規といいます。^{⇒87頁}

例えば，法令上「別段の意思表示がないときは」などと定められている場合（404条1項等）がその典型です。また，そのような文言が明示されていない場合でも，契約自由の原則は民法の大原則であり，できる限りみな自由に決めるべきであるため，通常は，任意法規とされます。91条は，「法律行為の当事者が法令中の公の秩序に関しない規定と異なる意思を表示したときは，その意思に従う」と規定し，このことを前提としています。

CASE 10-2
　AはBに自転車を2万円で売るという売買契約を締結しました。その後，輸送費が1万円かかることがわかりました。

CASE 10-2において，輸送費用はどちらの負担になるのでしょうか。485条は，「弁済の費用について別段の意思表示がないときは，その費用は，債務者の

負担とする」と定めています。そのため，485 条が適用され，債務者である A が 1 万円の輸送費用を負担することになりそうです。ただ，485 条は，「弁済の費用は必ず債務者が負担しなければならず，それに反する合意は無効にする」という趣旨は含まないと一般に理解されています。その結果，この規定は，当事者が，このような費用の負担について特に決めなかった場合のルールにすぎないということになります。つまり，485 条は任意法規として理解されています。したがって，A と B との間で，当該費用は B（＝債権者）が負担するという約束がされていた場合には，その約束が優先します。その結果，費用は B が負担すべきことになります。

2 強行法規と取締法規

第 1 章でも説明をしたとおり，法律には公法に属するものと私法に属するものの 2 種類がありました。_{⇒3頁}法律によって法律行為の内容が規制される場合，法律行為は私法上の行為ですから，私法に属する法令による規制がまずは問題となります。先ほど出てきた利息制限法や，重婚を禁止する民法 732 条は，「個人と個人の間のルールを定めた」ものですので，まさに私法に分類される法令による規制でした（第 1 章でも見たとおり，私法とは「個人と個人の間のルールを定めた法」のことであり，公法とは「国家と個人の間のルールを定めた法」のことです）。

これに対し，私法ではなく，公法に分類される法令により，法律行為の内容が規制される場合があります。その中でも，取締法規と呼ばれる法令に違反した法律行為の効力が問題となります。

1 取締法規とは ●

公法の中には，行政上の考慮から，一定の行為を禁止したり制限したり（場合によっては，一定の刑罰等を加えたり）するルールが定められていることがあります。これを取締法規といいます。例えば，食品衛生法は，不衛生な食品を販売してはいけないというルールを定める法律です。これは，不衛生な食品が販売されて消費者の健康がおびやかされないように，違反者に刑罰を与えたり，許可を取り消したりする法律です。また，宅地建物取引業法（以下では「宅建業法」と呼びます）も，不動産の取引に際し不動産取引を仲介する業者が守らなければならないルー

ルなどについて規定する法律です。これは，悪質な不動産業者により，不動産取引が危険なものにならないように，取り締まるための法律です。

　これらの法令は，私法ではなく公法に属する法令です。しかし，これらの法令の中にも強行法規として働くものがあります。

2　取締法規に違反した法律行為の効力

CASE 10-3

　Aは，不動産業を始めようと考えていました。不動産業を始めるためには，宅建業法3条の免許をもっている必要があります。Aは免許を申請しましたが，免許を受けることができませんでした。そこで，Aは，免許をもっているBから名義を借りることにし，B名義で不動産業を行いました。

　Cは建物を買おうと思って探していましたので，Aとの間で売主を紹介してもらう契約（＝仲介契約）を締結したうえで，Aを通してDの建物を紹介され，Dから建物を購入しました。Cは，Aの仲介に何の不満ももっていませんでしたが，その後，Aが違法な名義借りによって不動産業を営業していることを知りました。CはAに仲介手数料として106万円を支払う約束でしたが，Cは，Aとの間で締結した仲介契約は宅建業法に違反しているため無効であるとして，仲介手数料の支払を拒んでいます。

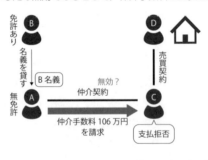

　CASE 10-3 では，Aは，宅建業法に違反して無免許営業を行っており，その営業に属する行為としてCと仲介契約を結んでいます。A・C間の仲介契約は，宅建業法違反で無効になるのでしょうか。

　宅建業法は，仲介業者が守るべき事項を国が定めている法律であり，国家と（宅建業者という）個人の間のルールにかかわりますので，公法に属します（先にみたとおり，公法とは「国家と個人の間のルールを定めた法」のことです）。そのため，宅建業法は，A・B間の名義貸し契約については明確に規制しています。実際，宅建業法13条1項は，「宅地建物取引業者は，自己の名義をもって，他人に宅地

建物取引業を営ませてはならない」と規定しており，Ａ・Ｂ間の名義貸し契約が違法であることは明確です。

　では，Ａ・Ｂ間の名義貸し契約が違法であることから，Ａ・Ｂ間の名義貸し契約の効力は否定されるのでしょうか。

取締法規違反の基準

　取締法規に違反した法律行為の効力については，一般に，取締法規に違反したというだけで直ちに無効になるとは考えられてはいません。その法律行為の効力の有無は，次の４つの視点から検討しなければならないと考えられています。すなわち，①取締法規の目的，②違反行為がどれほど非難に値するか，③取引の安全，④当事者間の信義や公平，の４つの視点です。これらの４点を検討したうえで，取締法規に違反した法律行為の効力を否定する必要がある，と判断される場合にだけ，法律行為は無効とされます。

名義貸し契約

　この判断基準に基づくと，CASE 10-3 におけるＡ・Ｂ間の名義貸し契約は，効力が否定されます。

　CASE 10-3 で問題となっている宅建業法の規定は，不動産取引の安全性を高めることで顧客の利益を保護すること等を目的とするものです。名義貸し契約はこのような目的に明確に反しており（①），名義貸しという違反行為は社会的な非難を受けるものといえます（②）。また，名義貸し契約自体の効力を否定したとしても，ＣはＤから建物を購入できていますから取引の安全に影響は及びません（③）し，名義貸し契約の効力を否定することは免許取得者と無免許者との間の公平にもかなう（④）ためです。

第三者との契約

　では，宅建業法３条に違反したことは，Ａ・Ｃ間の仲介契約の効力に影響をあたえるのでしょうか。宅建業法は，13条でＡ・Ｂ間の名義貸し契約については明示的に規制していますが，Ａ・Ｃ間の契約については明示的に規制していません。では，Ａ・Ｃ間の契約の効力はどうなるのでしょうか。

　一般的には，CASE 10-3 のような場合において，Ａと第三者Ｃとの間の仲介

契約が直ちに無効になるとは考えられていません。それは，いったいどうしてでしょうか。

A・C間の契約との関係でも，先の4つの判断基準を適用することができると考えられていますので，先の基準に基づき，A・C間の契約の効力を判断することになります。まず，**CASE 10-3** で問題となっている宅建業法の規定は，社会秩序の維持や，不動産取引の安全性を高めることで顧客の利益を保護すること等を目的とするものであり，宅建業法に違反した業者がした仲介契約の効力を否定することを目的にしていません（①）。また，**CASE 10-3** では，問題なくCに建物を取得させることができており，BがAに名義を貸したことにより，Cに深刻な被害が生じているわけでもありません。したがって，Aの行為は，それほど強い非難に値するものでもありません（②）。むしろ，Aとの間で締結された仲介契約が宅建業法に違反することを理由に無効とされてしまうと，Cは，実際には仲介をしてもらいながら仲介手数料を払う必要がなくなり，不公平な結果となり，信義に反します（④）。さらに，A・C間の仲介契約が有効であったとしても，CはDから建物を入手できており取引の安全が害されることもありません（③）。

そのため，**CASE 10-3** では，Aの宅建業法3条違反の事実をもって，直ちにA・C間で締結された仲介契約の効力までをも否定すべきであるということにはなりません。つまり，**CASE 10-3** のような第三者Cとの取引は，無効ではなく，有効であるということになります。

3 公序良俗による内容規制

法律行為が公序良俗に反すると，法律行為の効力が否定されます。90条は，「公の秩序又は善良の風俗に反する法律行為は，無効とする」と規定しています。

1 公序良俗の伝統的な内容

「公序良俗」とは何を意味する言葉なのでしょうか。公序良俗に反するとは，社会秩序に反することを意味します。90条は，このような法律行為の効力を否定するための規定です。

伝統的には，次のようなものが公序良俗違反として考えられていました。

社会正義に反するもの

愛人契約など性風俗に反する法律行為や，賭博（とばく）に関する法律行為のように，社会正義に反するものは，公序良俗に反する典型例と考えられてきました。例えば，配偶者がいるにもかかわらず，愛人と不倫関係を続けるために，「毎月の生活費として50万円をあげる」といった約束をした場合，性風俗に反する法律行為であるとして，公序良俗違反とされます。

個人の自由を極端に制約するもの

人身売買や奴隷（どれい）契約のように個人の自由を極端に制約する契約なども公序良俗に反するものと考えられています。

暴利行為

土地の売主が土地の相場や売買の仕方について何も知らないことにつけこんで，市場価格よりも著しく低い値段で土地を買いたたくような場合も同様です。判例（大判昭和9年5月1日民集13巻875頁）は，「窮迫，軽卒もしくは無経験を利用し，著しく過当な利益の獲得を目的」として法律行為をした場合に，公序良俗に違反すると認めています。こうした行為は，暴利行為と呼ばれます。

2　公序良俗の拡大

民法では，もともと契約自由の原則が大前提とされていましたので，公序良俗違反は例外的な場合にしか認められないと考えられていました。公序良俗違反が広く認められると契約の自由が容易に否定されかねないためです。実際，ある時期までは，極端に社会秩序に反する内容を含むような場合にしか，公序良俗違反が認められていませんでした。

しかしながら，1980年代頃から，不公正な内容の契約や個人の権利・利益を侵害する内容の契約が問題となり，個人の権利や自由を保護するために，公序良俗違反を認めるべき場合が少なくないと考えられるようになってきました。

ここでは，その代表的な例を紹介しておきましょう。

著しく不利益な内容を含む契約

例えば，ある時期多くの下級審判決が出された例として，次のようなものがあります。

> **CASE 10-4**
> ホステスがお店との間で雇用契約を締結して働いていたところ，雇用契約書の中に，「客が飲食代金を指定期間内に払わない場合にはその客を担当したホステスが立替払をする」との条項がありました。

ホステスも合意の上で契約書にサインをしているのであれば，問題はないようにも思われます。そのため，このケースでは，だれが見ても認められないというような，著しく社会正義に反する状況が問題となっているわけではありません。その意味で，古典的な公序良俗の理解は，直ちには当てはまりません。

しかし，ホステスとお店の経営者を比べると，経営者のほうが圧倒的に強い立場にあります。客が飲食代金を支払わないリスクは，本来，経営者側が負うべきものですが，この条項は，ホステスが弱い立場にいることを利用して，そのリスクをホステスに負わせる条項と理解することもできます。さらに，このような条項があると，代金を払わない客が増えた場合，ホステスは立替払のために，さらに働かざるをえなくなり，事実上，退職の自由が奪われるというおそれもあります。

そのため，裁判所は，このような条項を含む契約はホステスにとって著しく不利益な契約であるとして，当該条項を公序良俗に反し無効としています[1]。

Column 17　暴利行為と消費者契約

　　CASE 10-4 では，①ホステスの弱い立場を利用し，②経営者がリスクを回避することで不当な利益を得ようとしているのではないか，という点が問題とされています。これらの考慮要素は，先にみた暴利行為の類型の判例が示す基準に対

---

note ────────────────────────────────●

[1] **説明**　ただし，ホステスの側も経営者側と対等に立ち回り，高額の利益を得るために，あえて店側と CASE 10-4 のような約束をすることもあります。このような場合には，公序良俗違反が認められないこともあります。

応します。すなわち，①は，ホステスの「窮迫，軽卒もしくは無経験を利用し」という部分に対応し，②は，「著しく過当な利益の獲得を目的」としている，という点に対応します。ここには，立場の弱い者の弱みにつけこみ，不当な利益をあげることに対する強い問題意識があります。

　このような問題意識は，民法の特別法である消費者契約法にも，明確に表れています。消費者契約法は，事業者と消費者が契約を締結する場合に適用される法律ですが，その中には，事業者側が情報の質・量や交渉力等の点で有利な立場にあることを利用して，消費者から不当な利益を得ることを防止する規定があります。例えば，消費者契約法4条4項は，高齢者などのように合理的な判断ができない消費者に対し，その合理的な判断ができないことにつけこみ，不要なものを大量購入させるような契約を締結させた場合には，一定の要件を満たせば当該契約を取り消すことができることを定めています。こうした規定は，暴利行為に関する公序良俗の考え方と同じ考え方を含むものとして理解することができます。

▐ 個人の権利・利益を侵害する内容の契約 ▐

> **CASE 10-5**
> 　Aは「無所有共用一体社会」という考え方を実践するB団体に加入していました。その団体に加入する際には，全財産をその団体に提供するという決まりがありました。Bに加入する際の契約書には，「提供された財産の返還請求は認めない」という条項があり，Aは当該条項を含む契約書にサインをしたうえで，Bに加入し，全財産を提供しました。Aは，しばらくの間Bで生活をしていましたが，その後，他の構成員との関係がうまくいかなくなった等の事情もあり，Bを脱退しようと思いました。しかし，上記の条項により，Bは，提供した財産の返還を拒んでいます。

　Aは，団体に入る際に，自分の判断で，加入するかどうかを決めています。団体への加入を強制されているわけではありませんので，一見したところ，団体に加入する契約は，「個人の自由を極端に制限するもの」には該当せず，公序良俗に反するものではないようにも思われます。しかし，加入する際に全財産を寄付してしまい，返還の可能性がないとなると，その後，事情が変化して，B団体を脱退しようと思っても，脱退後に使える財産がないので，事実上脱退が不可能となります。

　そのため，CASE 10-5のような場合に，個人の脱退の自由を過度に制限する

ものとして当該条項が公序良俗に違反し無効となると考えることができます。

そのほかの例

なお，公序良俗違反として 90 条が適用される範囲はとても広いため，民法を含めたさまざまな分野の法律（例えば労働法や経済法等）の学習を終えた後で再確認すると，よりよく理解できるでしょう。

POINT

1　契約の内容は，原則として，自由に決めることができます。

2　強行法規に反する法律行為は無効です。

3　任意法規とは，法令に定めはあるものの，それと異なる内容の約束を当事者が行っても，その約束の効力が認められるタイプの法令です。

4　強行法規には，私法に属するものと，公法に属するものがあります。

5　私法に属さないものの，法律行為の効力にも関係する法令として，取締法規があります。

6　取締法規に違反した場合，法律行為の効力が否定されることがあります。取締法規に違反した法律行為の効力が否定されるかどうかは，①取締法規の目的，②違反行為がどれほど非難に値するか，③取引の安全，④当事者間の信義・公平という 4 つの点を考慮することで決まります。

7　公序良俗に反する法律行為は無効です。

8　社会正義に反したり，個人の自由を極端に制約したりする法律行為や，暴利行為は，公序良俗に反するものであるとされています。

9　近年では，不公正な内容の契約や個人の権利・利益を侵害する内容の契約等から，個人の権利や自由を守るため，公序良俗違反として 90 条が適用される範囲が広がってきています。

第11章

無効・取消し

　第3章，第6章〜第10章では，「法律行為の効力が否定される場合」について見てきました。そして，意思無能力，公序良俗違反，強行法規違反，心裡留保・虚偽表示が認められる場合には法律行為の無効が，制限行為能力違反，錯誤・詐欺・強迫が認められる場合には取消しが認められることについても確認しました（次頁の表を見てください）。

無効，取消しの原状回復　　🔍 121条の2

　法律行為の効力が否定される場合，以上のように，無効と取消しの2つがあります。無効とされた場合であっても取消しがされた場合であっても，法律行為の効力は生じません。しかし，無効になる前や取り消される前に，それを前提とした法律行為がすでに行われてしまっていた場合には，元に戻す（「原状に復する」といいます）必要が生じます。

　本章ではまず，法律行為が無効や取り消された場合，法律行為をする前の状態にどのように戻すかについて学びます（原状回復）。

無効・取消しの個別ルール　　🔍 119条〜121条，122条〜126条

　次に，だれが無効や取消しを主張できるのか，無効や取消しを主張する期間の

制限はあるのか等について学びます。

1 無効と取消し

1 無効と取消しが認められる場合 ●

第3章および第7章から第10章で学んだように，次の場合に，法律行為の無
効・取消しが認められます。

効果	制度	条文
無効	意思無能力	3条の2
	公序良俗	90条
	強行法規違反	91条
	心裡留保	93条
	虚偽表示	94条
取消し	制限行為能力違反 （未成年・後見・保佐・補助の一部）	4条〜21条
	錯誤	95条
	詐欺・強迫	96条

2 無効と取消しの効果 ●

無効になる場合も，取り消された場合も，法律行為の効力は生じません。
例えば，売買契約が公序良俗違反により無効となった場合，その契約ははじめ
から効力が生じません。また，例えば，金銭消費貸借契約が錯誤により取り消さ
れた場合には，取消し以降，当該契約ははじめから効力が生じなかったものとし
て扱われます。これが，無効・取消しの効果です。
では，売買契約の「効力が生じていない」，金銭消費貸借が「はじめから効力
が生じなかった」とされると，どのような問題が生じるでしょうか。

法律行為がまだ履行されていない場合

> **CASE 11-1**
> 　家電製品を取り扱うＡ電機は，高齢のＢとの間でパソコンの売買契約を締結しました。しかし，Ａはパソコンを引き渡していませんし，Ｂもまだ代金を支払っていません。

　法律行為はされたけれども，その法律行為に基づいて義務が履行されていない時点で，無効とされたり，取り消されたりした場合には，あまり問題はありません。無効とされたり取り消されたりしたとしても，現実には，契約をする前の状態がまだ続いているからです。そのため，相手から「義務を履行せよ」（例えば，代金を払え，パソコンを引き渡せ）という請求があったとしても，それを拒絶できます。

法律行為がすでに履行されている場合

> **CASE 11-2**
> 　家電製品を取り扱うＡ電機は，高齢のＢとの間でパソコンの売買契約を締結しました。Ａはパソコンを引き渡し，Ｂも代金を支払いましたが，Ｂが重度の認知症であったことがわかり，Ｂの意思無能力を理由に，パソコンの売買契約が無効になりました。

　問題は，法律行為に基づきすでに義務が履行されていた場合です。この場合には，法律行為をする前の状態に戻す必要があります。**CASE 11-2** で，「契約をする前の元の状態に戻す」ためには，引き渡したパソコンをＢから返してもらい，Ｂに代金を返す必要があります。これが，契約がなかった元の状況（原状といいます）に戻す（復する〔回復する〕といいます），ということです。原状回復義務の発生が，無効や取消しが認められる場合の効果です。

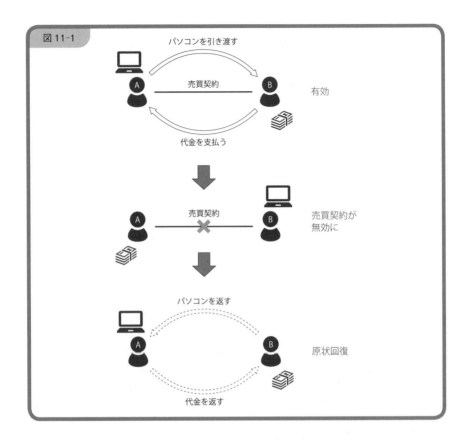

図 11-1

パソコンを引き渡す

売買契約　　　有効

代金を支払う

売買契約　　　売買契約が
　　×　　　　無効に

パソコンを返す

原状回復

代金を返す

3 原状回復

CASE 11-3でA・B間の売買契約が虚偽表示によるものとされ（虚偽表示については第**7**章を参照してください），94条1項に基づき売買契約の無効が認められるとしましょう。

CASE 11-3 で，契約が無効になると，原状回復が必要になります。

無効や取消しになったものの法律行為がまだ履行されていない場合（CASE 11-1 参照）は原状回復は問題となりませんが，法律行為がすでに履行されている場合，どのようにして法律行為をする前の元の状態に戻すかが問題となります。

この点につき，民法は次のようなルールを規定しています。

第1に，121条の2第1項で，無効や取消しがされた場合，原状に復させる義務（原状回復義務）を負うと定めています。これが原則です。

第2に，無償行為[1]のように「一方のみが他方に何かをする」という行為が無効となり，または取り消された場合には，無効・取消しがされることを知らなかった者は，すでに利得が失われている分については返還を拒める，という例外が認められています（121条の2第2項）。

第3に，意思無能力者・制限行為能力者による無効・取消しがされた場合にも，すでに利得が失われている分については返還を拒める，という例外が認められています（121条の2第3項）。意思無能力者・制限行為能力者についても原状回復を原則どおり認めると，意思無能力者・制限行為能力者の保護という趣旨に反するため，政策的に例外が認められています。

以上について，詳しく見ていきましょう。

原則：原状回復

(1) 物の引渡しを受けてしまった時点での無効

> **CASE 11-4**
> CASE 11-3 において，A は契約書にサインしただけではなく，甲の引渡しも終えていました。また，本当の売買であるかのように装うために，B は，売買契約書に記載された代金額のうち 1000 万円を A の口座に振り込みました。

CASE 11-4 では，甲の引渡しも終えていますし，B も代金を振り込んでいます（A・B ともに履行を終えています）。無効であることにより，B は，甲を使い続

note

[1] **説明** 法律行為には，売買契約のように対価が認められる有償行為と，贈与契約のように対価が認められない無償行為があります。

けることはできなくなりますし，Aも，1000万円をもち続ける理由がなくなります。そのため，AもBも，それぞれ相手方に対し，原状回復を求めることができます（121条の2第1項）。CASE **11-4** では，Aは甲の返還を，Bは1000万円の返還を求めることができます。

(2) 引き渡した物が返せなくなった場合

> ### CASE 11-5
> CASE **11-4** において，その後，台風による暴風によって甲が全壊してしまいました。

CASE **11-5** の場合のように，Aから受け取った甲が全壊し，返せなくなってしまった場合はどうなるでしょうか。この場合も，契約を締結する前の元の状態に戻す必要があります。そのため，Aは受け取った1000万円をBに返還しなければなりません。

では，Bはどうでしょうか。Bは甲を返還することが物理的にできませんが，甲そのものに代えて，甲がもっていた価値をお金の形でAに返すことはできます。そのため，Bは，お金でAに返さなければなりません[2]。このことにより「原状に復した」とされます。

例外1：無償行為における原状回復

以上のような原状回復については，例外があります。

第1が，無効・取消しになった法律行為が無償行為だった場合です。無償行為が無効・取消しになった場合，給付を受けた者は，給付を受けた当時その行為が無効であることを知らなかったとき（給付を受けた者が善意の受領者であったとき）は，すべてを返還する必要はなく，現に利益を受けている限度で返還すればよいと規定されています（121条の2第2項）。

> ### CASE 11-6
> Aは，ウイスキー愛好家であるBから世界に数本しかない貴重なウイスキー「YUHIKAKU」（350万円相当）をただでもらいました（贈与契約が成立しました）。Aは「YUHIKAKU」を受け取り，すぐに飲んでしまいました。その後，Bは死亡しま

---

note

[2] 用語 このように，現物にかえてお金で返さなければならないことを価値償還義務といいます。なお，ここでは価値償還という表現を使いましたが，価額償還・価値補償・価値賠償という表現が使われることもあります。

したが，贈与当時，認知症で意思無能力だったことが判明しました。Bを相続したC
は，Bによるウイスキーの贈与契約は無効だとAに主張しています。

Bによる贈与契約（贈与契約も無償行為の一種です）が無効とされると，Aは，
受け取った「YUHIKAKU」をBに返還しなければならなくなります。しかし，
Aは，「YUHIKAKU」をすべて飲んでしまっていますので，返すことができま
せん。そうするとAは，高価な「YUHIKAKU」の価値をお金の形で（つまりそ
の時価に相当する金額＝350万円を）Bに返還しなければならないのでしょうか。

Aが「YUHIKAKU」を現物で返還できる場合と，できない場合とで分けて考
えます。

(1) 現物返還可能な場合

CASE 11-6 とは異なり，Aが「YUHIKAKU」を未開封のまま冷暗所で保管
していた場合には，そのまま返すことができますから，Aは「YUHIKAKU」を
そのままBに返還しなければなりません。

(2) 現物返還不能の場合

(a) 原則　　これに対し，CASE 11-6 のように，すでに飲んでしまっていた
場合には返還ができません。

この場合，121条の2第1項の「原則」によると，Aが「YUHIKAKU」を全
部飲んでしまっていたとしても，「YUHIKAKU」の時価相当額の金銭，つまり
350万円を全額返還しなければなりません。

(b) 例外：Aが善意の場合（121条の2第2項）　　しかし，Aが贈与契約当時，
Bが意思無能力者だと気付かなかった場合（つまり，Aが善意の場合）には，例外
として，121条の2第2項が適用されます。

121条の2第2項によれば，Aはその場合，現に利益を受けている限度におい
て（「現存利益」といいます）しか返還の義務を負いません。

無償行為のように一方のみが給付をする場合，給付を受けた側（A）は，その
後，自らが義務を負担することがありうるとは考えていません。CASE 11-6 に
おいて，ウイスキーを無償でもらってすぐに飲んでしまったAは，贈与契約が
無効になることで原状回復の義務を負うことになろうとは，普通は考えません。
そのため，無効・取消しとなりうることにつき知らなかったAを保護する必要
がある，というのが121条の2第2項の考え方です。

CASE 11-6 では，「YUHIKAKU」を受け取った時点で，Aが，Bが意思無能力であることにつき「善意」で，「YUHIKAKU」をすべて飲んでしまっていた場合には，「現に利益を受けている」部分がないとされ，Aは何も返還する必要がありません。

これに対し，Cから請求があった時点で，「YUHIKAKU」が半分残っていたような場合には，その残っている半分のみを返還すればよいことになります。

例外2：意思無能力者・制限行為能力者の場合

CASE 11-6 では，意思能力，行為能力に問題のないAについて，原状回復義務の内容が問題となっていました。では，反対に，法律行為が無効・取消しになった結果，意思無能力者，制限行為能力者において原状回復が問題となる場合はどうでしょうか。この場合にも，原状回復の例外が認められています。

CASE 11-7

80歳のAは認知症で判断能力が著しく低下していました。ある日，Aのもとへ健康器具販売業者のBが訪ねてきました。しばらくBはAと世間話をしていましたが，気がついたらAは，貯金がほとんどないにもかかわらず，50万円で高級マッサージチェアをBから買うという売買契約書にサインをしてしまっていました。翌日，Bからマッサージチェア甲が送られてきました。Aは甲を使い始めましたが，不注意から甲にコーヒーを大量にこぼしてしまい，肩のマッサージが機能しなくなってしまいました。業者に問い合わせたところ，修理には15万円かかるといわれています。その後，Aは後見開始の審判を受け，後見人Cが選任されました。Cは上記の取引を知り，A・B間の売買契約につき，Aは意思無能力だったため無効であるとし，支払った50万円を返すようにBに求めました。

Bと契約をした時にAが意思無能力であったと裁判所に認められたとしましょう。その場合，AがBとの間で締結した売買契約は，Aの意思無能力により無効となります（3条の2）。

では，どのように原状回復すればよいのでしょうか。

(1) 意思無能力者・制限行為能力者の返還すべき物

Aは甲を受け取ってしまっており，しかも甲はすでに壊れています。壊れた甲をBに返送する代わりに，Bから50万円を返してもらうということにできればよいですが，壊れている甲を返しても原状回復をしたことにはなりません。

では，原則（121条の2第1項）どおり，Aは，甲を返送したうえで，修理に必

要な 15 万円も金銭で B に返さなければ，代金 50 万円を返してもらえないのでしょうか。

　似たようなケースで，意思能力・行為能力に問題のない A' に錯誤があって取消しが認められたような場合を考えましょう。A' が契約を後から取り消すと，マッサージチェアの価値は 35 万円に減少しているため，マッサージチェアに加え，15 万円を B に返還しなければなりません。これは，A' が，最終的には 15 万円の価値の減少分を自ら負担しなければならないことを意味します。

　CASE 11-7 に戻りましょう。

　意思無能力者である A が，以上のような原状回復の原則に従い，15 万円を返さなければ代金を返してもらえない，ということになると，A が意思能力・行為能力に問題がない場合（上にみた A' のように能力に問題のない者が取り消したような場合）と同じ結果になってしまいます。これでは，意思無能力を理由として契約を無効とし，意思無能力者を保護しようとした意味がなくなってしまいます。

　そのため，121 条の 2 第 3 項前段は，A が意思無能力者である場合には，A が「現に利益を受けている限度」において返還すればよい，と定めています。CASE 11-7 ではこの規定が適用される結果，A は，壊れた甲のみ（これが「現に利益を受けている限度」にあたります）を返還すればよいことになります。

　同様の趣旨から，このルールは，A が制限行為能力者で取消しをした場合についても規定されています（121 条の 2 第 3 項後段）。

(2)　相手方の返還すべき物

　なお，121 条の 2 第 3 項は，原状回復が問題となる際に，意思無能力者・制限行為能力者側がどれくらい返還すればよいかについて規定するだけであり，意思無能力者・制限行為能力者の相手方が返還すべき物について規定するものではありません。相手方 B の返還範囲は，「原則」（すなわち，121 条の 2 第 1 項）に立ち戻って考えます。

Column 18　「原状」と「現状」

　121 条の 2 が規定しているのは「原状」回復であり，「現状」ではありません。121 条の 2 では，もともとの状態に戻す，ということが重要です。「原」には「もともと」という意味がありますので，「原状」でなければなりません。「現状」と

いう字を用いると，現在の状態ということになってしまいますから，121条の2
が規定する内容とは正反対の意味になってしまいます。

2 無　効

次に，無効につき，個別に問題になる点について学びましょう。

1　無効の範囲

全部無効

　法律行為が無効とされる場合，通常は，法律行為のすべての部分につき，効力
がはじめから生じません。例えば，売買契約や贈与契約が無効になった場合，こ
れらの契約ははじめから全部がなかったものになります。このような無効を全部
無効といいます。

一部無効

　これに対し，無効が認められる場合であっても，法律行為の全部ではなく，一
部分のみが無効とされる場合もあります。このような無効を一部無効といいます。

(1)　条項一部無効

> **CASE 11-8**
> 　AはBから，1年後に返還するという約束で100万円を借りました。契約書には，
> 利息に関する条項として「第a条　利息は年25%とする」との文言がありました。
> その1年後，BはAに対し，計125万円の支払を請求してきました。

　Bの請求は，一見したところ問題がなさそうにみえます。しかし，利息の約束
については利息制限法という法律があり，利息の上限が定められています（第**10**
⇒154頁
章で学びました）。100万円以上貸す場合に取れる利息の上限は，年利15%です
（利息1条3号）。
　CASE **11-8**では，契約書にa条という条項が入っており，25%の利息を取る

約束になっています。この契約条項は利息制限法に違反します。では，a 条の全部が無効になる結果，B は利息をまったく取れなくなるのでしょうか。

　この点につき，利息制限法 1 条は，上限とされる利率の「超過部分について，無効とする」と定めています。そのため，25% の利息を定める a 条全部が無効になるわけではなく，15%，つまり 15 万円を超える部分の利息についての約束が無効になります。その結果，1 年後に B が A に対し 125 万円の支払請求をしてきた場合，A は，115 万円は支払わなければなりませんが，10 万円の支払は拒絶できることになります。

(2)　契約一部無効

> **CASE 11-9**
> 　CASE 11-8 で，「第 b 条　利息の返済ができなくなった場合は，売春行為により返済額を確保する」との条項が入っていました。

　これに対し，CASE 11-9 の b 条は明らかに公序良俗に反しています。そのため，この条項は，部分的に有効になる余地はなく，b 条すべてが無効になります。

> **CASE 11-10**
> 　A は B から利息制限法所定の 15% の金利で 100 万円を借りる契約を結びましたが，契約書の中に，「第 c 条　返済額の 9 割は，A の 12 歳の子供 C を週に 7 日 B のもとで勤務させ，その報酬から支払う」との条項が含まれていました。

　CASE 11-10 で締結された契約書の c 条は，未成年の C の自由を拘束するもので，違法行為であるため，公序良俗に反して無効です。そのため，A・B 間でかわされた契約書のうち，c 条は無効となります。

　では，A・B 間の契約は，契約書の c 条のみを無効にしたうえで，残りの契約はなお有効としてよいのでしょうか。

　CASE 11-10 において，A が困窮しており，B しかお金を貸してくれる人がいない場合には，c 条のみが無効とされたとしても A に返済の見込みも他からの借入れの見込みもないため，事実上，C を B のところで働かせ続けざるをえません。そのため，c 条を無効にしたとしても，C を保護できません。このような場合には，c 条のみが無効になるのではなく，c 条も含まれる契約全体が無効

となることが認められています。

2 無効の主張権者

　無効の場合には，法律行為が「無」とされるのですから，従来，原則としてすべての人が無効の主張を行うことができるとされていました（絶対無効）。しかし現在では，無効の主張ができる人の範囲を限定すべきと考えられています。そのような無効を相対無効と呼びます。

　例えば，意思無能力者がした契約を無効とする場合，意思無能力者とは無関係な人が，意思無能力者がした契約を無効だと主張することを認める必要はありません。無効の主張は，無効を主張することにより利益を得ることができる人を保護するためのものですから，無効が認められる趣旨に従い，あくまでも，保護を受ける意思無能力者側からのみ認められれば十分です。無効を主張できる人の範囲を限定すべきという議論は，以上のような考え方に基づきます。

3 無効の主張期間

　無効の場合には，③の取消しの場合とは異なり，無効主張ができる期間について制限する規定がありません。無効は「無」を意味しますので，「無」であることはいつ主張しても変わりがないためであると考えられています。しかし，無効の主張ができるにもかかわらず，あまりにも長い期間無効の主張をしないような場合には，信義則等により，無効の主張が制限されることもあります。
⇒15頁

③ 取消し

　法律行為の取消しが認められる場合として，制限行為能力者が法定代理人の同意を得ずに法律行為をした場合，錯誤・詐欺・強迫によって意思表示がされた場合等を挙げることができます。なお，制限行為能力者のように取消しに関する特別なルールが規定されていることもあります。
⇒48頁

1 取消しの効果

　法律行為が無効であるときは，法律行為ははじめから効力が生じなかったことになります。これに対し，取消しがされる場合は異なります。取消しの原因があ

ったとしても，取消しがされなければ（＝取消しの意思表示がされなければ），契約は有効です。しかし，取消しがされれば（＝取消しの意思表示がされれば），契約ははじめから無効とみなされます。契約がはじめから無効とみなされた場合の効果は，②の無効の場合と同じです。民法は121条で，「取り消された行為は，初めから無効であったものとみなす」と規定しています[3]。

CASE11-11

　A・B間で，Bを売主，Aを買主として，ギター甲を代金10万円で購入するという売買契約が5月1日に締結されましたが，Bが未成年者であったことが判明し，Bの親権者により売買契約が5月10日に取り消されました。

❶ 甲はまだAに引き渡されておらず，代金もBに支払われていなかったため，5月7日に，AがBに甲の引渡しを求め，BがAに代金10万円の支払を求めました。

❷ ❶の結果，甲がAに引き渡され，代金もBに支払われました。5月10日に取り消された後，5月12日になって，BがAに甲の返還を求め，AがBに代金10万円の返還を求めました。

取消しがされない間

CASE 11-11 ❶ では，Bが未成年者であるという取消原因はありますが，まだ取消しがされていない間は売買契約は有効です。その結果，AがBに対してもっている「甲を引き渡せ」という債権も，BがAに対してもっている「代金を支払え」という債権も有効であり，❶におけるA・Bそれぞれの請求は認められます。

取消しがされた場合

CASE 11-11 ❷ では，5月10日に取消しがされています。この場合は，売買契約ははじめから，つまり5月1日に売買契約が締結された時から無効であったものとみなします。そのため，A・Bそれぞれが相手に対してもっていた債権も，はじめからなかったものになります。その結果，代金を受け取っていたBは，受け取った代金をAに返さなければなりません。また，甲の引渡しを受けてい

---

note

[3] **用語** はじめから効力が生じないことを，「遡って効力が生じない」と表現します。そしてこのような効力を，遡及効といいます。

たAは，甲をBに返還しなければなりません。つまり，❷では，A・Bそれぞれが，相手に対し，すでに渡したものの返還を請求することが認められます（ここでの返還請求は，121条の2第1項に定められている原状回復請求です[4]）。

2　取消権者 ●

取消しは，制限行為能力者や，錯誤，詐欺・強迫による意思表示をした者等を保護するためのしくみです。そのため，保護を受ける側の者しか，取消しができません。ここで，取消しをすることができる権利を取消権といい，この権利が認められる者を取消権者といいます。取消権者は，120条に規定されています。

取消権者	対応条文
制限行為能力者，制限行為能力者の代理人等	120条1項
瑕疵ある意思表示をした者（錯誤・詐欺・強迫による意思表示をした者），その代理人等	120条2項

3　取消しの方法 ●

取消しは，法律行為の相手方に対する意思表示により行われなければなりません（123条）。

4　追　認 ●

> **CASE 11-12**
> AはBからゴッホ作とされている絵画甲を5月1日に購入しました。5月8日に，知り合いの弁護士とともにAがBのところに甲を引き取りにいきましたが，甲をみて，甲がゴッホの絵ではないことに気づきました。一緒にいた弁護士に相談したところ，売買契約を錯誤により取り消すことができることを知りました。しかし，Aはその後，甲の作者はゴッホではないが別の著名な画家であることに気づき，今後甲の価値は高くなるのではないかと考え，そのままにしておこうかと思っています。

note ●

[4] 発展　なお，5月10日に取消しがされた際に，甲のAへの引渡しも，代金のBへの支払もされていなかった場合（未履行で取消しがされた場合），AもBも，相手からされた契約の履行請求を拒絶することができます。つまり，未履行の場合の最終的な効果は，無効の場合と同じということになります。

追認とは

CASE 11-12 では，A は，売買契約の追認をすることにより，売買契約の効力を確定することができます。追認とは，取り消しうる契約であるにもかかわらず，取り消さずにそのまま有効なものとして認めることです。追認をするということは，行使できるはずの取消権を放棄することを意味します。

追認は，相手方に対する意思表示によって行います（123条）。いったん追認がされると，その後，取消しをすることができなくなります（122条）。CASE 11-12 で，B から「売買契約を取り消しますか」とたずねられたところ，A が「いや，これでかまいません」と答えたような場合，A による追認があったものと認められます。A が B に追認の意思表示をすると，売買契約は確定的に有効なものとなります。

追認権者

追認をすることができる権利を追認権といい，この権利が認められる者を追認権者といいます。追認権者は，取消権者と一致します（122条。追認権者を「第120条に規定する者」と規定しています。追認は取消権の放棄だからです。120条に規定される者については，前頁を参照してください）。

追認の方法

追認は，相手方が確定している場合には，相手方に対する意思表示によって行わなければなりません（123条）。

追認の時期

(1) 追認ができる時期

追認は，いつでもできるわけではありません。

追認の効力が認められるためには，①取消しの原因となっていた状況が消滅し，かつ，②取消権を有することを知った後にしなければなりません（124条1項）。

(a) 取消しの原因となっていた状況の消滅　　追認の効力が認められるためには，取消しの原因となっていた状況が消滅しなければなりません。例えば，強迫されている状況で追認をしても，追認の効力は認められません。

(b) 取消権を有することを知った後　追認をするということは，行使できる
はずの取消権を放棄する，ということを意味します。放棄するためには，取消権
が発生していることを知っていなければなりません。

(2)　制限行為能力者に関する例外

以上の原則に対して，制限行為能力者がした行為の取消しの場合については，
例外が定められています。

それによると，法定代理人や保佐人・補助人といった，同意権を有する者が，
制限行為能力者に代わって追認をする場合は，「取消しの原因となっていた状況」
が消滅していなくても（つまり，(1)の(a)が満たされなくても），追認できるとされて
います（ただし，「取消権を有することを知った後」〔(1)の(b)〕であることは必要です）。
これは，（成年被後見人以外の）制限行為能力者が，法定代理人や保佐人・補助人
の同意を得て追認をする場合も同様です（124条2項）。

法定追認とは

(1)　法定追認とは

民法は，上記のような，取消権者が自発的に追認を行う場合だけではなく，追
認権者が「追認をすることができる時」以後に一定の行為をしたことにより「追
認をしたものとみなす」場合についても規定しています（125条）。これは法定追
認と呼ばれます。

追認したかのようにみえるものの，本当に追認の意思表示があったのかどうか
わかりにくい場合が多いと，法律関係が不安定になります。そのため，当事者が
追認の意思をもっていると強く推測されるいくつかの場合に，追認をしたものと
みなすことにしたのが，法定追認の規定が置かれている趣旨です。

法定追認となる行為[5]	125条
全部または一部の履行	1号
履行の請求	2号
更改	3号
担保の供与	4号
取り消すことができる行為によって取得した権利の全部または一部の譲渡	5号
強制執行	6号

例えば，CASE 11-12 では，A は，錯誤をしたことに気づいており，追認することができる状況になっています。このように，追認することができる時以後であっても，その契約を取り消そうとせず，絵画の引渡しを請求したような場合には，「履行の請求」（125条2号）に当たり，追認をしたものとみなされます。

(2) 追認をすることができる時

では，「追認をすることができる時」とはどのような場合でしょうか。例えば，錯誤が問題となっている場合や，詐欺・強迫が問題となっている場合には，錯誤の事実に気づいた時や，詐欺・強迫の状態から抜け出した時がそれに当たります。CASE 11-12 で，錯誤に気が付いたのが5月8日であるとすれば，その時から追認をすることができることになります。また，制限行為能力者が行為能力者となった時も同様です。制限行為能力者に法定代理人がいる場合は，その法定代理人が，制限行為能力者の行為を知った時です。

	「追認をすることができる時」
錯誤の場合	錯誤の事実に気づいた時
詐欺・強迫の場合	詐欺にあったことに気づいた時・強迫の状態から抜け出した時
制限行為能力者の場合	制限行為能力者が行為能力者となった時
	法定代理人が，制限行為能力者の行為を知った時

5 取消権の期間制限

取消権は，一定の期間がくると消滅します。法律行為の取消しがされず，いつ取り消されるかわからない状態が続くことは，相手方などの利害関係を有する者を不安定な立場に置き，好ましくないためです。

5年の期間制限

取消権者が「追認をすることができる時」から5年が経過することにより，取消権は消滅します（126条前段）。

note ──

⑤ 説明 125条各号の内容は3巻，4巻で学びます。詳しくはそれらの巻をみて下さい。

20年の期間制限

取消権は，取り消しうる法律行為がされた時から20年が過ぎた場合にも消滅します（126条後段）。

POINT

1. 法律行為が無効である場合，または取り消された場合，法律行為の効力は生じません。

2. 法律行為がなかった元の状況に戻すことを原状回復といいます。法律行為が無効である場合または取り消された場合において，その法律行為に基づく債務が履行されたときは，原状回復が必要です。

3. 原状回復は，①債務の履行として受け取った現物がある場合は，それを返還し，②現物がない場合は，その価値を金銭に代えて返還する（これを「価値償還」といいます）ことによって行われます。

4. 無効・取消しとなった法律行為が無償行為の場合，法律行為が無効・取り消しうる行為であることを知らなかった者は，現に利益を受けている限度において返還すれば足ります。

5. 無効・取消しとなった法律行為をした者が意思無能力者・制限行為能力者であった場合も，現に利益を受けている限度において返還すれば足ります。

6. 取消しが可能な場合，すでにされた法律行為はいったん有効なものとして認められるものの，取消しをすることによって法律行為ははじめから無効とみなされます。

7. 取消しをすることができる権利を取消権といいます。取消しは，取消権をもつ者（取消権者）しかすることができません。

8. 追認とは，取り消しうる法律行為であるにもかかわらず，取り消さずにそのまま有効なものとして認めることです。

9. 追認は，取消しの原因となっていた状況が消滅し，かつ，取消権を有することを知った後でなければできません。

10. 追認をすることができる時以後に，取り消すことができる行為について，履行等の一定の事実があった場合に，追認をしたものとみなされることがあります。これを法定追認といいます。

11. 取消権は，「追認をすることができる時」から5年間行使しないとき，または，取り消しうる法律行為がされた時から20年を経過したときは，消滅します。

第 12 章

代理とは・代理の要件
——代理①

第 12 章～第 14 章では，代理について学びます。すでにいろいろなところで扱いましたが，代理は，本人以外の者が，本人に代わって，本人のために法律行為をするためのしくみです。本章で学ぶ内容は，次のとおりです。

代理制度の目的

まず，代理というしくみ（「代理制度」と呼ぶことが多いですから，以下ではこの言葉も使います）がなぜ必要なのかを確認します（①）。

代理の要件　　📖99 条～106 条

次に，代理をするために何が必要なのか，つまり，代理の要件をみていきましょう（②）。

1 代理制度の目的

1 代理制度が必要なのはなぜか ─────────────●

代理のしくみ

はじめに，代理がどのようなしくみなのかをみましょう。

> **CASE 12-1**
> 　都会に疲れたサラリーマンAは，長年の夢だった田舎暮らしを始めるために，東京で自分が住んでいたマンションの一室（以下，「甲マンション」といいます）を売ろうと思っています。けれども，自分で相手を探してきて契約を結ぶのは無理そうですから，不動産の売買に詳しいBに依頼して，自分の代わりに甲マンションを売ってもらうことにしました。Bは，ちょうどマンションを探していたCを見つけて，Cとの間で，甲マンションを5000万円で売るという契約を結びました。

　まず，登場人物の呼び方を覚えましょう。CASE 12-1のAを本人，Bを代理人といいます。そして，Cを相手方といいます。代理は，法律行為に関するしくみですが，このように登場人物が3人いる点に特徴があります。

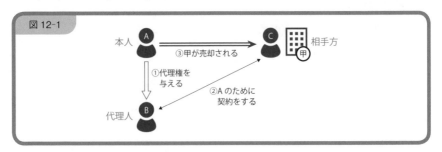

図 12-1

代理と私的自治の原則

　第6章では，法律行為について，どのような法律行為をするかは自分で決めなければならないという原則（私的自治の原則）があることを確認しました。ところが，代理の場合には，他人（＝代理人）がした行為によって本人が権利を得たり，義務を負ったりすることになります。

⇒84頁

このような取扱いは，私的自治の原則とどのような関係に立つのでしょうか。この点を，代理が活用される場面を想定しながら考えてみましょう。それには，大きく分けて2つのものがあります。

(1) 行動の範囲を拡げる

1つは，自分ができる活動の幅を拡げるためには，他人を使ったほうが便利だという場合です。先にみた CASE 12-1 が，そうでした。本人Aとしては，家を売る相手を自力で探すよりも，情報や経験が豊富なBの力を借りるほうが，自分にとっても満足のいく取引ができるでしょう。

(2) 行動を手助けしてもらう

代理が使われるもう1つの場面として，本人だけでは十分な判断ができないため，本人の決定をおぎなう必要がある場合が考えられます。

第3章でみたとおり，例えば，未成年者は，自分だけで契約を締結することはできません。行為能力が制限されているからです（5条）。そのため，未成年者は，①親権者の同意を得て自分で契約を結ぶか，②親権者に代わりに契約してもらわなければなりません。②の方法を選んだときに使われるのが，代理のしくみです。
⇒39頁

(3) 私的自治の原則と代理制度との関係

上にみた2つの例からは，次のようにいえます。他人に法律行為をしてもらうことは，私的自治の原則と相容れないようにみえます。けれども，「自分のことはすべて自分でしなければならない」というのでは，かえって本人の利益とならない場面があります。代理とは，そのような場面で，本人の利益を実現することを可能にする制度なのです。

とはいえ，法律行為のなかには，他人に任せられないものもあります。例えば婚姻（憲24条1項を参照）などのように[1]，本人自らが決定しなければならない行為（一身専属的な行為）については，代理は認められません。
⇒40頁

2 代理制度によって何ができるのか：代理の効果 ────●

このように，代理制度のポイントは，他人である代理人がした法律行為について，本人が，自分でその法律行為をしたのと同じように権利を得たり，義務を負

note ────────────────────────────────

[1] 説明 婚姻も法律行為（契約）の一種であることは，231頁などでみるとおりです。

ったりする点にあります（99条）。より正確にいうと，代理人Bの意思表示によって法律行為がされるけれども，その法律効果がBではなく本人Aに発生することが，代理の基本的なしくみです。これを，代理人がした法律行為の効果が本人に帰属すると表現します。

　それでは，こうした効果が発生するために，どのような要件を満たす必要があるのでしょうか。②では，その点を明らかにしましょう。

 代理の要件

　代理の要件は，次の３つです。代理の要件に関する議論は複雑ですが，どんな問題も必ずこの３つのどれかにかかわります。話がややこしく感じたら，どの要件を扱っているのかを再確認してください。

> ① 代理人が相手方との間で意思表示をしたこと（代理行為→ 1）
> ② 代理人が相手方に対して「本人のためにする」ことを示したこと（顕名→ 2）
> ③ 代理人が本人を代理する権限をもっていること（代理権→ 3）

1 代理行為

代理人による意思表示

　代理の要件として，まず，代理人が意思表示をすることが必要です。代理人による法律行為という意味で，これを代理行為といいます。

　民法は，代理行為として２種類のものを定めています。１つは，これまでにみてきたように，代理人が相手方に対して意思表示をするケースであり，能働代理と呼ばれます。99条１項が「代理人が……した意思表示」と定めているのが，これに当たります。

　もう１つは，代理人が本人のために意思表示を受ける場合であり，受働代理と呼ばれます。99条２項が「第三者が代理人に対してした意思表示」と定めているのが，これに当たります。例えば，CASE 12-1 で，Cのほうから「甲マンションを売ってほしい」との申込みの意思表示（⇒第 6 章）がBにされたときは，Bは，Aの代理人としてこの意思表示を受けることができます。

代理行為の瑕疵

CASE 12-2

CASE 12-1 の A は，甲マンションを売ろうと思い，その代理を B に依頼しました。B は，C から，「近くで土壌汚染が発覚したから，このあたりの不動産の価格も暴落するだろう。でも，自分にはうまく売るアテがあるから，いまなら 1000 万円で買ってやろう」と言われ，これを信じて，C に甲マンションを 1000 万円で売ってしまいました。その事情を聞いた A は，「そんな馬鹿な話があるわけないだろう」と B に言って，契約を白紙にするよう強く求めました。実際にも，C が言ったことは全部嘘で，甲マンションの本当の価値は 5000 万円でした。C から甲マンションの引渡しを迫られた A は，これに応じなければならないでしょうか。

第 8 章・第 9 章でみたように，意思表示の内容や形成過程に瑕疵がある場合（錯誤や詐欺など）には，その契約は取り消すことができます。もっとも，代理の場合には，意思表示に瑕疵があったかどうかを本人と代理人のどちらについて判断するかが問題になります。CASE 12-2 では，代理人である B は詐欺（96 条 1 項）^{⇒132頁}によって契約を結んでいますが，本人である A は C の嘘を見抜いています。ですから，もし本人について瑕疵があるかどうかを判断するならば，詐欺は成立しないことになりそうです。

この問題について，民法は，意思表示に瑕疵があったかどうかは，代理人を基準として決めるとしています（101 条 1 項）。代理は，本人のために代理人が意思表示をするしくみですから，意思表示に瑕疵があったかどうかも代理人について決めなければならないのです。

CASE 12-2 では，C の詐欺行為によって A の代理人である B が錯誤に陥ったのですから，この契約は取り消すことができます（96 条 1 項）。つまり，A は，C から甲マンションの引渡しを求められても，契約を取り消してこれを拒否することができます^{⇒167頁}（120 条 2 項）。

代理人の行為能力

CASE 12-3

自然豊かな田舎の村に住む D は，同じ村にある土地と建物（合わせて時価 1000 万円。以下，土地・建物をまとめて「乙不動産」といいます）を親から相続しましたが，

自分で使う予定はないので，だれかに売ろうと考えています。Dは，周囲の人から，「村の土地のことは，村のことを一番よく知っている長老のEに頼むべきだ」と勧められたため，自分の代理をEに依頼しました。ところが，Eが，乙不動産をわずか200万円でFに売ってしまったので，Dはとても後悔しています。

　ところで，Eについては，乙不動産の売買契約を締結するよりも前に，家族が申立てをして，成年後見開始の審判がされていました。そのことを理由として，Eが締結した乙不動産の売買契約を取り消すことはできるでしょうか。

(1) 任意代理の場合

　第3章でみたとおり，制限行為能力者がした行為は取り消すことができます。成年被後見人等の制限行為能力者は，取引の利害を十分に理解することができないおそれがあるからです。

　代理の場合には，意思表示をするのは代理人です。そうすると，CASE 12-3では，代理人であるEが成年被後見人なのですから，本人Dは，Eがした法律行為を取り消して，乙不動産がFの手に渡ることを防ぐことができそうです。

　ところが，民法は，代理人が制限行為能力者であったことを理由としては，代理人がした法律行為を取り消すことはできないとしています（102条本文）。その理由はこうです。制限行為能力者が自分のした法律行為を取り消すことができるのは，不十分な理解に基づく法律行為に拘束されると，制限行為能力者自身の利益が害されるおそれがあるからです。ところが，代理人は，あくまで本人のために行為するわけですから，不利益な内容の契約を結んでも自分自身が不利益を受けることはありません。ですから，本人さえよければ，制限行為能力者による代理を認めても都合が悪いことはないのです。たしかに，本人は不利益を受けるでしょう。けれども，それは，そのような人を代理人に選んだ本人自身の責任だというわけです。

(2) 法定代理の場合

　これに対して，法定代理の場合には，本人が自分で代理人を選ぶわけではありませんから，代理人が制限行為能力者であることにつき，選んだ本人の責任は問えません。そのため，法定代理人が制限行為能力者である場合には，行為能力の制限を理由として代理人による法律行為を取り消すことができます（102条ただし書）。

代理と区別しなければならない場面：使者

CASE 12-4

Aは，甲マンションをCに売りたいと考えています。そこで，「甲マンションを5000万円で買ってほしい」というC宛ての手紙を書き，これをCのもとに届けるよう，Bに依頼しました。

本人から法律行為に関する依頼を受けたからといって，常に代理の問題になるとは限りません。CASE 12-4のBは，手紙を届けることを頼まれただけです。このように，本人がした意思表示を伝達する役割を果たす者は，代理人ではなく，使者と呼ばれます。手紙を届けてくれる郵便屋さんも，一種の使者だといえます。

代理人と使者とは，どこがどう違うのでしょうか。ここでも，「代理人が意思表示をする」という考え方が重要です。CASE 12-4では，甲マンションをCに5000万円で売るという意思（＝効果意思）はAが決めていて，BはそれをCに伝えているだけです。Aが意思の内容を決めている以上，Bが意思表示をしたとはいえないのです。

2 顕 名

代理の2つめの要件として，代理人は，「本人のためにすることを示して」意思表示をしなければなりません（99条1項）。当事者となる者の名前を明らか（＝顕らか）にするという意味で，これを顕名といいます。

なぜ顕名が必要なのか

CASE 12-5

CASE 12-1のAは，ついに仕事を辞めて，田舎の家を買うために，不動産の購入の代理をBに委任しました。Bは，ちょうど，乙不動産を売ろうとしていたCASE 12-3のDを見つけて交渉し，「Aの代理人B」と署名して，乙不動産を1000万円で買う契約を結びました。

BはAの代理人として契約を結んでいますが，相手方であるDは，Bが「自分はAの代理人だ」と伝えなければ，Aと契約を結ぶのだとはわかりません。

Bは，顕名をすることで，だれに法律行為の効果が帰属するかをDにわかるように しなければならないのです[2]。

CASE 12-5のように「Aの代理人B」というように肩書き付きで署名してあれば，BがAの代理人であることは，Dからみても明らかです。ですから，CASE 12-5では顕名があったといえます。

顕名をしなかった場合

> ### CASE 12-6
>
> CASE 12-5のBは，Aを代理するつもりで「B」とだけ署名して，乙不動産を1000万円で買う契約をDとの間で結びました。Dとの契約は，A・Bどちらとの間で成立するでしょうか。

CASE 12-6では，Bは，「B」とだけ署名しています。これでは，BがAの代理人として契約をしたことが相手方Dにはわかりませんから，顕名があったとはいえません。こうした場面について，民法は，次のような解決を定めています[3]。

まず，Bが顕名をしなかったときは，Bの法律行為は，B自身のためにしたものとみなされるのが原則です（100条本文）。つまり，その場合には，B自らが契約の当事者となり，後から「実は自分はAの代理人なのだ」と主張することは許されません。

ただし，顕名がなくても，「Bは，実はAの代理人として契約をしたのだ」ということをDが知っていたか，知ることができたときは，Aに効果が帰属します（100条ただし書）。そうしても，Dが不利益を受けることはないからです。

---

note •

[2] 説明 「本人のために」というのは，「本人に効果を帰属させるために」という意味です。結果として本人に不利益が生じた場合や（CASE 12-3を参照），そもそも本人に利益を得させる意思がなかった場合でも（第14章での代理権濫用の説明を参照），代理行為の時に本人に効果を帰属させることを示した以上，顕名がなかったことにはなりません。

[3] 説明 どうせ家は売れるのだから，相手はだれでもよいではないかと思うかもしれませんが，そんなことはありません。例えば，CASE 12-5のBが大手不動産業者だったとしましょう。大手不動産業者であるBならば信用があるからと思ってBに売ったのに，実は別人Aが契約の相手方だったというのでは，Dは不利益を受けることになりかねません。Aには代金を支払うだけのお金がないかもしれないからです。このように，だれが相手方になるかは，重要なことなのです。

3　代理権

　3 つめの要件として，代理人には，代理行為をした当時，本人のために法律行為をすることができる権限がなければなりません。そのような権限を代理権といいます。

代理権の授与

　代理権はどのようにして与えられるのでしょうか。大きく分けて 2 つの方法があります。

(1)　任意代理

　まず，本人と代理人が契約をすることで代理権が与えられる場合があります。これを任意代理といいます。

　代理権を与える契約は，一定の事務を他人に委託する契約[4]，つまり委任契約（643 条）であることが普通ですから，民法は，「委任による代理」という言葉を使っています（104 条等）。けれども，委任契約以外の契約から代理権が発生することもありますから[5]，それらも含めて任意代理と呼ぶのが一般的です。

　冒頭の CASE 12-1 では，A は，甲マンションを売ることを B に依頼してい

note

[4]　**用語**　「事務」という言葉は，日常用語では書類の作成や整理のような作業を指すことが多いですが，ここでは，委託された行為のことを広く指します。例えば，委任契約では，「委任事務」という言葉が使われます（644 条）。詳しくは 5 巻で学びます。

[5]　**説明**　例えば，雇用契約（623 条）から代理権が発生することもあります。

ました。この依頼が委任契約です。これによって，AはBに代理権を与えた（＝代理権を授与した）わけです。

Column 20 　代理権授与のしくみ

代理権授与の法的なしくみについては，正確にみるとかなり複雑な議論があります。ここでは，ポイントだけを押さえましょう。重要なのは，2つの関係を区別することです。

1つは，相手方との間で，法律行為の代理をする関係です。このような，本人（A）・代理人（B）と相手方（C）との関係を外部関係といいます。これに対応して，本人と代理人間で結ばれる契約のなかでも，相手方

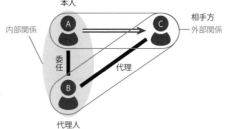

との間で法律行為をするために「代理権を与える」という部分だけを取り出して，代理権授与行為と呼ぶこともあります。

もう1つは，本人が代理人に法律行為などの事務を依頼する関係です。本文でみたとおり，普通，これは委任契約によって行われます。こうして生じる本人と代理人との関係を内部関係といいます[6]。

この巻で学ぶのは，以上のうち，外部関係の問題です。けれども，代理をめぐる問題の全体像を理解するためには，内部関係である委任契約の問題にも気を配らなければなりません。

例えば，CASE 12-1 で，甲マンションの価値が本当は 5000 万円なのに，代理人Bによる査定が甘かったせいで，これを 4000 万円で売ってしまったとします。Bは，甲マンションを 5000 万円で売るチャンスを不注意で逃してしまい，Aに 1000 万円の損害を与えています。けれども，この場合にも，BはAから与えられた代理権に基づいて売買契約を結んでいますから，外部関係をみれば，Cとの間では売買契約が有効に成立します。

そうすると，Aは，1000 万円の損を回復することはできないのでしょうか。そういうわけではありません。内部関係である委任契約では，代理人（＝受任者）は，本人（＝委任者）に損害が生じないように注意して委任事務を行わなけ

---

note

[6] 用語　本人と代理人との間の委任契約（内部関係）の観点からみると，事務を委託する本人は「委任者」，委託を受ける代理人は「受任者」と呼ばれます（644条を参照）。

ればなりません（644条）。ですから，上の例のBがこの義務を尽くさなかったとすれば，Aに対して損害賠償（415条1項本文）をしなければなりません。

内部関係に関するルールは，契約法（→5巻）で学びます。ここでは，任意代理の問題が，契約法とも深くかかわっていることに注意しましょう。

(2) 法定代理

任意代理に対して，法律によって代理権が与えられる場合は，法定代理と呼ばれます。先にみた親権者や成年後見人（⇒第**3**章）が代理をする場合が，これに当たります。この場合には，本人を保護・支援するために代理が認められているのです。

法定代理の場合には，本人が代理人を選ぶわけではありませんから，任意代理と同じルールを適用するわけにはいかないこともあります。どのような場面で，なぜ違いが生じるのかに注目しましょう。

┃ 代理権の範囲 ┃

代理人がした法律行為の効果が本人に帰属するためには，その法律行為をするための代理権が与えられていなければなりません。例えば，マンションを売ることを頼まれた代理人が，マンションを買うことはできません。

代理権の範囲は，任意代理の場合には契約によって決まりますし，法定代理の場合には法律によって決められているのが普通です。しかし，代理権の範囲が明らかではないこともあります。次の例をみましょう。

CASE 12-7

考古学者Gは，アマゾンの奥地にあるとされる古代文明の謎を追って長期発掘に出かけることになり，「10年は帰らない覚悟だが，自分が戻るまで家をみておいてくれ」と，友人Hに自分の代わりを頼みました。しかし，研究以外のことには気が回らないGは，そう言ったきり，細かなことは何も指示せずに旅立ってしまいました。しばらくして，台風のせいでGの家の屋根が傷んでしまい，その修繕をしなければならなくなった時に，Hは，「アマゾンの奥地にいるGとはどうせ連絡もつかないし，いっそのことリフォームでもしてだれかに貸そう」と考えました。Hは，Gの代理人として家のリフォーム契約を締結することができるでしょうか。

CASE 12-7 では，代理権の範囲を決めていないからといってHが何もできないのでは，代理権を与えた意味がなくなってしまいます。そこで，民法は，このような場合にも，保存行為（103条1号）と一定の利用・改良行為（同条2号）はできることとしました。保存とは，物の価値を維持すること（屋根の修繕など），利用とは，物を使うこと（短期間，家を人に貸すこと），改良とは，物の価値を高めること（システムキッチンの設置など）をいいます。

これらの行為が許されるのは，普通であれば本人も望むことですし，かりに本人が望まなくても取返しのつかないことにはならないからです。そうである以上，「代理の目的である物又は権利の性質を変えない」（103条2号）という条件でしか，利用・改良はできません。

したがって，CASE 12-7 では，屋根の修繕はできますが，修繕の範囲を超える規模のリフォームはできません。

▌代理権の消滅 ▌

本人について代理の必要がなくなったり，代理人が死亡するなどして代理を続けられなくなったりしたときは，代理権は消滅します。

代理権が消滅する原因は，①本人について生じた事情，②代理人について生じた事情，そして，③代理権の根拠となる委任契約に関する事情の3つに整理することができます（次の表をみてください）。具体的にどのような場合に代理権が消滅するかは，表の下段を参照してください。

本人側の事情 （111条1項1号）	代理人側の事情 （111条1項2号・2項）	委任契約の終了 （111条2項）
・死亡	・死亡 ・破産手続開始決定 ・後見開始の審判	左に掲げた事由以外に…… ・委任契約の解除（651条1項） ・委任者の破産手続開始決定（653条2号）

復代理

> **CASE 12-8**
>
> CASE 12-7 の G は，発掘に行った先々で集めた各国の少数民族のお面
> も処分しようと思い，アマゾンに発つ前に，その売却も H に依頼していま
> した。しかし，H は，引受けはしたものの，お面の価値などわかりません
> から，少数民族の装飾品を集めている I にも代理人になってもらいたいと考
> えています。H は，G の代理を I にさせることができるでしょうか。

(1) 復代理とは

代理人は，一定の場合には，自分のほかに本人を代理する者を選ぶことができ
ます（復任といいます）。これを復代理といい，こうして選任された者を復代理人
といいます。復代理人が選ばれると，本人が代理人に与えた代理権の範囲内で本
人を代理することができる者が，さらに増えることになります。

復代理人（I）は，あくまで本人（G）の代理人であって，代理人（H）の代理
人ではありません。かりに CASE 12-8 で復代理が認められると，I は，H のた
めではなく，G のためにすることを示して，お面を売る契約を締結することにな
ります。

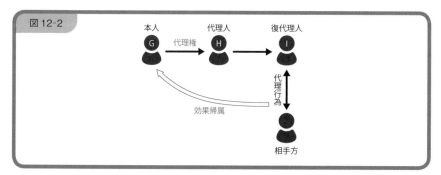

図 12-2

(2) 復代理の要件・効果

どのような場合に復代理が認められるか，また，どのような場合に自分が選ん
だ復代理人について代理人が責任を負うかについては，任意代理と法定代理とで
異なるルールが設けられています（次頁の表をみてください）。一言でいえば，任
意代理の場合のほうが，復代理人を選任することができる場合が狭く，代理人が
負う責任も厳格です。その理由は，こうです。任意代理人は，その人を信用して

	任意代理	法定代理
復代理人を選ぶことができる場合	・本人の許諾を得たとき ・やむを得ない事由があるとき（104条）	・いつでも可能（105条）
本人に対する責任の軽減	なし	（やむを得ない事由があるとき） ・復代理人の選任・監督についてのみ

本人が選ぶものですから，代理人自身が代理行為をすることが期待されます。また，それが困難なときは，代理人は辞任することができます（651条1項）。

これに対して，法定代理の場合には，本人が代理人を選ぶわけではないうえ，辞任も簡単ではありません（例えば844条を参照。家庭裁判所の許可が必要です）。ですから，自分で代理をすることが難しい場合に備えて，復代理人を選ぶことができる余地が広く認められており（105条前段），また，代理人が本人に対して負う責任も軽くなっています。具体的にいうと，やむを得ない事由があって復代理人を選任する場合には，不適任な復代理人を選んだり，復代理人の監督を怠ったりしたときしか，本人に対する責任を負いません（同条後段）。

CASE 12-8 では，Hは任意代理人ですから，本人であるGの許諾を得るか，やむを得ない事由があるときでなければ，Iを復代理人に選ぶことはできません（104条）。「お面の価値がわからない」というだけでは，やむを得ない事由があるとはいえないでしょう。Gは，Iの助言を得るなどして，自分でお面を売却するほかありません。

1 法律行為の代理をするためには，①代理人が，本人のために法律行為をすること（代理行為），②代理行為の際に，本人のためにすることを示すこと（顕名），③代理行為の際に，代理権が与えられていること（代理権授与）が必要です。

2 代理行為は，代理人が本人のためにする法律行為ですから，法律行為の有効性は代理人を基準として判断します。したがって，代理行為に瑕疵があったかどうかは，代理人を基準として判断します。ただし，代理人の行為能力は，任意代理の場合には問われません。

3 代理人が顕名をしなかった場合には，代理行為の効果は，本人ではなく，代理人に帰属します。ただし，代理人が本人のために法律行為をしたのだということを，相手方が知っていたか，知ることができたときは，その効果は本人に帰属します。

4 任意代理の場合には，委任契約をはじめとする法律行為によって，代理権が授与されます。代理権が与えられていない事項について代理行為をした場合には，無権代理となり，その効果は本人には帰属しないのが原則です。

5 代理人が復代理人を選任したときは，復代理人は，本人が代理人に与えた代理権の範囲内で，本人を代理することができます。

第13章

無権代理・表見代理
——代理②

無権代理とは

第12章では，代理の基本的なしくみを学びました。そこでみたとおり，代理の要件は3つあります。①代理行為，②顕名，③代理権です。

本章と次の第14章では，これらの要件のうち，③代理権がなかった場合にどうなるかを学びます。このような場合を無権代理（むけんだいり）といいます。

⇒186頁

この章で学ぶこと　　📖 109条〜116条

無権代理の場合には，代理の要件がそろわない以上，代理行為の効果は本人には帰属しないのが原則です（113条1項）。本人はそれで一安心でしょう。けれども，取引の相手方は，本人に契約の効果が帰属しないために不利益を受けることがあります[1]。

そこで，民法は，無権代理の相手方を保護するためにいくつかの手当てを定めています。特に重要なのは，次の2つです。

第1に，民法は，本人の側から「無権代理だ」という主張をできなくすることで，代理行為の効果が例外的に本人に帰属する場合を認めています。これを表見代理（ひょうけんだいり）といいます。

第2に，無権代理をした代理人（無権代理人といいます）の責任を追及するという方法があります（無権代理人の責任）。

本章では，無権代理の基本事項を確認してから（①），これら2つのしくみのうち，表見代理について学びます（②）。無権代理人の責任は，次の第14章で学びます。

1 無権代理の基本事項

1 どのような場合に無権代理の問題が生じるのか ────────●

代理権がないこと

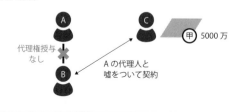

> **CASE 13-1**
>
> 　各地を転々として借金をこしらえていたBは，遊ぶ金欲しさに，父Aが所有する甲土地（評価額5000万円）を売って，その代金を持ち逃げしようとくわだてました。Bは，A宅に忍び込んで書類や印鑑を持ち出したうえで，「Aは，自身が所有する甲の売却をBに委任します」と書かれた委任状を偽造し，これを持ってCのところへ行き，自分はAの代理人だと嘘をついて5000万円で甲を売却するという契約を結んで，甲をCに引き渡しました。

CASE 13-1 では，Aは，甲土地の売却をBに委任していません。それなのに，⇒191頁

note ──────────────────────────────

[1] **説明**　無権代理を学ぶときには，「本人に代理行為の効果が帰属しないと，相手方が不利益を受ける」という説明がよく出てきます。この説明が出てきたときは，次のような場合をイメージしてください。CASE 13-1で，Cが，Dが所有している別の土地を買うことも検討していたけれども，Bとの話がまとまりそうだったので，Dからの購入を断ったという事情があったとしましょう。その後，Bの代理行為が無権代理だったことが発覚したものの，その時点ではDの土地はもう売れてしまっていて，希望に合う土地を買いそびれたとすると，Cは，よい土地を手に入れる機会を失ってしまいます。このような状況を，「相手方の不利益」と考えているのです。

Bは，Aの代理人であると顕名して甲をCに売却しています。このように，代理行為はされたけれども，代理行為の時点でこれに対応する代理権がなかった場合に，Bの行為は無権代理となります。

代理権がない以上，代理の要件はそろいませんから，BがAを代理して締結した甲の売買契約の効果は，Aには帰属しません。したがって，Cは，甲を買い取ったことにはならず，Aが所有する甲を何の権利もなしに占拠していることになります。ですから，Aは，Cから甲を返してもらうことができます。

追認がないこと

もっとも，無権代理ではあっても，代理行為の効果を自分に帰属させてもかまわないと本人が考えることもあります。

> **CASE 13-2**
> CASE 13-1 のAは，わが子を犯罪者にしてしまうのは忍びないと考え，今回ばかりはBを見逃してやろうと考えました。そこで，Aは，Cに対して，「甲土地を売ることを認めます」と伝えました。それでも，Bの行為は無権代理なのでしょうか。

上でみたとおり，Bは，Aから委任を受けずに甲土地を売却したわけですから，Bの行為は無権代理です。しかし，CASE 13-2 では，A自身が，Cに対して，Bがした法律行為を後から認めています。

このように，本人が無権代理行為に対して事後に同意を与えることを追認といいます（113条1項）。追認をすると，本人が追認をした時点からではなく，無権代理人が代理行為をした時点からすでに代理権があったものとして扱われます（116条本文）。このように，追認の効果が遡って生じることを，追認の遡及効といいます。
⇒177頁

これを CASE 13-2 についてみれば，本人Aが相手方Cに対して，無権代理人Bがした無権代理行為（甲の売買契約）を追認したときは[2]，無権代理の問題は生じません。

---

note ─────────────────────────────────────

[2] **説明** 追認は，意思表示の一種です。相手方に対してするのが原則ですが，例外的な取扱いも認められています（113条2項）。

2　相手方の催告権・取消権

以上のとおり，無権代理行為の相手方は，本人から無権代理行為の追認がされれば，その契約を履行しなければなりません。これに対して，追認が得られなければ，受け取った物があれば本人に返さなければなりませんし，もし望むならば，別の人との間で取引をやり直す準備も始めることでしょう。

こうした不安定な状況がいつまでも続かないようにするために，民法は，相手方に２つの権利を与えて，その立場がすみやかに確定されるようにしています。

１つは，本人に対して，追認をするかどうかについての最終的な返答（＝確答）を求める権利です。これを催告権といいます（114条）。期間内に本人からの確答がないときは，追認は拒絶されたものとみなされます（同条後段）。

もう１つは，本人との間で取引をすることをあきらめて，相手方の側から無権代理行為の効力を否定する権利です。これを取消権といいます（115条）。

② 表見代理

1　どのような場合に表見代理の問題が生じるのか

表見代理とは

本人が無権代理行為を追認しなかった場合であっても，相手方が「代理人に代理権がある」と信じるのがもっともな事情があったときは，例外的に，代理権があったのと同じように本人への効果帰属が認められることがあります。これを表見代理といいます。代理権があったかのように扱われますが，表見代理はあくまで無権代理の一種です[3]。

どのような場合に表見代理が成立するかを，前章でもみた次の表を使って整理しましょう。表見代理が成立する場合には，表の枠囲み内にある a, b, c の３つがあります。どれか１つの要件が満たされると，③の要件が満たされなくても，

note

[3] 説明　ですから，第三者は，表見代理が成立する場合であっても，表見代理を主張せず，第 14 章でみる無権代理人の責任を追及することもできます。

代理が有効に行われたかのように扱われるのです。

① 代理人が相手方との間で意思表示をしたこと（代理行為）
② 代理人が相手方に対して「本人のためにする」ことを示したこと（顕名）
③ ~~代理人が本人を代理する権限をもっていること~~（~~代理権~~）← 満たさない（無権代理）

　　a　代理権授与の表示による表見代理（109条→②）
　　b　権限外の行為による表見代理（110条→④）
　　c　代理権消滅後の表見代理（112条→③）

　以下では、a，b，c について検討します。ただ，説明の都合上，条文とは順序を変えていますから注意してください。

表見代理のしくみ

　はじめに，表見代理の全体に関することを述べておきます。表見代理には3種類のものがありますが，いずれについても，判断にあたって重要な3つのポイントがあります[4]。

① 代理権があるという外観が存在すること（虚偽の外観の存在）。
② その外観を作ったのが本人自身であること（外観を作り出したことに対する本人の帰責性）。
③ 第三者がその外観を信じたこと（外観に対する第三者〔≒相手方〕の信頼）。

　表見代理は，表見法理の一種です。したがって，その要件の骨格は，94条2項と同じです。⇒100頁
　第三者が虚偽の外観を信頼するという点は，表見代理の3つの場合（上記のa～c）を通じてほとんど同じです。大きな違いは，本人がどのように虚偽の外観

note
━━━◆

[4] **用語**　表見代理に関する109条，110条，112条においては，「本人」「代理人」「第三者」という文言は使われていません。まず，109条1項や112条1項では，代理人にあたる人物を「他人」と定めています。代理権が与えられていない以上，「代理人」とはいえないからです。これに対して，110条では，後述のとおり，何らかの代理権が与えられていたことが要件とされますから，「代理人」という文言が使われています。次に，相手方に当たる者は，「第三者」とされています。法律行為の効果が当然に帰属しない以上，「相手方」とはいえないからです。「第三者」という文言が使われるのは，94条2項等と同じく，虚偽の外観（代理権があるかのような外観）を作り出すことに関与しなかった者であることを表すためだと考えられます。

を作り出すかという点に現れますから，以下では，まずはこの点に注意してください。

2　代理権授与の表示による表見代理（109条）

CASE 13-3

　Aは，自身が経営するやきとり屋の営業資金を得るために，甲土地（評価額5000万円）を売ろうと思い，複数の不動産会社を経営している知人に相談したところ，「私が経営する会社で代理人を引き受けるから，受任者の名前を空欄にして委任状を作ってください」との返事をもらいました。そこで，Aは，言われたとおりに委任状を作成して知人に渡しました。ところが，その知人は，自分の会社とは無関係で，不動産に詳しいわけでもないBに甲の売却を任せました。Bは，委任状の受任者欄に自分の名前を記入して，Aの代理人だといってCに委任状を示し，甲を5000万円でCに売却しました。

　その後，甲の価格が7000万円に値上がりしたため，Aは，甲を売ったことを後悔しています。そこで，Aは，「自分はBには代理権を与えていないから，無権代理だ」と主張しています。Cは，甲をAに返さなければならないでしょうか。

問題となる場面

　代理権の授与は，本人と代理人との間での契約によってされなければなりません。ところが，CASE 13-3では，A・B間では何の契約もされていませんから，⇒191頁
AからBに代理権が与えられてはいません。そればかりか，Aは，「知人が経営する会社」を代理人にしようと考えたのであって，それとは無関係のBに代理権を与える意思はありませんでした。つまり，CASE 13-3でBがAのために結んだ売買契約は，無権代理です。

　けれども，相手方Cの立場はどうでしょうか。Aが自ら作成した委任状に「Aが甲土地の売却をBに委任した」と記載されている以上，「Bには代理権がない」と見抜くのは難しいでしょう。

　このような場合に，代理権を与えたという通知をCに対してしたというAの帰責性に着目してAの責任を認めるのが，代理権授与の表示による表見代理（109条）です。

要件・効果

(1) 規定の解釈

代理権授与の表示による表見代理によって本人（A）に代理の効果が帰属するためには，本人が，第三者（C）に対し，他人（B）に「代理権を与えた」という表示（代理権授与の表示）をしたうえで，その他人が，その代理権の範囲内で，第三者との間で法律行為をする必要があります（109条1項本文）。CASE **13-3** では，A は白紙委任状[5]を作って渡しており，これに「B に甲の売却を委任した」と書き加えられて C に示されたことで[6]，代理権授与の表示がされています[7]。したがって，A は，B が A の代理人として結んだ売買契約について「責任を負」います。

ただし，その場合でも，第三者が，その他人が代理権を与えられていないことを知り，または過失によって知らなかったときは，A は，以上の「責任を負」いません（同項ただし書）。

なお，ここで本人（A）が「責任を負う」とは，正確にいえば，本人（A）の側からは，相手方（C）に対して，「代理人（B）に代理権を与えなかったから，代理行為の効果は自分には帰属しない」と主張することができないということです。これに対して，第三者のほうでは，表見代理を主張してもよいですし，第 **14** 章で学ぶ無権代理人の責任を主張することもできます。

⇒213頁

(2) 事例の解決

これを CASE **13-3** についてみると，B は，A が作成し，B に甲の売却を委任したとの記載が加えられた委任状を示して，C との間で，A の代理人として売買契約を締結しています。そして，白紙委任状を渡した A には，B への代理権授

---

note

[5] **用語** 白紙委任状とは，委任する事項や相手方など，委任状の一部を空欄にしておいて，その点をだれかに書き加えてもらうようにしたものをいいます。

[6] **説明** 正確にいえば，この場合には，B は，A の使者として C に委任状を示したということになります（使者については，189 頁を参照）。

[7] **説明** CASE **13-3** では，受任者の欄が空欄にされた白紙委任状が使われていますが，判例は，そのような白紙委任状を渡すことは，代理権授与の表示となるとしています（最判昭和 42 年 11 月 10 日民集 21 巻 9 号 2417 頁）。これに対して，受任者だけでなく，委任事項も空欄にされていて，しかも，委任事項としても本人が予定していたのとは違う内容が書き加えられた場合には，もはや代理権授与の表示があったとはいえないとしました（最判昭和 39 年 5 月 23 日民集 18 巻 4 号 621 頁）。そのような場合にまで，本人に代理行為の効果を帰属させるべきではないとしたわけです。

与の表示について帰責性が認められますが，Ｃにはその表示を信じたことに過失はありません。したがって，Ｂによる代理行為の効果がＡに帰属し，Ｃが甲の所有者となる（その反面，Ａが所有権を失う）ため，Ｃは，甲の返還に応じる必要はないこととなります。

3　代理権消滅後の表見代理（112条）

CASE 13-4

　Ａは，自身が経営するやきとり屋の営業資金を得るために，甲土地（評価額 5000万円）を売ろうと思い，知人Ｂに甲の売却を委任し，委任状等の書類と印鑑をＢに渡しました。さっそく，Ｂは，Ａの代理人としてＣと間で売却交渉を始めましたが，それから 2 週間後，Ａは，「銀行から営業資金を借りられることになったから，甲の売却は取りやめにしたい。だから，もう売却の委任も終わりにする」とＢに伝えました。けれども，Ａは，書類一式と印鑑をＢに預けたままにしていました。Ｂは，その後もＣとの間で交渉を続け，Ａから預かった書類と印鑑を使って，Ａの代理人だといって，甲を 5000 万円でＣに売却しました。

　Ａは，「売却の時にはＢにはもう代理権がなかったのだから，無権代理だ」と主張しています。Ｃは，甲をＡに返さなければならないでしょうか。

問題となる場面

　どのような場合に代理権が消滅するかは，前章で説明しました。CASE 13-4 ⇒194頁 では，本人Ａと代理人Ｂとの間の契約（＝委任契約）が終了した（651条1項）のに伴って，Ｂの代理権も消滅します。

　けれども，相手方Ｃの立場はどうでしょうか。Ｂがまだ書類一式や印鑑を持っている以上，「Ｂにはもう代理権がない」と見抜くのは難しいでしょう。

　このような場合に，代理権の消滅をＣに対して示さなかったというＡの帰責性に着目してＡの責任を認めるのが，代理権消滅後の表見代理（112条）です。

要件・効果

(1)　規定の解釈

　代理権消滅後の表見代理によって本人（Ａ）に代理の効果が帰属するためには，まず，本人が他人（Ｂ）に与えた代理権が消滅した後に，その他人が，その代理権の範囲内で，第三者（Ｃ）との間で法律行為をする必要があります。その際，

第三者は，代理権の消滅につき善意でなければなりません（112条1項本文）。以上の要件が満たされたときは，Aは，BがAの代理人として結んだ売買契約について「責任を負」います。「責任を負う」というのは，2で109条1項本文について述べたのと同じ意味です。

ただし，その場合でも，第三者が，代理権の消滅を過失によって知らなかったときは，本人は，以上の「責任を負」いません（112条1項ただし書）。

(2) 事例の解決

これを CASE 13-4 についてみると，Aが甲の売却の委任を終わりにするとBに伝えたことで，BがAを代理する権限は消滅しています。それにもかかわらず，Aが代理権の消滅をCに示さなかったために，Bは，以前に与えられていた代理権に従って，Cとの間で，Aの代理人として売買契約を結びました。そのうえで，Cが，自分は代理権の消滅について善意だと証明することができたときは，Bによる代理行為の効果がAに帰属し，Cが甲の所有者となる（その反面，Aが所有権を失う）ため，Cは，甲の返還に応じる必要はないこととなります[8]。

4　権限外の行為の表見代理（110条・109条2項・112条2項）──●

▌権限外の行為▐

CASE 13-5
　Aは，自分が経営するやきとり屋の営業資金を得るために，甲土地（評価額5000万円）に抵当権を設定することを息子Bに委任しました。ところが，ひそかにあちこちで借金をしていたBは，甲を売って，その代金を持ち逃げしようと計画しました。Bは，Aから受けた委任状に手を加えて，あたかも甲の売却を委任されたかのように装って，Cに対して5000万円で甲を売却し，その代金を自分のものにして行方をくらましました。
　Aは，「Bに甲の売却まで委任したことはないのだから，無権代理だ」と主張しています。Cは，甲をAに返さなければならないでしょうか。

note ────────────────────────────────●

[8] 発展　Aとしては，不法行為に基づく損害賠償として，Cに売られた甲土地に相当する額をBから支払ってもらうことになります（709条）。けれども，例えばBが行方をくらました場合などには，Bをつかまえてお金を返してもらうことは，実際には非常に難しいのです。

(1) 問題となる場面

⇒253頁

CASE **13-5** で代理人Bが委任されたのは，甲土地への抵当権の設定であって，甲土地の売却ではありません。したがって，Bは，本人Aから与えられたのとは異なる事項について代理行為をしています。Bの行為は，やはり無権代理です。

ところで，CASE **13-5** の状況は，CASE **13-1** とも似ています。しかし，何らかの法律行為をするための代理権がBには与えられてはいますから，その点で，CASE **13-1** とは違います（この代理権を基本代理権といいます。表見代理を認めるための基本となる代理権という意味です）[9]。Bは，Aから任された範囲に含まれない事項について，代理行為をしたわけです。

このような場合に，信頼のおけないBを代理人に選んだというAの帰責性に着目してAの責任を認めるのが，権限外の行為による表見代理（110条）です。

Column 21　法定代理人の行為についても表見代理は成立するか？

　本文では，任意代理の場面を想定して説明を進めましたが，法定代理人が権限の範囲外の行為をすることも考えられないわけではありません。例えば，相続関係の事務を処理すること（13条1項6号）についてのみ代理権を与えられた保佐人が，被保佐人を代理して，被保佐人の自宅の改修工事を発注した（同項8号）ような場合が考えられます（保佐のしくみについては，第**3**章を参照）。

　この場合にも，110条は適用されるでしょうか。たしかに，この場面でも代理人には基本代理権がありますから，110条を適用することができそうです。けれども，学説では，表見代理に関する規定は，法定代理には適用されないと考えるものが一般的です。法定代理の場合には，本人自身が代理人を選んだわけではない以上，本人の帰責性がないからです。

---

(2) 要件・効果

権限外の行為による表見代理によって本人（A）に代理の効果が帰属するためには，まず，代理人（B）は，本人から与えられた権限の範囲外にある行為をし

---

note ───●

[9] **説明**　判例は，110条にいう基本代理権となるためには，何らかの法律行為をする権限が与えられることが必要だとします（最判昭和35年2月19日民集14巻2号250頁）。したがって，例えば，契約を結ぶことを委託するのではなく，契約を結びたいという人を探してくること（契約締結の「勧誘」といいます）を委託したにすぎない場合には，基本代理権が与えられたと認めることはできません。

たことが前提になります。その際、第三者（C）には、「代理人の権限があると信ずべき正当な理由」がなければなりません。これは、代理権の範囲を超えた行為であることを過失なくして知らなかった（権限外であることにつき、善意・無過失である）という意味だと考えるのが、一般的です。以上の要件が満たされたときは、Aは、BがAの代理人として結んだ売買契約につき、109条1項本文と同じ「責任を負」います。

これをCASE13-5についてみると、Bは、Aから甲土地への抵当権設定を委任されたのに、それと無関係の「甲土地の売却」という行為をしています。この行為の時点で、Cに、「Bには、Aを代理して甲を売却する権限がある」と信じる正当な理由があったならば、Bによる代理行為の効果がAに帰属し、Cが甲の所有者となる（その反面、Aが所有権を失う）ため、Cは、甲の返還に応じる必要はないこととなります。

(3) 「正当な理由」の有無に関する判断

正当な理由があったかどうかの判断にあたっては、「この事情があれば、正当な理由が必ず認められる」というように、何らかの要件に当てはめて答えを出すことはできません。その判断にあたっては、さまざまな事情を全体として考慮し、代理権の存在を信頼するのがもっともであったといえるかどうかを検討しなければなりません。

考慮される事情は、大きく2つに分けることができます。

一方では、代理権があるという信頼を生み出す事情です。具体的には、①代理権を与えられなければ持っていないはずの書類や印鑑を持っているなど、代理権が与えられたことをうかがわせるような代理人の事情と、②そうした書類を代理人に渡したとか、実際に代理権を与えたかのような言動を行ったといった本人の事情が、これに当たります[10]。

他方では、代理権があるかどうかを疑うべき事情です。具体的には、③第三者の職種によっては、自分の側でも代理権の有無・範囲を積極的に調査しなければ、

note ―――●

[10] 発展　先に述べたとおり、110条は、自らが代理人を選任したという本人の帰責性に着目します。しかし、これに加えて、第三者の信頼が「正当」であるかどうかを判断する際には、本人が外観を作り出すことにどれだけ関与したかといった事情（つまり、本人の帰責性）も考慮されると考えられています。代理人を選んだという帰責性は、あくまで最低限の帰責性、いわば「必要条件」であって、「十分条件」ではないと考えられているのです。

過失があると判断されやすくなります。CASE 13-5 でいえば，C が不動産取引の経験が豊富な事業者であったというような場合です。その場合には，無権代理だと気づくことは，一般人が取引の相手方となる場合に比べれば容易だからです。

Column 22　ただし書

　なお，110条の場面では，表見代理の成立を主張する者が，「正当理由がある」ことを証明しなければなりません。この点は，規定の文言から判別することができます。110条とは違って，代理権の不存在を知っていたことや過失によって知らなかったことがただし書で規定されている場合（109条1項，112条1項）には，表見代理の成立を争う者が，これらの事実を証明しなければなりません。
　このように，ただし書には，だれが証明責任を負うかを明らかにする役割があります。⇒14頁

代理権授与の表示と権限外の行為

CASE 13-6
　CASE 13-3 の B は，C から，「甲土地ではなく，A が所有している乙土地（評価額5000万円）を譲り受けたい」ともちかけられました。B は，乙を売るのでも，A の資金繰りがうまくいくことに変わりはないと考え，A が作った委任状を示したうえで「自分は，乙を売ってもかまわないとも言われている」などと述べて，A の代理人として，乙を C に 5000万円で売却するという契約を締結しました。
　ところが，A は，「B に代理権を与えていないし，B がしたことは，自分が委任した『甲土地の売却』でもないのだから，無権代理だ」と主張しています。C は，乙を A に返さなければならないでしょうか。

(1)　問題となる場面

　CASE 13-6 は，CASE 13-3 と同じ事情のもとで，A が代理権授与の表示をしたのとは違う代理行為がされたというケースです。そうである以上，「その代理権の範囲内において」代理行為がされた場合について定める 109 条 1 項を適用するわけにはいきません。また，B には基本代理権がありませんから，110 条を適用することもできません。

　しかし，CASE 13-6 でも，109 条が適用される場合（CASE 13-3）と同じく，

Bに代理権が与えられたような外観が作り出されています。また，授与の表示がされた代理権の範囲を超える行為をしたという事情は，110条が適用される場合（CASE 13-5）と同じです。

そこで，109条2項は，いわば109条1項に110条を重ね合わせて，このような場合にも表見代理が成立する余地を認めています。

(2) 要件・効果

権限外の行為について，代理権授与の表示による表見代理によって本人（A）に代理の効果が帰属するためには，①本人が，第三者（C）に対し，他人（B）への代理権授与の表示をすることに加えて，②第三者がその行為について他人に代理権があると信じたことに正当な理由がなければなりません。①は109条1項の要件に，②は110条の要件に，それぞれ対応します。これらが認められるときは，Aは，BがAの代理人として結んだ売買契約について「責任を負」います。

109条2項は，110条と同じく「正当な理由」という文言を用いていますから，その判断の仕方も基本的には同様です。ただ，109条2項が適用される場合には，代理権授与の表示を信じたことについても過失があってはならないのですから，第三者は，110条が適用される場面よりも慎重に代理権の有無を確認する必要があると考えられます。つまり，表見代理の成立は，それだけ認められにくいということです。

これをCASE 13-6についてみると，Bは，Aが作成し，Bに甲土地の売却を委任したとの記載が加えられた委任状を示して，Cとの間で，Aの代理人として売買契約を締結しています。しかし，乙の売却は，この委任状によって表示された代理権の内容とは異なりますから，Bが締結した乙の売買契約の効果がAに帰属するためには，Cが「Bには，Aを代理して乙を売却する権限がある」と信ずべき正当な理由がなければなりません。それが認められるならば，Cが乙の所有者となる（その反面，Aが所有権を失う）ため，Cは，乙の返還に応じる必要はないこととなります。

代理権の消滅と権限外の行為

CASE 13-7

CASE 13-4のBは，Cとの間で交渉を進めるうちに，「甲土地ではなく，Aが所有している乙土地（評価額5000万円）を譲り受けたい」ともちかけられました。Bは，

乙を売るのでも，Aの資金繰りがうまくいくことに変わりはないと考え，Aから預かっていた書類と実印を使って，Aの代理人として，乙をCに5000万円で売却するという契約を締結しました。

　ところが，Aは，「売却の時にはBにはもう代理権がなかったのだし，Bがしたことは，自分が委任した『甲土地の売却』でもないのだから，無権代理だ」と主張しています。Cは，乙をAに返さなければならないでしょうか。

(1) 問題となる場面

　CASE 13-7 は，CASE 13-4 と同じ事情のもとで，AがBに以前に委任したのとは違う代理行為がされたというケースです。そうである以上，「その代理権の範囲内において」代理行為がされた場合について定める112条1項を適用するわけにはいきません。また，すでに代理権が消滅している以上，Bには基本代理権がありませんから，110条を適用することもできません。

　しかし，CASE 13-7 でも，112条1項が適用される場合（CASE 13-4）と同じく，書類と実印をBから回収していないことで，Bがまだ代理権をもっているという外観が作り出されています。また，Bが与えられた代理権の範囲を超える行為をしたという事情は，110条が適用される場合（CASE 13-5）と同じです。

　そこで，112条2項は，いわば112条1項に110条を重ね合わせて，このような場合にも表見代理が成立する余地を認めています。

(2) 要件・効果

　権限外の行為について，代理権消滅後の表見代理によって本人（A）に代理の効果が帰属するためには，①本人が他人（B）に与えた代理権が消滅した後に，その他人が，第三者（C）との間で法律行為をすることに加えて，②第三者がその行為について他人に代理権があると信ずべき正当な理由がなければなりません。①は112条1項の要件に，②は110条の要件に，それぞれ対応します。これらが認められるときは，Aは，BがAの代理人として結んだ売買契約について「責任を負」います。

　これを CASE13-7 についてみると，Aが甲土地の売却の委任を終わりにするとBに伝えたことで，BがAを代理する権限は消滅しています。それにもかかわらず，Bは，Cとの間で，Aの代理人として乙土地の売買契約を結びました。しかし，乙の売却は，AがBに与えていた代理権の内容とは異なりますから，Bが締結した乙の売買契約の効果がAに帰属するためには，Cが「Bには，Aを

代理して乙を売却する権限がある」と信ずべき正当な理由がなければなりません。それが認められるならば，Cが乙の所有者となる（その反面，Aが所有権を失う）ため，Cは，乙の返還に応じる必要はないこととなります。

POINT

（無権代理全般）

1 代理人が代理行為をした時点で，その代理行為をするための権限が与えられていなかった場合を，無権代理といいます。この場合に，代理行為の相手方が主張することができる効果には，大きく分けて，①表見代理，②無権代理人の責任の追及があります。

2 本人が追認したときは，代理行為の時点に遡って，代理権があったものとして扱われることになります。その結果，この場合には，無権代理の問題は生じません。

（表見代理）

3 表見代理は，代理権があるという外観を信頼した第三者（取引の相手方）を保護するしくみです。表見代理の成立が認められると，本人は，代理人による行為は無権代理であった主張することができなくなります。

4 代理権授与の表示による表見代理（109条1項）は，第三者に対して，「他人に代理権を与えた」という表示（代理権授与の表示）をした場合に成立します。ただし，代理権を与えられていなかったことを第三者が知り，または過失によって知らなかったときは，本人は責任を負いません。

5 権限外の行為による表見代理（110条）は，代理人が権限外の行為をした場合において，第三者が代理人の権限があると信じたことに正当な理由があるときに成立します。

6 代理権消滅後の表見代理（112条1項）は，代理権を与えられていた者が，代理権が消滅したにもかかわらず，以前に代理権を与えられていた行為をした場合において，第三者が代理権消滅の事実を知らなかったときに成立します。ただし，代理権が消滅したという事実を第三者が過失によって知らなかったときは，本人は責任を負いません。

7 代理権授与の表示がされた場合において，表示された代理権とは異なる代理行為がされたとき（109条2項），代理権消滅後の表見代理の場合において，以前に与えられた代理権とは異なる代理行為がされたとき（112条2項）であっても，第三者が代理人の権限があると信じたことに正当な理由があるときは，表見代理が成立します。

第14章

無権代理人の責任・代理権濫用等
——代理③

この章で学ぶこと　　107条，108条，117条

　第13章では，無権代理の基本事項と表見代理について学びました。本章では，そこで予告したとおり，無権代理の効果の第2のものとして，無権代理人の責任について学びます（①）。

　そのうえで，無権代理に関する説明の締めくくりとして，無権代理とみなされる場合である代理権濫用（らんよう）・利益相反行為（りえきそうはん）に関するルールについても，本章で学ぶこととします（②）。

1　無権代理人の責任

1　なぜ代理人の責任の問題が生じるのか

CASE 14-1

　Aは，自身が所有する甲土地（評価額5000万円）の売却をBに委任しました。Bは，Cに対して，Aから委任されたとおりに甲を5000万円で売却しました。ところが，後日，AがBに甲の売却を委任した時に，Aは認知症のために意思能力がなかっ

たことがわかりました。日常会話は普通にできていたので，Bは気づかなかったのです。

その後，Aについて成年後見開始の審判がされ，Aの成年後見人が，「Bに対する代理権の授与は無効だから，Bの行為は無権代理だ」と主張し，Cに対して甲の返還を求めてきました。Cは，これに応じなければならないでしょうか。

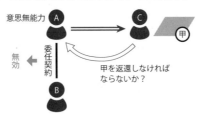

CASE 14-1 では，本人Aが意思無能力ですから，Bに代理権を与えるために結んだ委任契約は無効です（3条の2）。そのため，Bが相手方Cとの間でした売買契約の締結は，無権代理行為となります。また，CASE 14-1 では，表見代理が成立する事情もありません。ですから，Cは，甲土地の所有権を取得することはできず，これをAに返還しなければなりません。

けれども，このような理由で権利を取得することができないのでは，Cは予期しない不利益を受けることになってしまいます。こんなことでは，「代理人と取引をするなんて，危なくてできない」と警戒されかねず，本来は有用な制度である代理が活用されなくなる心配も出てきます。

そこで，民法は，このような状況のもとでは無権代理人に特別な責任を負わせることとして，相手方が不利益を受けないように手当てをしました（117条）。これを無権代理人の責任といいます。

2 無権代理人の責任の要件

無権代理人の故意・過失は不要

CASE 14-2
CASE 14-1 のCは，無権代理人Bの責任を追及することにしました。ところが，Bは，「Aが認知症だなんて，自分も知らなかったのだから，無権代理になったのは自分のせいではない」と言って，取り合ってくれません。Bは何の責任も負わないのでしょうか。

無権代理人の責任が認められるために，無権代理人の故意や過失は必要ありません。無権代理人の責任は，法律が特に定めた一種の無過失責任なのです[1]。

　ですから，「無権代理になったのは自分のせいではない」という **CASE 14-2** でのBの主張は，かりにそうだったとしても，無権代理人としてのBの責任を否定する理由にはなりません。たしかにBには気の毒ですが，Bが責任を負わないとなれば，そのしわ寄せはCにいってしまいます。民法は，この場面では代理人よりも相手方の利益を優先させて，代理という制度を安心して利用することができるようにしているわけです。

代理権の証明・追認がないこと

　無権代理人の責任が生じるためには，そもそも無権代理でなければなりません。117条1項が「自己の代理権を証明したとき，又は本人の追認を得たとき」には無権代理人の責任は生じないと定めているのは，このことを意味しています。Bは，Aからあらかじめ代理権を与えられていたこと，またはAから追認を得たことを証明すれば，無権代理人の責任を負わずにすむわけです。

相手方の事情：悪意・有過失

　ただし，無権代理がされたときであっても，相手方の事情によっては，例外的に，無権代理人の責任が生じないことがあります。

> **CASE 14-3**
> 　Cは，自分が経営するカフェの営業資金を得る必要があったため，自身が所有する甲土地（評価額5000万円）の売却を検討していました。この話を知ったBは，自分の父であるAが新しいやきとり屋を出店するための土地を探していることを思い出し，「甲土地を5000万円で買えるならば，Aにとっても得だぞ」と考えました。この時，Aは海外旅行に行って連絡がつかなかったため，Bは，「代理権を与えられているわけではないけれど，後でAの承諾を得られるだろうから，すぐに売買の話をまとめよう」とCに告げて，Aの代理人として，Aが甲土地を5000万円で購入するという契約を結びました。

---

note

[1] **説明**　自分がした行為によって他人に損害を生じさせたときであっても，故意・過失がなければその損害を賠償する責任を負わないというのが，民法の原則です（過失責任主義。詳しくは，6巻で学びます）。その例外として，無権代理人は，故意・過失がなくても，以下に述べる責任を負わなければならないとされているのです。

その後，Bが，旅行から帰ったAに追認を求めたところ，「旅行に出る前に，乙土地を見つけて買うことを決めたから，甲土地は買えない」と言われてしまいました。Cは，Bに対して，無権代理人の責任を追及することができるでしょうか。

(1) 無権代理であることを知っていたとき

まず，無権代理であることを相手方が知っていたときは，無権代理人の責任は発生しません（117条2項1号）。無権代理だと知りながら契約を結ぶ以上，かりに本人からの追認を得られなかったとしても，それを無権代理人のせいにする理由はないからです。相手方は，本人からの追認を得られない可能性を覚悟して契約を締結すべきなのです。

CASE 14-3 では，Bは，自分が無権代理人であることをCに告げています。ですから，Cは，無権代理人であるBの責任を追及することはできません。

(2) 知らないことに過失があるとき

CASE 14-3 とは事情が違って，代理人（B）が無権代理人であることを相手方（C）が知らなかったとしましょう。それでも，無権代理であることを相手方が過失によって知らなかったときは，無権代理人の責任は生じないのが原則です（117条2項2号本文）。ただし，その場合にも，代理人自身が無権代理であることを知っていたときは，例外的に無権代理人の責任が生じます（同号ただし書）。

少し複雑なルールですが，無権代理人は，自分には代理権がないと知っている以上，そのことを相手方に知らせるべきだというのが，ここでのポイントです。代理権がないと知らされれば，相手方は，無権代理取引をするか，取引をあきらめるかを検討することができます。そこで，自分が無権代理人だと知りながら，その検討の機会を相手方に与えなかった者は，相手方に過失があったとしても，無権代理人としての責任を負うべきだと考えるのです。

代理人の事情：行為能力の制限

さらに，代理人が行為能力の制限を受けていたときにも，無権代理人の責任は生じません（117条2項3号）。次にみるとおり，無権代理人の責任が認められると，契約が成立したのと同じ責任を負わされることになります。そうなっては，制限行為能力者に取消権を認めて，自分がした法律行為について責任を負わせないこととした行為能力制度の目的が達せられません。そこで，この場面では，判

⇒37頁

断能力が不十分な者の保護を優先させているのです。

3 　無権代理人の責任の効果 ━━━━━━━━━━━━━━●

　無権代理人の責任の要件が満たされたときに，相手方が追及することができる責任の内容には，2つのものがあります（117条1項）。どちらも，本人との間で契約が成立したのと同じ利益を相手方に与えることを内容とする責任です。

┃ 履行責任の追及 ┃

> **CASE 14-4**
> 　CASE 14-3のBは，Cに対して，Aから代理権を与えられていない事情を一切告げずに，Aの代理人として，甲土地を5000万円で購入しました。
> 　その後，Aが追認を拒絶したとき，Bは，Cに対して，無権代理人としてどのような責任を負わなければならないでしょうか。

　1つは，履行責任を追及することです。これを選択すると，相手方（C）は，無権代理人（B）が契約当事者になったかのように，無権代理人に対して契約の履行を請求することができます。CASE 14-4でいえば，Cは，Bに対して，甲土地の代金5000万円の支払を請求することができます。他方で，相手方も，無権代理人に対して契約上の義務を履行しなければなりません。つまり，Cは，Bに対して，甲の所有権を移転することになります。

┃ 損害賠償責任の追及 ┃

> **CASE 14-5**
> 　Cは，新しいカフェを出店するための土地を探していました。友人Bとその話をしていたところ，Bは，自分の父であるAが丙土地（評価額5000万円）を所有しており，Aが経営するやきとり屋の営業資金を得るために売却を検討中であることを思い出しました。この時，Aは海外旅行に行っており連絡が付きませんでしたが，Bは，Aから代理権を与えられていない事情をCに一切告げずに，Aの代理人として，丙土地をCに5000万円で売却するという契約を結びました。
> 　その後，Bが旅行から帰ったAに追認を求めたところ，「旅行に出る前に，丙土地を売る相手が決まったから，Cには売れない」と言われてしまいました。そのため，Cは，丙と同じ地域にある丁土地を購入しましたが，あたりの地価が急に上昇したため，2つ

の土地は同じ条件の土地なのに，価格は5500万円になっていました。Bは，Cに対して，無権代理人としてどのような責任を負わなければならないでしょうか。

　もう1つは，損害賠償責任を追及する方法です。CASE 14-5では，CASE 14-4とは逆に，Bは売主を無権代理しています。しかし，Aの所有物（丙土地）を売ることは，Bにはできません。したがって，Cは，Bに損害賠償を追及するしかありません。

　なお，この場合の損害賠償は，Aによって売買契約が履行されたならば得られたはずの利益を賠償するものだと考えられています[2]。したがって，CASE 14-5では，丙土地と同等の丁土地を手に入れるために被った損害として，差額の500万円について損害賠償を求めることができます。

4　無権代理と相続

　最後に，少し応用的な問題として，相続がからむ場合の無権代理の問題を考えることにします。

CASE 14-6

　各地を転々として借金をこしらえていたBは，遊ぶ金欲しさに，父Aが所有する甲土地（評価額5000万円）を売って，その代金を持ち逃げしようとくわだてました。Bは，A宅に忍び込んで書類や印鑑を持ち出したうえで，「Aは，所有する甲の売却をBに委任します」と書かれた委任状を偽造し，これを持ってCのところへ行き，自分はAの代理人だと嘘をついて5000万円で甲を売却するという契約を結んで，甲をCに引き渡しました。

❶ Bは，Cに甲を売却してしまった後，トラブルに巻き込まれて死んでしまいました。のこされたBの親族は，父であるAだけです。Cから甲を渡すように求められたAは，これに応じなければならないでしょうか。

❷ Aは，Bがしたことに驚いて，追認をするかどうかを決めないうちに心労がたたって死んでしまいました。Aは，遺言はしておらず，B以外には親族はいません。Cから甲土地を渡すように求められたBは，「Aは追認を拒絶することができたのだから，Aを相続した自分も追認を拒絶することができるはずだ」と主張して，これに応じません。Cは，甲を手に入れることはできないのでしょうか。

---

note

[2]　発展　契約が履行されれば得られたはずの利益という意味で，これを履行利益といいます。損害賠償の考え方については，4巻の第6章を参照してください。

まず，予備知識を確認しましょう。相続は，ある人が死亡した場合に，その権利義務をだれが承け継ぐかを決めるしくみです[3]（882条，896条）。その人が遺言をしていなければ，民法が定めるルールに従って，一定の親族が相続人となって財産を承け継ぐことになります。例えば，死亡した者に配偶者（＝婚姻関係の相手方）と2人の子がいるときは，配偶者が2分の1（890条，900条1号），子が残りを等分して4分の1ずつ（887条，900条1号・4号），財産を取得します。

ここでの問題は，無権代理人と本人との間で相続が生じたときの取扱いです。相続によって，無権代理人が本人の財産を承継したり，逆に，本人が無権代理人の義務を承継したりするわけですが，そのことが無権代理にどのような影響を及ぼすでしょうか。CASE **14-6** に即して，2つの場面を考えてみましょう。

本人が無権代理人を相続したとき

CASE **14-6 ❶**では，Bの親族はAだけですから，AがBの相続人となります（889条1項1号）。この場合に，AがCからの請求に応じなければならないかどうかについては，相続のしくみをどう説明するかに応じて，2とおりの考え方があります。

まず，①相続によってAとBの立場が融合して一体となると考えてみましょう。そうすると，甲土地の売買はA自身がしたものとして扱われ，Aは追認を拒絶することができないこととなります。しかし，Bが生きていれば追認をしないこともできたのに，たまたまBが死亡するとそれができなくなってしまうのではおかしいでしょう。

融合

したがって，CASE **14-6 ❶**では，②AとBの間で相続が発生しても，Aとの立場（＝本人の立場）とBの立場（＝無権代理人の立場）はあくまで併存し，Aは，追認をすることも拒絶することもできると考えるべきでしょう[4]。もっとも，この場合にも，本

併存

note

[3] **説明** 詳しくは，7巻で学びます。
[4] **説明** 最判昭和37年4月20日民集16巻4号955頁は，このように考えました。

人は, 先ほど説明した無権代理人の責任（117 条）は負わなければなりませんから, 相手方が履行責任を選択したときは, 無権代理人の立場で履行請求に応じなければなりません[5]。

┃ 無権代理人が本人を単独相続したとき

CASE 14-6 ❷ では, CASE 14-6 ❶ とは逆に, 無権代理人が本人を相続しています。ここでも, A と B の地位が融合するか併存するかが問題となります。

まず, ①相続によって A と B の立場は融合して一体になると考えてみましょう。そうすると, B は, 自分自身で甲土地を売った以上, 追認を拒絶することはできないことになります[6]。

これに対して, ②相続によっても A と B の立場は融合せず, 2人の立場が併存すると考えるとどうでしょうか。これを徹底すれば, B は, A の立場（＝本人の立場）を主張して, 追認を拒絶することができそうです。

けれども, そのような主張は虫がよすぎるように思われます。B は, 代理人としての立場では甲を売ると言っていたのに, 相続をしたとたん, 甲を売らないと言い始めています。B は前後で一貫しない態度をとっているわけです。B のそのような不誠実な態度を保護するために, C による甲の取得を認めないという不利益を与えるのは, 衡平な解決とはいえません。

そこで, CASE 14-6 ❷ では, 次のように考えるのが一般的です。まず, 相続のしくみについては, CASE 14-6 ❶ の解決と一貫性があるべきですから, 本人 A と無権代理人 B の立場は併存すると考えます。そのうえで, B が追認を拒絶することは矛盾行為であり, 信義則（1 条 2 項）に反して許されない（矛盾行為禁止の原則）と考えるのです。
⇒15頁

その結果, C は, 甲土地の所有権を取得することができます。

note ━━━●

[5] 説明 最判昭和 48 年 7 月 3 日民集 27 巻 7 号 751 頁。
[6] 説明 最判昭和 40 年 6 月 18 日民集 19 巻 4 号 986 頁は, このような考え方に立っているとみることができます。

> **C A S E 14-7**
>
> **CASE 14-6 ❷**において，Bに弟Dがおり，BとDが共同でAを相続することとなった場合であっても，Cは，甲土地を手に入れることができるでしょうか。

　最後に，無権代理人のほかにも本人を相続する者がいた場合（共同相続の場合）について考えてみます。

　この場合にも，相続の後には被相続人と相続人の立場が併存すると考えると，Bのもとでは A・B の地位が併存し，Dのもとでは A・D の地位が併存することになります。そうすると，Dは追認を拒絶することができるけれども，Bが追認を拒絶することは信義則に反するということになりそうです。

　しかし，追認というのは，そのように各相続人が別々にできるものではありません。追認は，甲土地の売買契約についてされるものだからです（113条1項は，追認の対象を「契約」と定めています）。売買契約は1個しかなく，BやDの立場に応じて切り分けることができないのです。そうである以上，共同相続の場合には，追認は，すべての相続人が共同でしなければならず，無権代理人以外の相続人のなかに1人でも追認に反対する者がいるならば，代理の効果は発生しないと考えるほかありません[7]。

　したがって，**CASE 14-7** では，もしDが追認を拒絶するならば，Cは甲の所有権を取得することができないと考えられます。これに対して，Dが追認したのにBだけが追認を拒絶することは，信義則に反して許されません。

②　代理権濫用・利益相反行為

　最後に，代理権濫用（らんよう）（107条）と利益相反行為（りえきそうはん）（108条）に関するルールを学びます。これらを本章で学ぶのは，一定の要件のもとで，代理人がした行為は無権代理とみなされる場面だからです。このことを示すために，条文には，「代理権を有しない者がした行為とみなす」と書かれています。

---
note

[7] 説明　最判平成5年1月21日民集47巻1号265頁。

無権代理と「みなす」結果[8]，①代理行為の効果は本人に帰属せず，②本人に^{⇒199頁}は追認をするかどうかを決める自由があり，③相手方は無権代理人の責任を追及^{⇒213頁}することができることになります。

1 代理権濫用

代理権濫用とは

代理権の濫用とは，代理人が，代理権の範囲内の行為ではあるけれども，「自己又は第三者の利益を図る目的で」代理権を行使することをいいます[9]（107条）。

> **CASE 14-8**
> Aは，自分が経営するやきとり屋の営業資金を得る必要があったため，自身が所有する甲土地（評価額5000万円）の売却を息子Bに委任しました。ところが，各地を転々として借金をつくっていた遊び人Bは，甲を売って，その代金を持ち逃げしようとくわだてました。Bは，Aから渡された委任状を示して，Cに対して5000万円で甲を売却し，その代金を着服して行方をくらましてしまいました。

CASE 14-8は，CASE 14-6と似ています。けれども，CASE 14-8では，Bには甲土地を売るための代理権が与えられているという違いがあります。つまり，CASE 14-8は，無権代理の場面ではありません。したがって，Bによる代理行為の効果は，Aに帰属するのが原則です[10]。

しかし，民法は，代理人が「自己又は第三者の利益を図る目的」をもっていることを相手方が「知り，又は知ることができた」ときは，代理行為は無権代理行為と「みなす」としました（107条）。CASE 14-8でいえば，これは，Bによる代理行為の効果は，Aに帰属しないということです。

無権代理とみなされるのはなぜか

このようなルールがあるのはなぜでしょうか。CASE 14-8に即していえば，

----

note
....

[8] **用語** くり返しになりますが，「みなす」という言葉の意味に自信がない人は，23頁を確認してください。

[9] **用語** 「濫用」というのは，本来とは異なる目的で権限を行使することをいいます。権利濫用（→17頁）と同じ意味です。「乱用」ではないことに注意しましょう。

[10] **説明** その場合には，Aは，Bに対して，契約に従って委任事務を処理しなかったことを理由に損害賠償を求めることになります（644条が準用する415条）。外部関係（A・C間）では代理は有効ですが，内部関係（A・B間）では債務不履行責任が生じます（→192頁）。

こういうことです。

　代理人Bは，相手方Cから受け取ったお金を，本人Aに渡さなければなりません（646条1項を参照）。それを持ち逃げするというのは，Aではなく，B自身の利益を得るために行動したということにほかなりません。このような場合，Bが持ち逃げをたくらんでいたことをCが知っていたか，知ることができたならば，Cは，Aが不利益を受けないように，Bとの取引をさしひかえるべきなのです。

2　利益相反行為

　利益相反行為とは，本人と代理人の利益が互いに両立しない（相反する）法律行為をいいます。そのうち，自己契約と双方代理については，特に規定が設けられています（108条1項）。

自己契約

CASE 14-9

　Aは，自分が経営するやきとり屋の営業資金を得る必要があったため，自身が所有する甲土地（評価額5000万円）の売却をBに委任しました。Bは，偶然にも自宅を建てるための土地を探していたので，Aを代理して，B自身に対して甲土地を5000万円で売却するという契約を結びました。

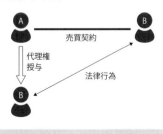

　自己契約とは，自分が法律行為をしようとするときに，その法律行為の相手方の代理人となることをいいます（108条1項本文前段）。CASE 14-9に即していえば，BがAから甲土地を買うにあたり，Aの代理人になることをいいます。

　自己契約も，無権代理として扱われます。その理由はこうです。代理人は，本人のためにどのような法律行為をするかを決める権限をもっています。本人（A）から代理権を与えられた者（B）が，自分自身を相手方（B）として本人（A）と契約すると，自分自身にとって得になる法律行為をするために，本人の利益を

犠牲にするおそれがあります。これを避けるために，自己契約を無権代理とみなして，その効果が本人に帰属しないものとしているのです。

このように，自己契約の場合は，代理人は本人の利益だけを考えて行動する立場（＝本人に忠実な立場）にないため，代理権がないもの（＝無権代理）と扱われるわけです[11]。

双方代理

CASE 14-10

Ａは，自分が経営するやきとり屋の営業資金を得る必要があったため，自身が所有する甲土地（評価額 5000 万円）の売却をＢに委任しました。Ｂは，偶然にも，Ｃから自宅を建てるための土地の購入を委任されていたので，この土地をＣに 5000 万円で売ることにしました。

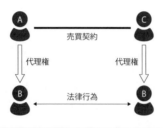

双方代理とは，一人の代理人が法律行為の当事者の双方を代理する場合をいいます（108 条 1 項本文後段）。CASE 14-10 では，Ｂが，売買契約の当事者であるＡとＣの双方を代理しています。

この場合には，代理人Ｂは，自分の利益を図るおそれはありませんが，ＡとＣの双方にとって忠実な立場で行動することはできません。ＡをもうけさせればＣが損をしますし，ＣをもうけさせればＡが損をするからです。したがって，双方代理も無権代理として扱われます。

note ─────────────────────────────────

[11] 発展 なお，CASE 14-9 では，代理人Ｂは，評価額 5000 万円の土地を 5000 万円で購入しています。ですから，本人Ａが損をすることはないのですが，それでも，自己契約は無権代理として扱われます。ここでは，教科書の設例だから甲土地の評価額がわかっていますが，現実には，物の正確な価格を正しく知るのはそう簡単ではありません。Ａからすれば，Ｂが取引相手になったときは，「本当に 5000 万円で売ってよかったのか」という不安をぬぐえないでしょう。そのような不安を生じさせないために，自己契約は，代理行為の内容にかかわらず一律に無権代理として扱われ，これを追認するかどうかは本人の決定に委ねられているのです。

その他の利益相反行為

> **CASE 14-11**
> やきとり屋で大もうけしたＡは，資産運用のために地価が上がりそうな乙土地を購入し，乙の管理や運用に関する一切のことがらをＢに委任しました。その後，Ｂは，自身の別の事業のためにＣから借金をすることになり，Ｃに対する自分の借金の担保として，Ａの代理人として，Ａが所有する乙に抵当権を設定しました。

(1) 自己契約・双方代理との違い

CASE **14-11** では，代理人Ｂは，本人Ａから，Ａが購入した乙土地に関する一切のことがらを任されていますから，乙について抵当権[12]を設定する代理権があります。また，Ｂ自身がＡの相手方になるわけではありませんし，ＡとＣの双方を代理するわけでもありませんから，自己契約・双方代理のどちらにもあたりません。

けれども，この場合にも，Ｂは，自己契約や双方代理の場合と同じく，本人に忠実な立場で行動していません。Ｂは，Ａの利益のためにではなく，「ＢがＣから借金をする」という自分の利益を得るために，Ａの代理人という立場を利用しているからです。そこで，この場合にも，Ｂの行為は無権代理とみなされます（108条2項本文）。

(2) 代理権濫用との違い

以上の状況は，前にみた代理権濫用（CASE **14-8**）と似ています。けれども，利益相反行為の場合には，代理権濫用の場合とは違って，相手方が代理人の意図を知っていたかどうかに関係なく，代理人の行為は無権代理とみなされます（107条と108条2項本文を読み比べてみましょう）。なぜでしょうか。

それは，利益相反行為の場面では，代理人が本人に忠実な立場にないことが相手方からみて明らかだからです。CASE **14-11** についていえば，Ｂは，自分の借金のためにＡの土地に抵当権を設定しているのですから，相手方Ｃも，「Ａが損をさせられるかもしれないな」と気づくはずです[13]。このように，相手方は，

---

note ――●

[12] **発展** 抵当権は，借金をするときなどに用いられるしくみであり，「担保権」と呼ばれる権利の一種です（担保権のしくみについて，簡単には，253頁を参照してください）。詳しくは3巻で学びます。

本人が不利益を受けるおそれを簡単に知ることができますから，代理人と取引を
する前に本人に確認させることとしたのです。確認の結果，本人（A）から OK
が出れば，「本人があらかじめ許諾した」（108条2項ただし書）ことになりますか
ら，無権代理とみなされる心配はありません。

POINT

（無権代理人の責任）

1　無権代理人は，相手方の選択に従って，代理行為を自ら履行するか，または，
代理行為が履行されたとすれば得られたであろう利益を賠償する責任を負いま
す（117条）。

2　本人と無権代理人との間で相続が生じたときは，相続人について，本人と無権
代理人の資格が併存します。その結果，①本人が無権代理人を相続したときは，
本人の資格を主張して追認を拒絶することができます。これに対して，②無権
代理人が本人を相続したときは，本人の資格を主張して追認を拒絶することは
信義に反する（1条2項）ため，追認を拒絶することはできません。

（代理権濫用・利益相反行為）

3　代理人が，本人以外の者（自分や第三者）の利益を図る目的で代理権の範囲内の
行為をすることを，代理権濫用といいます。この場合には，相手方が，代理人
の目的を知り，または知ることができたときは，代理行為は無権代理行為とみ
なされます（107条）。

4　代理権を与えられた法律行為につき，①代理人自らが相手方となること（自己
契約），②双方の当事者の代理人となること（双方代理），③代理人と本人との利
益が相反する行為（利益相反行為）は，すべて無権代理行為とみなされます
（108条）。

note

[13] 発展　逆からいえば，相手方からみて明らかだとはいえない場合には，108条2項は適用されません。利
益相反行為にあたるかどうかは，形式的・客観的に判断すると説明されるのは（826条について，最判昭和
42年4月18日民集21巻3号671頁を参照），こういう趣旨です。

第 **15** 章

条件・期限・期間

　本章では，法律行為の最後として，条件・期限を学びます。そして，民法全体に共通する事柄として，期間の計算を学びます。

条件・期限　📖 127 条〜137 条

　例えば，「君が大学に合格したら，私のもっている車をあげる」というように，将来の事柄（大学合格）が実現するかどうかによって，契約の効力を左右させる特別な合意（特約）をつけることがあります。このような特約には，条件と期限があります。条件と期限には，それぞれどのようなルールが定められているのでしょうか。

期間の計算　📖 138 条〜143 条

　例えば，「2030 年 9 月 1 日から 1 年間，自動車を貸してあげる」という契約を締結した場合，2031 年 8 月 31 日の何時までに返せばよいのかがわからなくては困ります。そこで，民法は，このような場合の期間の計算方法を定めています。期間の計算には，どのようなルールがあるのでしょうか。

1 条　件

1　条件とは何か

CASE 15-1

❶ A は,「B のもっている甲土地を 1000 万円で買う」という契約を B と結びました。

❷ C 家電は, D 電機の新製品の乙パソコン（1 台 10 万円）を 50 台買いました。D は C にもっと買ってほしいと売り込んだところ, C は「今月末までに乙 50 台がすべて売り切れたら, 乙をさらに 100 台買う」という契約を D と結びました。

債務の履行に関するルール

CASE 15-1 ❶の場合, A が B から甲土地を買う契約（売買契約）が成立しています。この場合, 契約が成立した時にその効力も発生します。したがって, 契約の時点から, A には, 甲の引渡しを求める債権が発生することになります。

債権が発生すると, 債務者は, 債務の履行をしなければなりません。債務者が債務を履行すべき時期のことを履行期といいます。

しかし, ❶では, 履行期が定められていません。当事者が履行期を定めていない場合, その債務は, 債務の発生と同時に履行期にあるとされます（412 条 3 項参照）。それゆえ, ❶の場合, 債権者である A は, 債務者である B に対して, 契約の時（＝債務が発生した時）から直ちに甲の引渡しを求めることができます。そして, B は, A の請求を拒むことができず, 甲の引渡しをしないと, 債務不履行によって生じた損害を賠償しなければならなくなります[1]。

条件の定義と効果

(1) 定　義

CASE 15-1 ❷の場合も, C 家電が D 電機から乙パソコンを 100 台買う契約（売買契約）が成立しています。しかし, この売買契約には,「今月末までに乙 50 台がすべて売り切れたら」という特約（特別な合意）がつけられています。今月末

note

[1] 説明　詳しくは, 4 巻の債務不履行に関する説明を見てください。

までに乙が50台すべて売り切れるということは，契約の時点から見て将来の事実であり，必ず実現するというものではありません。そうすると，この特約は，すでに成立した売買契約について，売買契約の効力が発生するかどうかを，将来やってくるかどうかが不確定な事実が実現するかどうかによって左右させるものといえます。このように，法律行為の効力の発生または消滅を，将来の不確定な事実が実現（成就）するかどうかによって左右させる特約のことを条件といいます。

(2) 効 果

❷の場合，売買契約の効力の発生は，今月末までに乙が50台すべて売り切れるかどうかにかかっていますから，乙が売り切れるまで売買契約の効力は発生しないことになります。売買契約の効力が発生していないということは，D電機からC家電に対する代金債権が発生していないということを意味しています。債権が発生していないのですから，DはCに対して乙100台分の代金（1000万円）の支払を求めることができません。

逆からみると，Cは，乙が売り切れるまでDの乙100台分の代金の請求を拒むことができます。この場合，乙が売り切れるまで債務を履行する必要がないので，Cは，条件成就まで債務不履行責任を負わないことになります。

2 停止条件・解除条件

CASE 15-2
　Aは，B銀行に500万円の融資を申し込みました。もっとも，B銀行は，厳しい審査を行うことで知られており，必ずしもお金を貸してくれるものではありません。このような事情のもとで，Aの友人Cは，Aと次のような契約をしました。
❶AがB銀行からお金を借りることができたなら，私（C）もAに500万円を貸す。
❷私（C）はAに500万円を貸す。AがB銀行からお金を借りることができたなら，この契約の効力はなかったことにする。

B銀行からお金を借りるということは将来の不確定な事実ですから，CASE 15-2❶❷における特約は，いずれも条件に当たります。もっとも，❶と❷では，条件が成就した場合の効力が違います。

停止条件

❶は，条件成就まで契約の効力がストップ（停止）されており，条件が成就し

たならば，その効力が発生するというものです。このように，将来の不確定な事実が成就したら，停止されていた契約の効力が発生するという条件のことを，停止条件と呼びます（127条1項）。

解除条件

これに対して，❷は，契約の効力が契約成立によって生じますが，条件成就によって契約関係が解消され，効力が失われるというものです。このように，条件が成就したら，契約関係が解消される（契約の拘束力が解除される）という条件のことを，解除条件と呼びます（127条2項）。

3 期待権の保護

> **CASE 15-3**
> 2025年5月1日，Aは，Bとの間で，「君（B）がC大学に合格したら，私（A）のもっている甲というパソコンを4万円で売る。」という契約を結びました。同年6月1日，Bは，Aが5万円の売り値でインターネット上のフリーマーケットに甲を出品しているのを発見しました。Bは，Aに対してフリーマーケットへの出品をやめるように求めることはできるでしょうか。

CASE 15-3の契約には，「BがC大学に合格したら」という条件が定められています。この条件は停止条件なので，条件が成就するまでは契約の効力が発生していません。そうすると，条件が成就するまで甲の所有者はAなので，甲を売るか売らないかはAの自由であるかのように見えます。しかし，Bは，条件が実現したら一定の利益を得られる（甲を手に入れられる）ものと期待していました。民法は，この期待を一定の範囲で保護しています。こうして保護される権利のことを，期待権と呼びます。

期待権を保護するために，条件つきの契約の各当事者は，条件が成就するかどうかがわからない間，条件が成就した場合にその契約から生じる相手方の利益を害することができません（128条）。相手方がこれに違反した場合，期待権をもっている当事者は，相手方に対して，そのような行為をやめるよう求めることができます[2]。

CASE 15-3のBは，条件が実現した場合に「甲を手に入れる」という利益を受けることができます。それゆえ，Bは，Aに対してフリーマーケットへの出品

をやめるように求めることができます。

4 条件をつけることのできない行為 ─────────────●

> **CASE 15-4**
> Aは，Bに対してプロポーズをしました。Bは「実は，私（B）は，妻子あるCのことを愛しています。ですから，私（B）はあなた（A）と結婚しますが，Cが離婚して独身になったら，（Cと結婚したいので）この結婚はなかったことにして下さい」といいました。Aは，Bのことを愛していたので，Bのいうことを受け入れて，婚姻届を役所に提出しました。しかし，その後，冷静になったAは，Cが離婚するかどうかで自分たちの婚姻が左右されてしまうのはおかしいと思っています。

　AとBの婚姻によって，夫婦の関係が生まれます。このような身分の取得や変動という効力を生じる法律行為のことを，身分行為と呼びます（詳しい内容は7巻で学びます）。夫婦関係や親子関係は，社会の根幹に関わる（社会の基礎となる）ものです。もし，身分行為の効力が条件成就に左右されてしまうと，社会が安定しなくなります。そのため，身分行為には条件をつけることができません。

　「条件をつけることができない行為」に条件がつけられてしまった場合，条件が無効となって無条件（条件がなかったこと）になるのではなく，「条件をつけることができない行為」それ自体が無効となります。このことからすると，**CASE 15-4**の場合，AとBの婚姻が無効となります[3]。

> **CASE 15-5**
> Aは，代理権がないにもかかわらず，サッカー選手Bの代理人として，Jリーグ1部（J1）所属のCクラブと，来年度からBが入団するという契約を結びました。Bは，「Aによる契約を追認する。しかし，Cが来年Jリーグ2部（J2）に降格していたら，追認はなかったことにする」と条件つきで追認したいと考えています。

---

note ─────────────────────────────────────●

[2] **発展** **CASE 15-3**で，条件が成就する前に，Aが甲を壊してしまった場合，Bは，Aに対して，条件が成就していれば手に入れられた利益（**CASE 15-3**では，甲の価値に相当する金額）の賠償を求めることができます。もっとも，Bが甲を手に入れられるのは，条件が成就した場合（BがC大学に合格した場合）でした。そのため，期待権が害されたとして，BがAに対して条件が成就していれば手に入れられた利益の賠償を求めることができるのは，条件が成就した場合に限られます。

[3] **説明** 当事者が婚姻することに合意し，かつ，婚姻届を役所に提出することで，婚姻は成立します。AとBは婚姻届を提出しているので，AとBの婚姻は成立していることになります。もっとも，その婚姻は，条件つきのものなので無効であり，婚姻の効力が初めから生じなかったことになります（婚姻の無効・取消しについては7巻で学びます）。

本人Ｂは，無権代理人Ａによる行為を追認できます（第13章参照）。しかし，追認や取消し（第11章参照）のような単独行為の場合も，原則として，条件をつけることはできません。追認などの単独行為の効力が条件成就に左右されてしまうと，その行為の相手方の地位が不安定になるからです。

5 故意に条件の成就を妨げた場合 もしくは不正に条件を成就させた場合

故意に条件の成就を妨げた場合

CASE 15-6

Ａは，自分の所有する甲土地の売却をＢに依頼し，「Ｂが甲を売却してくれたら，売却代金の10％を手数料としてＢに与える」という契約をしました。Ｂは，甲を買いたいというＣとの間で，Ｃが7000万円くらいの価格で買うという方向で話をまとめ始めました。

Ａは，このまま7000万円で売ることになると700万円の手数料をＢに払わなければならないので，Ｂを通さずに，Ｃに直接6800万円で売ったほうが得だと考えました。そこで，Ａは，Ｂに「事情が変わって甲を売るのはやめた」と嘘をつき，Ｃと直接交渉して，6800万円でＣに甲を売る契約を結びました。

Ａは，「Ｂが甲を売却してくれたら」という条件が成就すると，Ｂに手数料700万円を支払うことになります。これは，Ａにとって不利益なことといえるでしょう。Ａは，条件成就を妨げることを認識しているにもかかわらず，Ｃと直接契約し，そのことによって条件の成就を妨害しています。

民法は，条件が成就すると不利益を受ける当事者が，故意に（条件の成就を妨げることになると認識しながら）条件の成就を妨げた場合，その条件が成就したものとみなすとしています（130条1項）。ですから，Ｂは条件が成就したものとして，Ａから売買手数料を得ることができます。

不正に条件を成就させた場合

CASE 15-7

かつらの製造業者ＡとＢは，かつらの留め具の特許についてトラブルになりました。

最終的に、「甲（A専用の留め具）を用いたかつらをBが製造したら、BはAに違約金として1000万円を支払う」という契約を結びました。Aは、契約後も、Bが甲を使ったかつらを作っているのではないかと疑い、Cに対して、「Bが本当に甲を用いたかつらを作っていないか確かめるために、甲を使ったかつらを作ってくれるよう、Bに強く求めるよう行動してほしい」と頼みました。Cは、Bに対して、甲を使ったかつらを作るよう、何度も頼み込み、Bは、Cの強引な態度に根負けして、甲を用いたかつらを製造してしまいました。

　Aは、条件が成就すると違約金1000万円を得られるという利益を受けます。民法は、条件が成就すると利益を得られる当事者が、不正に条件を成就させた場合、その条件が成就しなかったものとみなすとしています（130条2項）。

　Bは甲を使ったかつらを製造していますが、このかつらは、AがCを利用して強引に作らせたものでした。つまり、**CASE 15-7** の違約金に関する条件はAが不正に成就させたものですから、条件は成就しなかったものとみなされ、Bは違約金を支払う必要がありません。

6 特殊な条件

既成条件

CASE 15-8

　甲会社が主催する絵画展が開かれ、優秀賞の受賞者には50万円が与えられることになっています。AとBは、次のような契約をしました。もっとも、契約の時点で、優秀賞の受賞者が発表されていた場合、その契約はどうなるでしょうか。

❶「Aが優秀賞をもらえたならば、私（B）はAに50万円をあげる。」

❷「私（B）はAに50万円をあげる。でも、Aが優秀賞をもらえたならば、この契約の効力はなかったことにする。」

　CASE 15-8 の❶も❷も契約につき「Aが優秀賞をもらえたら」という条件がつけられています。しかし、**CASE 15-8** では、法律行為の時（契約をした時）に、優秀賞の受賞者が発表されていました。そのため、条件とされた事実（Aが優秀賞をもらう）が、法律行為の時（契約をした時）に、(ア)すでに成就することが確定していた（Aが優秀賞をもらえた）、もしくは、(イ)成就しないことが確定していた（Aが優秀賞をもらえなかった）といえます。

「Aが優秀賞をもらえたら」という条件は，法律行為の時点での過去の確定した事実なので，正確にいえば，条件に当たりません。もっとも，当事者が過去の確定した事実であることを知らずに，そのような事実を条件としてしまう場合もあります。そこで，民法は，当事者が過去にすでに確定している事実を知らずに，これらの事実を法律行為の条件とした場合，その条件を既成条件と呼び，次の表のようなルールを定めています。これらのルールは，当事者がどういう考えのもとで条件をつけたのかに注目して定められています。

	(ア)法律行為の時にすでに条件が成就することが確定していた場合（Aが優秀賞をもらえた場合）	(イ)法律行為の時に条件が成就しないことに確定していた場合（Aが優秀賞をもらえなかった場合）
❶停止条件	当事者は条件が成就したら法律行為の効力を発生させるつもりだった→BがAに50万円をあたえる契約は条件のない契約となり，Aは50万円をもらえる（131条1項）	当事者は，条件が成就しない場合には法律行為の効力を発生させないつもりだった→❷の(ア)と同じ結果になる（131条2項）
❷解除条件	当事者は条件が成就したら法律行為の効力をなくすつもりだった→BがAに50万円をあたえる契約は無効になり，Aは50万円をもらえなくなる（131条1項）	当事者は，条件が成就しない場合には，法律行為の効力をそのままにするつもりだった→❶の(ア)と同じ結果になる（131条2項）

不法条件

132条前段は，不法な条件がついた契約は無効になるとしています。「不法」は「公序良俗違反」と同じ意味であると理解されています（公序良俗については第10章参照）。⇒160頁 例えば，「あいつを殺してくれ」と依頼する契約は，公序良俗違反により無効です（90条）。これに対して，「あいつを殺してくれたら，100万円あげる」という条件がつけられた契約はどうでしょうか。「100万円をあげる」という契約自体は犯罪に関するものではありません。しかし，この契約につけられた条件は，「人を殺すこと」という公序良俗に違反することを内容とした条件です。このように，内容が不法である条件は，不法条件と呼ばれ，不法条件がついた契約は無効になります（132条前段）。

反対に，「暴力を振るうのをやめるならば，100万円あげるよ」という契約は不法な行為をしないことを条件とするものです。暴力を振るわないのは当然のことであって，お金をもらわなくとも，暴力を振るうのをやめるべきです。そのた

め，不法な行為をしないことを条件とする契約も無効になります（132 条後段）。

不能条件

実現が不可能な条件のことを不能条件と呼びます。実現が絶対に不可能な場合（例えば，死人が生き返ったら）だけでなく，社会の常識からすれば実現が不可能だと考えられる場合（例えば，日本海に落とした指輪を見つけてきたら）も含みます。

停止条件が不能条件だった場合（例えば，「私が日本海に落とした指輪を見つけてきたら，100 万円をあげる」という場合），契約が無効になります（133 条 1 項）。停止条件が成就しないことがはっきりし，契約の効力が発生しないことが確定しているのに，契約をそのままにしておく必要がないからです。

また，解除条件が不能条件だった場合（例えば，「お父さんにあげようと思っていた本だけど，死んだからあなたにあげる。でも，お父さんが生き返ったら，契約はなかったことにする」），契約は条件のつけられていないものとして扱われます（133 条 2 項）。当事者としては，条件が成就しない限り契約の効力を認めるつもりだったからです。

純粋随意条件

例えば，A が B と「私（A）の気が向いたら，あなた（B）に 10 万円あげる」という契約をしたとします。「私の気が向いたら」というのは，その条件の成就が A の意思次第で決まるものです。条件の成就が当事者の気持ち次第で決まるような条件のことを純粋随意条件と呼びます。134 条は，純粋随意条件つきの契約を無効としています。契約は拘束力をもつものであるという考え方からすると，「私の気が向いたら」という程度の意思では，拘束力をもつ契約として保護されないからです。

 期　限

1　期限の意味と種類

CASE 15-9
2021 年 5 月 1 日，A は，法務大臣 B に甲という本をあげるという契約を結びま

した。この契約には次のような特約がつけられています。

❶「2021 年 5 月 31 日に，Bに甲を渡す。」

❷「今，甲を渡されても，仕事が忙しくて読む時間がない。だから，私（B）が<u>法務大臣を辞めたら，甲を渡してください。</u>」

期限とは

CASE 15-9 の契約によって，BにはAに対して甲の引渡しを求める債権が発生します。もっとも，この契約には，❶❷のような内容の特約がつけられています。❶の「2021 年 5 月 31 日」は将来必ずやってくることです。また，法務大臣はいつか辞めなければならないので，❷の「法務大臣を辞める」ということも将来必ずやってくることです。つまり，❶❷の特約は，甲を渡すという債務の履行を，将来の確実な事実が実現するかどうかによって左右させるものといえます。

このような，契約の効力の発生もしくは消滅または債務の履行を，将来の確実な事実（将来必ずやってくる事実）が実現するかどうかによって左右させる特約のことを期限と呼びます。❶の「2021 年 5 月 31 日」も，❷の「法務大臣を辞める」も期限に当たります。そして，将来の確実な事実が実現したことを期限が到来したといいます。

期限の種類：確定期限と不確定期限

期限には，将来の確実な事実がいつ実現するのかが定まっているものと，定まっていないものがあります。CASE 15-9 ❶の「2021 年 5 月 31 日」はいつ実現するのかが定まっています。❶のような期限のことを確定期限と呼びます。しかし，CASE 15-9 ❷の「法務大臣を辞める」ことは，いつかは必ず実現することですが，それがいつになるのかが定まっていません（何年も大臣をつとめることもあれば，就任してすぐに辞めることもあります）。❷のような期限のことを不確定期限と呼びます。

なお，条件は，契約の効力の発生または消滅を，将来の不確定な事実の成就にかからせる特約でした。条件と期限は，将来の確実な事実の到来にかからせるかどうかという点で異なるので注意してください。

2　始期と終期

「契約の効力の発生」または「債務の履行期」についての期限のことを始期と呼びます（履行期については 228 頁で説明しています）。135 条 1 項は，「法律行為に始期を付したときは，その法律行為の履行は，期限が到来するまで，これを請求することができない」としていて，「債務の履行期」に関することしか定めていないように見えます。しかし，契約の効力が発生する時期について期限を定めること（例えば，「A は甲土地を B に売る。この契約による所有権の移転の効力は契約から 10 日後に発生する」）も可能です[4]。

また，契約の効力の消滅についての期限のことを終期と呼びます（135 条 2 項）。

3　期限の利益

> **CASE 15-10**
> 　2021 年 10 月 1 日，ゲーム会社 A は，B から，1 年後（2022 年 10 月 1 日）に返済する約束で，1000 万円を借り受けました。なお，返済時に，1 年分の利息として 100 万円をあわせて支払うことになっていました。その後，2022 年 1 月に A が発売したゲームが大人気となり，A は多くの収入を得ました。
> ❶ B は，A のゲームが大人気となったことを知り，2022 年 2 月 1 日に「今すぐ 1000 万円を返してほしい」といいました。
> ❷ A は，借入れから 6 か月後（2022 年 4 月 1 日）に，B に対して「ゲームが売れたので，1000 万円を返す」といい，「6 か月借りただけなので，利息は半分の 50 万円でよいはずだ」といいました。

期限の利益とは

A の債務には期限が定められているので，期限が到来するまで，A は，債務を履行する必要がなく，借りたお金を自由に使うことができます。このように，債務に期限が定められている場合，期限が到来するまで，債務者は債務を履行する必要がないという利益を受けます。期限が到来するまでの間，当事者が受けるこのような利益を期限の利益といいます。

---

note

[4] 用語　始期のうち，契約の効力発生に関するものを効力始期（または停止期限），債務の履行時期に関するものを請求始期（または履行期限）といいます。

2　期　限　● 237

期限の利益の推定

期限の利益がだれにあるのかは，意思解釈によって決まります。もっとも，期限というものは，普通，期限までは債務者は履行しなくてもよいという趣旨で定められます。そこで，136条1項は，期限は，債務者の利益のために定められたものと取り扱う（推定する）としています[5]。 ⇒84頁

Aは，債務者ですから期限の利益を有していると推定されます。したがって，❶の場合，Aは，期限が到来する前に債権者（B）から債務の履行を請求されたとしても，債務を履行する必要がなく，借りたお金を自由に使うことができます。

期限の利益の放棄

期限の利益を有する者は，期限の利益を放棄することができます（136条2項本文）。これによると，Aは，期限が到来する前に，期限の利益を放棄して債務を履行することができます。利息というものは，物を利用させてもらうことへの見返り（対価）なので，Aがお金を利用させてもらっていた期間である半年分の利息（50万円）を払えばよいように思われます。

しかし，期限の利益の放棄によって相手方（B）の利益を害することはできません（136条2項ただし書）。Aが期限の利益を放棄するのであれば，それによって相手方（B）に生じる損失をAは賠償しなければなりません。Bは，もともと，期限までの利息（100万円）を得ることができたはずでしたから，50万円しか利息を受け取れないとすると，50万円の損失をうけます。したがって，❷の場合，Aは，Bに対して100万円（半年分の利息として50万円＋損害賠償として50万円）を支払わなければなりません。

---

note

[5] 発展 ただし，①当事者が反対の特約をした場合（例えば，債務者に期限の利益がないことを約束した場合）や②当該契約の性質によって反対の趣旨が明らかである場合には，この推定はくつがえることになります。期間を定めて物を保管してもらう契約（寄託契約）は，②の1つの例です。寄託契約によって物の保管を頼んだ人（寄託者）は，物を保管している人に預けた物の返還を求める債権をもっています。寄託契約によれば，物を保管している人（受寄者）は期限が来るまで保管を続けなければなりません。そのため，寄託者は，その期限が来るまで，物を保管してもらえるという利益をもっています。したがって，寄託契約の性質からすると，債権者（寄託者）に利益があるのです。

Column 23　条件か期限か曖昧な場合：出世払契約

次のようなケースを考えてみましょう。

> Aは，大学の卒業コンパで，友人のBがC銀行に就職することを知りました。コンパの会費を支払う際に，Bが財布を忘れていたので，Aは，「1万円貸してあげるよ。C銀行の支店長に出世したら，返してね」として，Bに1万円を貸しました。Bは，C銀行に就職したものの，（支店長になれないまま）1年で退職し，現在は，農業を営んでいます。

この契約には，「銀行の支店長に出世したら」という特約がつけられています。このような「将来出世した場合に返済する」という契約は，一般的に出世払契約と呼ばれます。では，「銀行の支店長に出世したら」は条件・期限のどちらに当たるのでしょうか。これは，意思表示の解釈によって決定されます。

まず，この特約は，文字通りに「Bが銀行の支店長になったら」という意味だったのかもしれません。銀行の支店長になるというのは，基本的に，将来の不確定な事実です。この意味によれば，この契約は，停止条件つきの契約といえるでしょう。

しかし，この契約を停止条件つきの契約とすると，Bが銀行の支店長になるという停止条件が成就しないわけですから，Aはいつまでたってもお金を返してもらえなくなります。Aは，そのようなつもりで1万円を貸すと約束したのではないということも十分考えられます。むしろ，この特約は，いつか必ず返してもらうという意図のもので，「Bが支店長になるか，支店長になれないことがはっきりしたら」という意味をもつかもしれません。支店長になれないということは，いつかは確定することといえます。それは，支店長にならないまま定年退職したり，転職したりすることもあるからです。この意味によれば，AとBの契約は不確定期限のついた契約であり，Bが退職した時点で期限が到来したことになります。判例（大判大正4年3月24日民録21輯439頁）は，このような出世払契約は不確定期限のついた契約であるとしています。

3 期間の計算

1 民法における期間計算

> ### CASE 15-11
>
> 　Aは，自転車を所有しています。2021 年 7 月 31 日午後 1 時 50 分，Aは Bに次の期間で自転車を貸してあげることにしました。B は，いつまで自転車を利用できるのでしょうか。
> - ❶今日の午後 2 時 00 分から 1 時間貸してあげる。
> - ❷今日から 1 か月間貸してあげる。

　民法は，以下のような，期間計算の基準を定めています。ただし，当事者が民法と異なる期間計算の方法を定めることも可能です（138 条）。

	期間の起算点	期間の満了点	CASE 15-11 の場合
時[6]・分・秒を単位として期間が定められた場合（❶）	即時（契約で決められたその時）（139 条）	定められた時・分・秒の終了した時（139 条参照）	❶の場合，起算点は 2021 年 7 月 31 日午後 2 時 00 分で，満了点は同日午後 3 時 00 分となる
日・週・月・年を単位として期間が定められた場合（❷）	原則として，期間の初日の次の日（140 条本文）	原則として「期間の末日」の終了した時（午後 12 時 00 分）（141 条）	❷の場合，起算点は 2021 年 8 月 1 日で，満了点は同年 8 月 31 日の終了した時となる

　ここでは，日・週・月・年を単位として期間が定められた場合について，特に注意が必要な点について説明しておきたいと思います。

初日不算入の原則

　日・週・月・年を単位として期間が定められた場合，期間の起算点は，期間の

---

note

[6] **用語** ここでいう「時」とは hour（1 hour＝1 時間）のことです

初日の次の日になります。これを，初日不算入の原則といいます（140条本文）。初日不算入の原則は，初日が丸一日（その日の初めから終わりまで）使えないのに，「1日」とカウントされるのは適切ではないので，端数（丸一日使えない日）を切り捨てて，期間の初日の次の日を起算点とするものです[7]。

このことからすれば，❷の場合，7月31日の次の日（8月1日）が期間の起算点となり，この時からひと月の間，自転車を利用できます。

▌期間の計算の方法▐

では，期間の計算の方法についても見てみます。日・週を単位として期間が定められた場合，1日は24時間，1週間は7日で計算します。もっとも，ひと月の日数は，4パターン（28日・29日・30日・31日），1年の日数には2パターン（365日・366日）あります。そこで，月と年に関しては，カレンダー（暦）に従って計算されます（143条1項[8]）。

このことからすれば，❷の場合，8月の日数はカレンダーによれば（暦の上では）31日なので，❷の期間は31日ということになります。

2 特別法における期間計算：年齢計算に関する法律 ────●

民法は期間計算の方法を規定していますが，個別の法律で期間計算の方法が定められている場合は，それに従って計算します（138条）。「年齢計算ニ関スル法律」はその1つの例で，生まれた時間にかかわらず，生まれた日が起算点であるとしています（同法1条）。

Column 24　なぜ，4月1日生まれは「早生まれ」になるのか？

2020年4月1日生まれのAと2020年10月2日生まれのBがいるとして，AとBは，同じ学年として小学校に入学するのでしょうか。

学校教育法17条1項によれば，保護者は，子の満6歳に達した日（7歳ではな

---

note ────────────────────────────────────

[7] **発展** この趣旨からすると，端数（丸一日使えない日）が出ない場合，つまり，期間が午前0時00分から始まるときは，その日を起算点としてもよいことになります（140条ただし書）。

[8] **説明** 143条1項では，「週」も暦で計算されるとしていますが，「週」は1パターン（7日）しかないので，暦に従うのは無意味であるといわれています。

いことに注意してください）の翌日以後における最初の学年の初めから，小学校に就学させる義務を負います。小学校の学年は，4月1日に始まります。なお，「以後」とは，その時を含めてそれよりも後のことを指しますから，「翌日以後」とは，翌日を含めてそれよりも後のことを指します。

　年齢に関しては，誕生日が起算日になるので（年齢計算ニ関スル法律1条），Bは，誕生日の前日（2026年10月1日）の終了した時に満6歳になります。翌日（2026年10月2日）以後における最初の学年は，2027年4月1日から始まる年ですから，Bは，2027年4月1日に小学校に入学することになります。

　これに対して，Aは，誕生日の前日（2026年3月31日）の終了した時に満6歳になります。翌日（2026年4月1日）以後における最初の学年は，2026年4月1日から始まる年です。そうすると，Aは，2026年4月1日に小学校に入学することになります。したがって，Aは，いわゆる「早生まれ」として，Bよりも1学年早く小学校に入学することになります。

POINT

1　条件とは，法律行為の効力の発生または消滅を，将来の不確定な事実が成就（じょうじゅ）するかどうかによって左右させる特約のことです。

2　停止条件とは，将来の不確定な事実が成就したら，停止されていた契約の効力が発生するという条件のことです。解除条件とは，条件が成就したら，契約関係が解消されるという条件のことです。

3　期限とは，契約の効力の発生もしくは消滅または債務の履行を，将来の確実な事実が実現するかどうかによって左右させる特約のことです。

4　確定期限とは，到来の時期が定まっている期限のことです。不確定期限とは，いつ到来するかが定まっていない期限のことです。

5　期限が到来するまでの間，当事者が受ける利益を期限の利益といいます。期限の利益を有する者は，期限の利益を放棄することができます。しかし，期限の利益の放棄によって相手方の利益を害することはできません。

6　日・週・月・年を単位として期間が定められた場合，期間の起算点は，期間の初日の次の日になります。これを，初日不算入の原則といいます。

時効とは・時効の完成と援用
──時効①

第 **16** 章から第 **18** 章では，時効という制度を扱います。まず，時効制度がどのような制度なのかを学びましょう。そして，時効制度に共通するルールのうち，時効の完成に関わるルールについて学びましょう。

時効制度とは何か，時効制度の存在理由

時効には，①時がたつことによって権利を取得するというタイプのものと，②時がたつことによって権利や義務が消滅するというタイプのものがあります。①を取得時効，②を消滅時効といいます。このような時効制度はなぜ存在しているのでしょうか。

時効の完成と援用　　144条〜146条

時効について法律で定められた期間がすぎたとしても（このことを「時効が完成する」といいます），それだけで権利を取得したり，権利や義務が消滅したりするわけではありません。では，時効によって権利を取得したり，権利や義務が消滅したりする（これを「時効による利益」ないし「時効利益」を受けるといいます）ためには，どうすればよいのでしょうか。また，その利益を受けることができる者はだれでしょうか。そして，時効による利益を捨てて行使しない（これを「時効利益

を放棄する」といいます）ことはできるのでしょうか。

1 時効制度の基礎知識

1 時効制度とは何か ─────────────────●

　民法は，時効という制度を定めています。時効には，取得時効と消滅時効があります。詳しくは後で学びますが，どのようなものかを，簡単にみてみましょう。

| 取得時効 |

CASE 16-1

　Aは，甲土地を所有し，Bは，その隣の乙土地を所有しています。Aは，甲の上に丙建物を建て，最初は1人で住んでいましたが，途中から，Cに丙の一部屋を月1万円の家賃で貸していました。

　Aが甲を利用しはじめてから30年がたった時に，突然，Bは，「Aは甲の一部としてx部分を利用しているが，先日，私（B）が乙を買ったときの契約書を見たら，契約書にはx部分が乙の一部であると書いてあった。Aの丙建物は，x部分にはみ出ているので，はみ出た分を取りこわせ」といいました。

　Aは，Aが甲を買った時の契約書を見てみましたが，x部分は，甲の一部であると書いてありました。地図を見ても甲と乙の境目はよく分からず，Aは困っています。

x部分

Aが自分の土地
として利用して
いる範囲

Bが所有権を
主張している
範囲

　CASE 16-1では，さまざまな事情が述べられていますが，これらの事情のもつ意味は，次の **2** で改めて説明します。このケースで重要なのは，Aが，x部分を自分の所有する土地として30年以上利用しているということです。このような場合に，x部分の所有権をAに取得させる制度が，取得時効です。

消滅時効

> **CASE 16-2**
>
> 　2025 年 5 月 1 日，D 会社は，突然，E 会社に対して，E が D から 1 年後に返す約束で 1989 年 5 月 1 日に 500 万円を借りたという内容の契約書をもってきました。D は，「貸した 500 万円を返してもらっていないので，今すぐ返してください」といいます。もっとも，この 35 年の間，一度も D から文句をいわれたことがなかったので，E は，返済すべき日にきちんと返したのではないか，と思っています。しかし，E では，資料は 30 年分しか保存されておらず，お金を返したかどうかがはっきり分かりません。

　CASE 16-2 の D は，E に対して借金を支払ってもらうという債権があるのに，30 年以上，その権利を行使していませんでした。このような場合に，D の債権を消滅させる制度が消滅時効です。

2　時効制度の存在理由

　時の経過が権利関係を変更してしまう，こうした時効制度はなぜあるのでしょうか。次の①〜③が，時効制度が存在する理由とされています。

存在理由①：長く続いている状態を保護する必要があること

　CASE 16-1 の A は，長い間，自分の所有権があるものとして，x 部分を利用しています。CASE 16-2 の E は，長い間，D の債権（500 万円の債権）が存在しないことを前提として活動しています。A も E も，長く続いている状態を前提に生活している者です。もしも，時効制度がなかったとすれば，本当の権利者は，いつでも，権利を主張して，長く続いている状態をひっくり返すことができます。そうすると，当事者（A と E）は，いつか，生活の前提が本当の権利者によってくずされるかもしれないという，不安定な立場におかれてしまいます。

　また，CASE 16-1 の C は，（A が x 部分の所有者であるかのような）長く続いた状態を前提に，それが本当である（A が本当に x 部分の所有権をもっている）と信じて A から丙建物の部屋を借りています。もしも，時効制度がなかったとすれば，第三者（C）は，本当の権利者によって信頼の前提がくずされて，思ってもみない不利益を 蒙 ることになります。

そこで，当事者の生活や第三者の信頼の前提である長く続いている状態がくずれないように，長く続いている状態をそのまま認めるものとして，時効制度が定められました。

存在理由②：真実を反映している可能性の高さ

CASE 16-1 で，A は x 部分を長い期間利用し続けており，B はその間何も主張しませんでした。もし，B が本当に x 部分を所有していたならば，B は，A が x 部分を利用し始めた早い段階で，その利用を止めるよう文句をいうはずです。A が x 部分を長い間利用し続けていたということは，A が x 部分の本当の所有者であるという真実を反映している可能性が高いといえます。

CASE 16-2 では，長い期間，E は 500 万円の債務などない状態にあり，D はその間一切支払を請求しませんでした。もし，本当に E が 500 万円を支払っていないのであれば，D は早い段階でお金を払うように催促するはずです。そうすると，長い期間，E に 500 万円の債務がない状態が続いているということは，E がもうすでに 500 万円を支払っているという真実を反映している可能性が高いといえます。

このように，一定の事実が継続することは，真実を反映していると考えられます。なぜなら，ある一定の状態が真実を反映していない状態である場合は，真実の権利者は早い段階でその状態を変えようと手を打つのが普通であり，真実を反映していない状態は長くは続かないからです。このように，長い期間にわたって事実が継続するということは，真実を反映している可能性が高いことも，時効制度が存在する理由の1つです。

存在理由③：権利を行使できるのに行使せずに放っておいたこと

CASE 16-1 で，B のいうとおり B が x 部分の所有者であったとしましょう。しかし，B は，甲と乙の境界を確認し，権利を行使する（x 部分の明渡しを求める訴えを提起する）機会が長い期間あったはずなのに，それをしていません。

また，CASE 16-2 では，D のいうとおり，E が 500 万円を支払っていなかったとしても，D は，債権を行使して（借金の返済を求める訴えを提起して），金銭を支払ってもらう機会が長い期間あったはずなのに，それをしていません。

CASE 16-1 の B も CASE 16-2 の D も，「自分の権利を行使できるのに行使

せずに放っておいた者」といえるでしょう。このような権利の上に眠っていた者は，時効制度によって権利を失っても仕方がないといえます。

Column 25　時効「制度」

　1 では，時効「制度」の存在理由を見てきました。単に時効というのでなく，時効「制度」としていることに疑問をもった方がいるかもしれません。「制度」とは，いくつかのルールが，それぞれつながりをもって，全体として 1 つにまとまっているものをいいます。それゆえ，時効「制度」ということは，時効に関するさまざまなルール（時効の援用，時効の完成猶予・更新など）全体のことを指していることになります。時効「制度」の存在理由とは，これらの時効に関するルール全体の存在理由を意味しているということができます。
　「1　時効制度の基礎知識」で時効制度の存在理由を確認したのは，時効制度の存在理由が時効制度の個々のルールを学ぶ上で重要だからです。特に次章で取り上げる時効の完成猶予は存在理由③とかかわります。

 ## 時効のしくみ

　時効の効力が認められるためには，①時効が完成することと，②時効を援用することが必要であるという仕組みになっています。以下，それぞれを順にみていきたいと思います。

債権 a についての時効が完成するための要件

CASE 16-3
　A は，B に甲自動車を 100 万円で売りました。甲の代金は，2022 年 10 月 1 日に支払うことになっており，その日に代金を支払わなかった場合，支払日から 1 か月が過ぎるごとに，A が受ける不利益をうめあわせるためのお金として，代金の 1% を支払うことになっていました。
　B は，支払日である 2022 年 10 月 1 日をすぎても代金 100 万円を A に支払いませんでした。A は，支払日が来たことを分かっていましたが，毎月代金の 1% を払ってもらえると思って，B に対して文句を言わずにいるうちに，すっかり忘れてしまいました。

Bは，支払日から5年がすぎたときに，①代金100万円を支払ってもらうという債権（＝債権a）が時効で消滅しと主張し，さらに，②支払日から1か月ごとに代金の1%を支払ってもらうという債権（＝債権b）も時効によって消滅したと主張しています。

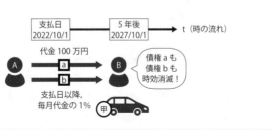

　まず，時効が完成した場合の効力について学びましょう。取得時効に比べて，消滅時効のほうが分かりやすいので，ここでは消滅時効を中心に説明します。CASE 16-3 で取り上げられているのは，消滅時効です。消滅時効は，①ある一定の時点（これを起算点といいます）から，②権利者が権利を行使しない状態が，一定の期間継続することで完成します（詳しくは，第17章で学びます）。

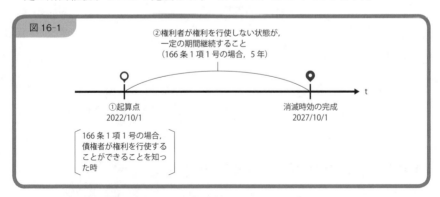

図16-1

　166条1項1号の消滅時効は，①債権者が権利を行使することができることを知った時を起算点として，②その時から5年が経過することで完成します。

　債権a（＝Aが甲の代金の支払をBに求める債権）の支払を求めることができるのは，支払日である2022年10月1日です。債権者であるAは，この日を支払日とすることを契約で決めたのですから，その日が来れば，支払を求めることができることが分かっています。それゆえ，債権aの消滅時効は，①その起算点である2022年10月1日から[1]，②5年が経過することで完成します（166条1項1

号）。

時効の遡及効とは

次に，時効の効力が認められるためには，①時効が完成するだけではなく，②時効の援用[2]が必要です。時効の援用[2]とは，権利の取得や消滅という時効による利益を受ける意思を示すことです。CASE 16-3 の B は，消滅時効が完成して，債権が消滅したと主張していますから，時効を援用しているといえます。

消滅時効の効力とは，権利を消滅させることです（取得時効の場合には権利の取得がその効力です）。ここで注意しなければならないのは，時効の効力は，時効完成の時ではなく，起算点となる日（起算日）において生じていたものとして扱われるということです（144 条）。つまり，消滅時効の場合は，起算日（CASE 16-3では 2022 年 10 月 1 日）において権利が消滅します（取得時効の場合は起算点において権利を取得します）。これを，時効の効力は起算日に 遡 って及ぶという意味で，時効の遡 及 効といいます。時効制度は，起算日から長く続いている状態を尊重するものですので，起算日から効力が生じているものと扱うわけです。

時効の遡及効がもつ意味：債権 b への影響

CASE 16-3 では，債務者 B が支払日に代金を支払うという債務を履行しなかった場合に備えて，履行がされないことによって生じた損害を賠償させるために，代金の 1% を支払ってもらうという契約をしています。この契約によって，支払日から 1 か月ごとに代金の 1% を支払ってもらうという債権（債権 b）が発生します。もっとも，債権 b は，債権 a があるからこそ発生するものです。したがって，債権 a が消滅すれば，債権 b も当然に発生しなかったことになります。

このことからすると，B は，債権 a に関する消滅時効の効力によって，債権 a も債権 b も支払わなくてよいことになります。

---

note

[1] 説明　正確にいうと，初日不算入の原則（→第 15 章）によって起算日は 10 月 2 日となります。しかし，第 16 章から本書を読み始める方もいると思いますので，第 16 章〜第 18 章のケースにおいては，期間の初日を起算点とし，起算点と同じ月日を時効が完成する日として計算をすることにします。

[2] 用語　援用とは，ある事実を持ち出して，自己の利益のために主張し，または相手の要求を拒むことをいいます。

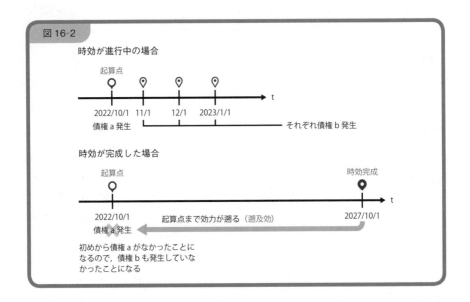

図 16-2

時効が進行中の場合

起算点

2022/10/1　11/1　　12/1　　2023/1/1　　　　　　t
債権 a 発生

それぞれ債権 b 発生

時効が完成した場合

起算点　　　　　　　　　　　　　　　　　　　時効完成

2022/10/1　　　起算点まで効力が遡る（遡及効）　　2027/10/1
債権 a 発生

初めから債権 a がなかったことに
なるので，債権 b も発生していな
かったことになる

３ 時効の援用と時効の利益の放棄

1 時効の援用の必要性

CASE 16-4

　A は友人の B に 50 万円を貸していましたが，B が返してくれないので，50 万円
の支払を求める訴えを提起しました。しかし，50 万円の支払を求める債権については，
すでに消滅時効が完成していました。

　CASE 16-4 の場合，この消滅時効の効力が認められると，債務者である B は，
債務をまぬがれるという利益を受けます。しかし，B としては，「債務をまぬがれ
る（借りたお金を返さなくてすむ）なんて良くないことだ。今からでも 50 万円を
返したい」と思うかもしれません。

　先にみたように，時効の効力が認められるためには，時効が完成するだけでは
なく，時効の援用が必要です。つまり，B は，「消滅時効によって A の債権が消
滅した」と述べるなどして時効を援用することもできます。また，B が消滅時効

の効果を望まないのであれば，時効の利益を受けないという意思を示すこともできます。このことを時効の利益の放棄といいます。

　ただし，時効の利益は，時効が完成する前に放棄することができません（146条）。お金を借りる側は，貸してもらうわけですので，弱い立場にあります。貸主の側が，時効の利益を放棄しないとお金を貸さないと言えば，借主は断れないでしょう。しかし，それでは，借主は，いつまでもお金を返すという債務を負い続けることになります。時効の利益は，時効が完成する前に放棄することができないとされているのは，そのようなことを防ぐためです。

2　時効の援用権者（時効を援用できる者）

　時効を援用できる者のことを時効の援用権者といいます。145条によると，「当事者」は時効を援用することができるとされています。債務者は，消滅時効によって自らの債務を免れるわけですから，「当事者」に当たります。CASE 16-4でいうと，お金を返す債務を負うBがこれに当たります。

　また，145条かっこ書は，消滅時効における「当事者」とは「権利の消滅について正当な利益を有する者」を含むとしており[3]，その例として，保証人をあげています（同条かっこ書は，他にも物上保証人・第三取得者をあげています。これらの者が「権利の消滅について正当な利益を有する者」に当たる理由については後で説明します）。これらの者がどのような者なのかは，保証や抵当権についての説明がないと理解できません。そこで，先に①保証と②抵当権がどのような制度なのかを説明し，次にこれらの者が「権利の消滅について正当な利益を有する者」に当たる理由を説明します。

note

[3] 発展　145条は，消滅時効についての「当事者」の定義を定めていますが，取得時効に関してはその定義を定めていません。145条は2017年に改正されたものなのですが，改正前の判例は，145条の「当事者」が，消滅時効または取得時効によって「直接利益を受ける者」に限られるとしていました。改正された145条は，改正前の判例の「直接利益を受ける」という基準が不明確であることから，「正当な利益を有する」という基準に替えただけであって，145条の解釈についての判例を変更するものではありません。ですから，取得時効については，改正前の判例に従って解釈されることになるでしょう。

前提知識：保証・抵当権とは

CASE 16-5

A銀行はBに対して1000万円の債権をもっています。Aは，Bが1000万円を支払わない場合のために，支払を確保するための手段をとっておきたいと考えています。

　債務者Bが1000万円を支払わない場合に備えて，支払を確保するための手段のことを担保といいます。民法では，さまざまな種類の担保が定められています。以下では，**CASE 16-5**をベースとして，担保の中でも，保証と抵当権について説明します。保証と抵当権についての知識は，時効の援用を勉強する上での前提となるものなので，少し遠回りになりますがお付き合いください。詳しいことは，3巻（担保物権）・4巻（債権総論）で学びますので，ここでは，基本的なしくみだけを説明します。

(1) 保　証

CASE 16-6

A銀行はBに対して1000万円の債権をもっています。Aは，Bに対する債権を担保するために，Bの親であるCと「BがA銀行に1000万円を支払うという債務を保証する」という契約を結びました。

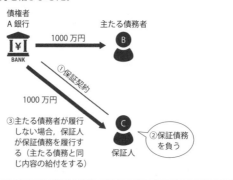

　この場合，Bが債務を履行できなければ，CはBに代わって債務を履行する責任を負うことになります。このことを保証といい，Bを主たる債務者，Cを保証人，Cの負う債務のことを保証債務といいます（詳しくは4巻で学びます）[4]。

(2) 抵当権とは

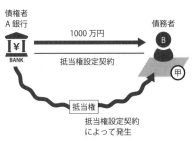
A銀行は，Bとの間で，「Aの債権を担保するために，Bの所有している甲土地に抵当権を設定する」という契約を結ぶことで，甲について抵当権を得る（設定する）ことができます。⇒8頁

A銀行は，Bが貸したお金を返さない場合，抵当権を実行することができます。Aが抵当権を実行すると，甲が競売されます[5]。競売で甲が1000万円で売れたとすると，Aはその代金から1000万円を返してもらうことができます[6]。

時効の援用権者の範囲

それでは，本論に戻って，ある債務について消滅時効が完成したときに，だれがその時効を援用することができるかという問題をみていくことにしましょう。以下では，担保物権法（3巻）と債権総論（4巻）で学ぶ知識がいくつか出てきますが，わからないときは，あまり気にせず，担保物権法と債権総論を勉強してか

---

note

[4] **説明** 保証人が債権者に保証債務を履行した場合，保証人は主たる債務者に対して，保証債務の履行によって保証人の財産が減少した分の返還を求めることができます（これを求償といいます。詳しくは4巻の第**10**章を見てください）。

[5] **説明** 競売とは，いわゆるオークションのことで，ある物を売りたいと思う者が多数の人々を競わせて，最高価の買取りを申し出た者に売るというものです。

[6] **説明** かりに，Bに対して債権をもっている人が他にいたとしても，Aが1000万円を優先的に返してもらうことができます（詳しくは3巻で学びます。ここでは，抵当権という権利があるということを知ってもらえれば十分です）。

らもう一度復習していただければと思います。

　保証債務も抵当権も，債権を担保するためのものです。債権がなくなれば，も
う担保するものがなくなるわけですから，保証債務も抵当権も消滅することにな
ります。これを，担保権の付従性（ふじゅうせい）といいます。

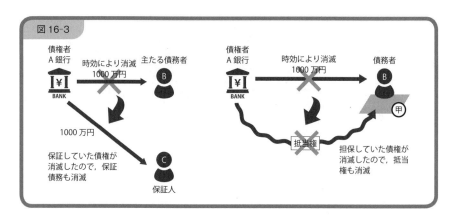

図 16-3

先に示した例にそって説明すると，AからBに対する債権について消滅時効
が完成したとします。Aの債権の担保として保証債務が定められている場合，A
の債権が時効によって消滅すれば，保証人は保証債務も消滅するという利益を受
けます。

　このように，保証人（C）は，債権という「権利の消滅について正当な利益を
有する者」に当たるので，145条のいう当事者として，Aの債権の消滅時効を援
用することができます。

物上保証人と第三取得者

　145条かっこ書は，消滅時効における「当事者」として，保証人のほかに，物
上（ぶつじょう）保証人，第三取得者をあげています。物上保証人・第三取得者とはどのよう
な者でしょうか。

（1）　物上保証人

CASE 16-8

　A銀行はBに対して1000万円の債権をもっています。Aは，Bが1000万円を
支払わない場合のために，Aは，Bとは別の人（D）との間で，「Aの債権を担保する

ために，Ｄの所有している乙土地に抵当権を設定する」という契約を結びました。

　この場合の抵当権が設定された土地の所有者Ｄのことを物上保証人と呼びます。Ｂが借金を返済しない場合，Ａは，抵当権を実行して，Ｄが所有する乙土地の競売によって得られた代金から，1000万円に返してもらうことができます[7]。

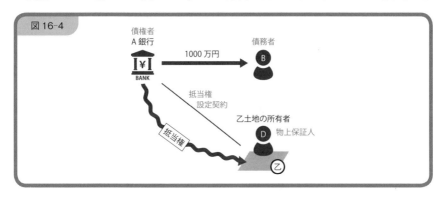

図16-4

債権者
Ａ銀行

1000万円

債務者
Ｂ

抵当権
設定契約

乙土地の所有者
Ｄ　物上保証人

抵当権

乙

(2)　第三取得者

　先の例で，抵当権が設定されたとしても，乙についてのＤの所有権は失われません。そのため，Ｄは，乙の所有権をＥに譲渡することもできます。Ｅのように，抵当権が設定された不動産の所有権を取得した人のことを，第三取得者といいます。

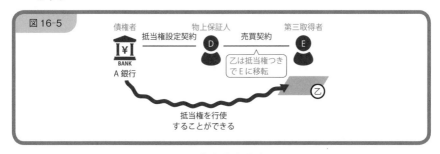

図16-5

債権者　　　　抵当権設定契約　物上保証人　売買契約　　第三取得者
Ａ銀行　　　　　　　　　　　Ｄ　　　　　　　　Ｅ

乙は抵当権つき
でＥに移転

乙

抵当権を行使
することができる

　この場合，Ｅに譲渡されるのは，抵当権つきの所有権です。したがって，Ａは，

---

note

[7] **説明**　抵当権の実行によって物上保証人が不動産の所有権を失ったときは，本章note[4]で説明したように，保証人と同じく，抵当権で担保された債権の債務者に対して求償できるとされています（詳しくは３巻を見てください）。

抵当権が設定された不動産が物上保証人（D）のもとにある場合と同じように，Eのもとにある乙について抵当権を実行することができます。

(3) 物上保証人・第三取得者による時効の援用

債権がなくなれば，もう担保するものがなくなるわけですから，抵当権も消滅することになります（担保権の付従性）。⇒254頁 そのため，物上保証人Dも第三取得者Eも，Aの債権が消滅時効によって消滅すれば，抵当権が消滅するという利益を受けます。このように，物上保証人（D）・第三取得者（E）は，債権という「権利の消滅について正当な利益を有する者」に当たるので，145条のいう「当事者」として，Aの債権の消滅時効を援用することができます。

3　時効の援用・時効の利益の放棄の相対効 ─────●

CASE 16-9

A銀行は，Bに1000万円を貸すときに，BがAに1000万円を返す債務（主たる債務といいます）を担保するために，Cと保証契約を結びました（これによって生じるCの債務を保証債務といいます）。その後，Bが返済日をすぎても1000万円をAに返さないまま，5年がすぎました。その段階になって，AがCに対して保証債務の履行として1000万円を支払うよう求めました。これに対して，Cは，Bの主たる債務についてすでに時効が完成していることから，この消滅時効を援用することにし，Cの保証債務も付従性によって消滅するので，Aに1000万円を支払う必要はないと主張しました。

この場合，Aは，Bに対して1000万円の支払を求めることもできなくなるのでしょうか。

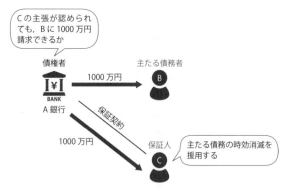

Cの主張が認められても，Bに1000万円請求できるか

債権者　　　　　　　主たる債務者

BANK
A銀行　　　1000万円　　　B

保証契約

1000万円　　　保証人　　主たる債務の時効消滅を援用する

C

ある援用権者が時効を援用した場合

　わかりやすくするために，債権者 A が主たる債務者 B に対してもっている債権を債権 a，保証人 C に対してもっている債権を債権 b と呼ぶことにします。債権 a についての消滅時効は，すでに完成しています。C は，債権 a の保証人ですので，債権 a の消滅時効を援用することができます（145条）。その結果，債権 a は消滅し，債権 b も（保証債務の付従性の原則によって）消滅することになります。

⇒254頁

他の援用権者の援用の自由

　問題は，このように保証人である C が債権 a の消滅時効を援用したときに，債権者 A は（債権 a が消滅するのだから）債権 a の債務者である B に対してその履行を求めることができなくなるかどうかです。

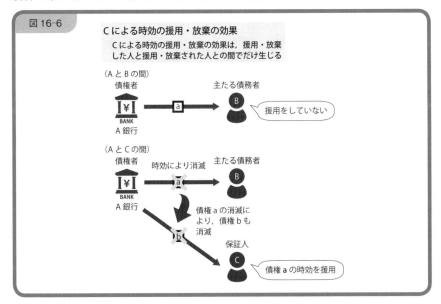

図16-6

C による時効の援用・放棄の効果

C による時効の援用・放棄の効果は，援用・放棄した人と援用・放棄された人との間でだけ生じる

　保証人である C が時効を援用して保証債務から免れたいと思うのは自由ですが，債務者である B が時効を援用せずに債権 a を履行する（1000万円を払う）のも自由です。したがって，時効の援用や時効利益の放棄は，それぞれの援用権者が自由にすることができます。これによると，それぞれの援用権者が時効を援用した

り時効利益を放棄したりしても，他の援用権者にその効力は及びません。他の援用権者は，自由に時効を援用するか時効利益を放棄するかを決めることができます。そうすると，Bは，Cが援用するかにかかわりなく，時効を援用することも時効利益を放棄することもできます。このように，時効の援用・時効利益の放棄の効果が，援用または放棄をした人（C）と援用または放棄された人（A）との間でだけ生じることを，時効の援用・時効利益の放棄の相対効（そうたいこう）といいます。

　このことからすると，Aは，Bが時効を援用しない限り，Bに1000万円の支払を求めることができることになります。

4　時効完成後の債務承認

時効援用・時効利益の放棄の前提となるもの

　3までで，時効の援用・時効利益の放棄について学んできました。時効の援用・時効利益の放棄をするためには，時効の援用権者が時効の完成を知っていることが前提となります。それは，時効が完成したことを知らなければ，時効の利益を受けるかどうかも判断することができないはずだからです。

　では，債務者が，時効が完成したことを知らないで，債務を承認したとみられる言動をしてしまった場合は，どうなるでしょうか。

> **CASE 16-10**
> 　Aは，Bに対して100万円の支払を求める債権をもっています。その支払日から時効の完成に必要な期間がすぎた後に，Aは，Bに対して100万円の支払を求める手紙を送りました。Bは，Aの債権につき消滅時効が完成したことを知らずに，「100万円を支払わなければいけないことはわかっている。でも，今は，手元にお金がないので，もう少し支払を待ってほしい」という内容の手紙をAへ送りました。手紙を送った後で，Bは，Aの債権の消滅時効が完成していることを知ったので，Aの債権についての消滅時効を主張し，100万円の支払を拒んでいます。

　Bは，「私（B）は，あなた（A）に100万円を支払う債務があることを認めます」と明言しているわけではありません。しかし，その債務があることを認めているからこそ，100万円の支払の猶予を求めたのです。ですから，Bの言動は，（明言してはいませんが）100万円を支払う債務の承認も含んでいるとみることができます。

時効利益の放棄の有無

　Bが時効の完成を知っていたのであれば，Bの言動は，自分がもっている時効の利益を放棄するという意思を表示したとみることができます。しかし，Bは消滅時効の完成を知らなかったのですから，自分がもっている時効の利益を放棄するという意思を表示したとみることはできません。

信義則による時効の援用の制限

　では，Bは，消滅時効の完成を知った後に，改めて消滅時効を主張（援用）できるでしょうか。Aからすれば，時効がもう完成しているのに債務があることを認めるような言動があれば，Bは時効を援用するつもりがなく，債務を履行してくれると信じるでしょう。1条2項の信義則によると，自分が以前にした行為と矛盾した行為をすることは許されません。なぜなら，自分が以前にした行為を信じた者（CASE 16-10のA）の利益が害されることになってしまうからです。そこで，判例（最大判昭和41年4月20日民集20巻4号702頁）は，このような場合，信義則に照らして，Bが消滅時効を援用することは許されないとしています[8]。

---

note ─── ●

[8] 発展　Bは，（時効が完成しているかどうかという）基礎となる事情についての認識を誤るという錯誤をしています。しかし，判例における時効の援用の制限は，Bの意思表示の効果ではなく，信義則の効果として認められるものです。そのため，CASE 16-10 では，95条は適用されません。

1 時効の効力が認められるためには，①時効が完成することと，②時効の援用が必要であるというしくみになっています。

2 時効の遡及効とは，時効の効力が起算点に遡って及ぶということです。

3 時効の援用とは，権利の取得や消滅という時効による利益を受ける意思を示すことです。時効の利益の放棄とは，時効の利益を受けないという意思を示すことです。

4 保証人，物上保証人，第三取得者などの権利の消滅について正当な利益を有する者は，消滅時効を援用することができます。

5 時効の援用・時効利益の放棄の相対効とは，時効の援用・時効利益の放棄の効果が，援用または放棄をした人と援用または放棄された人との間でだけ生じることです。

6 債務者が，時効が完成したことを知らないで，債務を承認したとみられる言動をしてしまった場合，判例は，信義則に照らして，その債務者が消滅時効を援用することは許されないとしています。

第**17**章

時効の完成猶予と更新
——時効②

═══ INTRODUCTION ═══

　前章では，時効が完成した場合の効力について学びました。民法は，時効の完成を妨げる事柄を定めています。時効の完成を妨げる事柄には，時効の完成猶予と更新があります。

時効の完成猶予　📖 147条1項，148条1項，149条〜151条

　時効の完成猶予とは，時効の完成のために必要な期間が満了したとしても，一定の期間，時効の完成を遅らせる制度です。時効の完成猶予は，時効にかかる権利を行使した場合，または，権利を行使したくてもできない状況にある場合に認められます。それは，具体的に，どのような場合なのでしょうか。

時効の更新　📖 147条2項，148条2項，152条

　更新は，それまで進んでいた時間をリセットして，またゼロから時効期間が始まることとする制度です。時効の完成猶予は，更新と違って，それまで進んでいた時間をリセットせずに，時効の完成だけをいったん待ってもらう制度です。そのため，時効の更新のほうが完成猶予よりも強い力があるといえます。更新は，裁判所の手続や相手方の承認によって権利があることがはっきりした場合に認められます。それは，具体的に，どのような場合なのでしょうか。

1 時効の完成を妨げる事柄：時効の完成猶予と更新

本章では，時効の完成を妨げる制度について学びます。民法は，時効の完成を妨げる制度として，時効の完成猶予と更新を定めています。

1 時効の完成猶予と更新の意味

時効の完成猶予とは，時効の完成のために必要な期間が満了したとしても，一定の期間，時効の完成を遅らせる制度です。

時効の更新とは，それまで進んでいた時間をリセットして，またゼロから時効期間が始まることとする制度です。更新しても，時効制度の適用がされなくなることにはならないので注意してください。

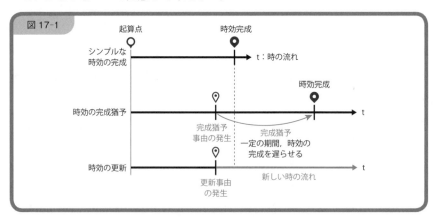

図 17-1

2 時効の完成猶予と更新が認められる場合の概要

時効の完成猶予と更新が認められるのは，次頁の表の①〜⑥の場合です。たくさんの場合が出てきてややこしそうに見えますが，基本的な考え方はとてもシンプルです。

時効の完成猶予

権利者が自分の権利を行使する（例えば，裁判所に訴える）と，一定期間，時効の完成が猶予されることになります（①a，②，③，④）。これらの場合の権利者

時効の完成猶予・更新が認められる場合		効果	掲載項目
①	a 裁判上の請求等（147条1項），強制執行等（148条1項）	完成猶予	2 1
	b ①aによって権利の確定・満足等に至った場合（147条2項，148条2項）	更新	2 1
②	仮差押え等（149条）	完成猶予	
③	催告（150条）	完成猶予	2 2
④	協議を行うという合意（151条）	完成猶予	2 3
⑤	承認（152条）	更新	2 4
⑥	権利行使の困難 a 未成年者等・夫婦間・相続財産（158〜160条）	完成猶予	2 6
	b 天災等（161条）	完成猶予	

は，権利を行使できるのに行使しなかった（権利の上に眠っている）わけではありません⇒246頁から，時効の完成が猶予されます。

　また，権利者が権利を行使したくてもできない状況にある場合（⑥）――例えば天災のため交通機関がストップした場合――も，権利者は少なくとも一定期間は権利を行使できない立場にあったわけですから，権利の上に眠っているわけではありません。そのため，この場合も時効の完成が猶予されます。

時効の更新

　権利者が権利を行使したとしても，本当にそのとおり権利があるとは限りません。したがって，権利者が権利を行使できたというだけでは，時効の更新（それまで進んでいた時間をリセットして，またゼロから時効期間が始まる）が認められません。

　時効を更新させるためには，権利があることが裁判所の手続によって確定したことが必要です（①b）。

　このほか，権利者に権利があることを相手方が承認した場合も，権利があることが認められたわけですので，時効の更新が認められることになります（⑤）。

時効の完成が妨げられる場合
：時効の完成猶予・更新が認められる場合

1 裁判上の請求等（147条）

前頁の表のうち，①裁判上の請求等（147条1項），強制執行等（148条1項）と②仮差押え等（149条）を理解するためには，民事訴訟法や民事執行法などの知識が必要となります。ここでは，これらのうちで，最もよく用いられる「裁判上の請求」（147条1項1号）だけを取り上げて説明することにします。

裁判上の請求による時効の完成猶予

> **CASE 17-1**
> 　A銀行は，Bに対して1000万円の債権をもっています。Aの債権の消滅時効が2030年5月1日に完成してしまうことから，時効完成の1か月前（2030年4月1日）に，Aは，Bに対して代金の支払を求める訴えを提起しました。

147条1項1号が定める「裁判上の請求」とは，裁判所に訴えを提起することをいいます。CASE 17-1のAは，この裁判上の請求（訴えの提起）という方法で権利を行使しています。このようなAは，権利の上に眠っていません。そのため，Aが裁判所に訴えを提起することによってスタートした訴訟が続いている間，時効の完成はいったんストップする（つまり訴訟が続いている間の時効の完成猶予が認められる）とされています。

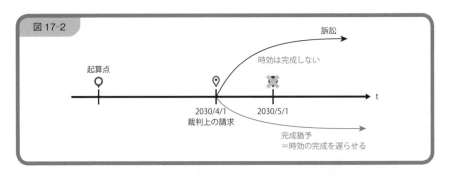

図 17-2

確定判決による時効の更新

> **CASE 17-2**
> **CASE** 17-1 で，2031 年 5 月 1 日に，A の請求を認める判決が確定しました。この場合，A の債権の消滅時効はどうなるでしょうか。

　A が裁判所に訴えを提起することによってスタートした訴訟は，A の請求を正当と認めた（認容した）判決が確定することで終了しています[1]。この確定した判決のことを確定判決といいます。しかし，A の請求を認容した判決が確定しても，B がそのとおり履行しないこともあります。そこで，確定判決が時効の完成についてどのような効力があるのかを定めておく必要があります。

　確定判決があれば，権利があることが確定するわけですから，それまで進んでいた時間はリセットすることとしてよいでしょう。そのため，確定判決によって，時効の更新が認められ，更新の時点から新たな時効が開始されることになります（147 条 2 項）。

　その結果，A の裁判上の請求によって完成が猶予されていた時効は，確定判決によって更新されます。なお，確定判決によって更新された場合，更新の時点から 169 条により 10 年が過ぎると，新たな時効が完成することになります（詳しくは，289 頁を見てください）。

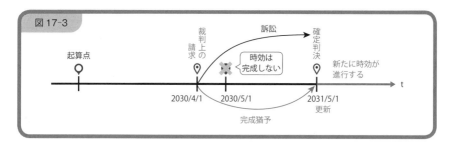

図 17-3

---

note

[1] **説明**　判決につき不服申立て（例えば，上級裁判所に対して判決の取消しや変更を求めること）が許される場合，判決は不服申立期間が経過した場合等に確定します。不服申立てが許されない場合，判決はその言渡しと同時に確定します。

確定判決にいたらなかった場合：時効の完成猶予

では，訴えを提起したものの，確定判決までいかないまま終わってしまった場合はどうなるでしょうか。

> **CASE 17-3**
> CASE 17-1で，Aは，裁判の途中で，証拠が十分でないことに気づき，このままではこの裁判で負けてしまうと考えました。そこで，Aは，いったん訴えを取り下げて，裁判に勝てるだけの証拠を集めたうえで，もう一度Bに対して代金の支払を求める訴えを提起することにしました。計画どおり，Aは，2030年10月1日に訴えを取り下げ，翌年の2031年3月1日，もう一度Bに対して代金の支払を求める訴えを提起しました。

Aは，いったん裁判上の請求を取り下げています。この取下げは，裁判に勝てるだけの証拠を集めて，もう一度裁判上の請求をするためのものです。もっとも，取り下げた時点で消滅時効が完成すると，権利者が証拠を集めて，もう一度裁判上の請求をする機会がありません。そこで，CASE 17-3のように，裁判上の請求がなされたものの，訴えを取り下げる等の理由で確定判決に至らないで裁判が終了した場合には，裁判が終了した時から6か月が経過するまで時効の完成が猶予されることになっています（147条1項かっこ書）。

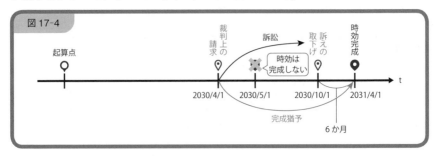

図 17-4

そうすると，Aは，訴えの取下げ（2030年10月1日）から6か月が経過するまでの期間，もう一度，Bに対して代金の支払を求める訴えを提起することができます。この場合，Aがもう一度裁判上の請求をした時（2031年3月1日）から，時効の完成が再び猶予されることになります。

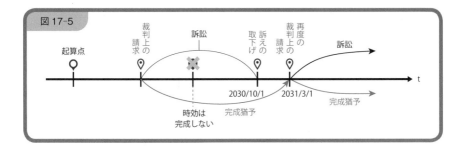

図 17-5

起算点 ── 裁判上の請求 ── 訴訟 ── 訴えの取下げ ── 再度の裁判上の請求 ── 訴訟

2030/10/1 2031/3/1

時効は完成しない　完成猶予　完成猶予

2　催告 (150条)

催告とは

CASE 17-4

Aは親友Bに対して10万円を貸しました。しかし，Bは返してくれません。AのBに対する10万円の債権の消滅時効は，2026年4月10日に完成します。もっとも，Aは，親友を相手に裁判をすべきかどうか悩んでいました。そこで，時効完成の直前の同年3月10日に，AはBに対して，「10万円を返してください。返してくれない場合は裁判に訴えます」という内容の手紙を送りました。しかし，Bからは何の返事もありませんでした。結局，2026年5月1日に，AはBに対して10万円の支払を求める訴えを提起しました。

　日本では一般的に，裁判を「最後の手段」と捉え，なるべく裁判外でトラブルを解決しようとする傾向があります。そのため，Aのように，債務者に対して債務の履行を文書または口頭で催促すること（これを催告といいます）が多く行われています。

催告による時効の完成猶予

　このような催告は，権利を行使するものですので，権利者は権利の上に眠っていないといえます。そこで，民法は，催告にも時効の完成猶予としての効力を認めています。それによると，催告があった時から6か月を経過するまでの間は，時効が完成しないことになります（150条1項）。

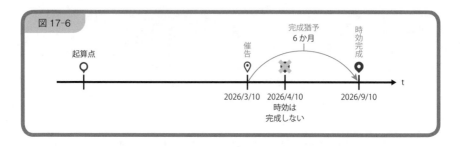

図 17-6

この催告によって完成が猶予されている期間中に，債権者が裁判上の請求（訴えの提起）をしたとします。この場合，催告があった時から6か月を経過するまでの間に裁判上の請求をすれば，その裁判上の請求が終了する（確定判決等によって権利が確定することなく終了したときは，その終了の時から6か月が経過する）までの間は，時効が完成しなくなります。

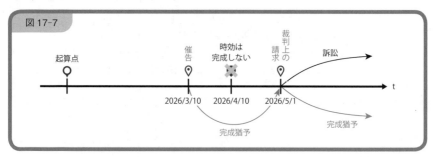

図 17-7

催告：時効の更新の否定

もっとも，裁判外で催告をするだけでは，権利が確定しません。したがって，催告には，時効の更新の効力は認められていません。そのため，催告から6か月の間に裁判上の請求等をしないと，時効が完成することになります。

2度目（再度）の催告：催告が繰り返された場合

では，催告によって完成が猶予されている期間中に，もう一度催告がされた場合はどうなるでしょうか。

催告を繰り返すことで時効完成猶予の期間を延長させることができるならば，時効はいつまでたっても完成しないことになり，社会の法律関係が安定しなくなります。そこで，催告によって完成が猶予されている間に，2度目の催告がされ

たとしても，2度目の催告には完成猶予としての効果がないとされています（150条2項）。つまり，1度目の催告によって時効の完成が猶予されている期間中にもう一度（2度目の）催告がされたとしても，1度目の催告から6か月が経過したところで時効が完成することになります。

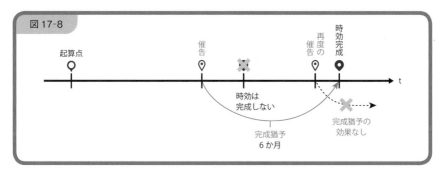

3 協議を行うという合意（151条）

CASE 17-5

A会社は，B建設と，乙建物を建てるという契約を結びました。2027年10月1日に，乙は完成し，Aに引き渡されました。

同年10月10日，Aが乙の利用を始める前に，台風で乙の天井がくずれてしまいました。Aは，C建設に500万円で天井の修理を依頼したところ，同年11月1日，Cは，「BがAとの契約内容どおりの工事をしていたら，今回の台風程度では天井はくずれなかったはずだ。だから，天井がくずれたのは，Bのせいだ」とAに伝えました。

そこで，同年11月2日，Aは，Bに対して「Bがちゃんと工事しなかったことが原因で天井がくずれ，そのせいで，わが社（A）は修理代の支払という損害を受けた。だから，Bは，損害賠償として修理代500万円を支払え」といいました。しかし，Bは，天井がくずれた原因は台風であるとして，支払を拒否しました。

Bがその後も損害賠償を支払おうとしないので，Aは，修理代の全額を支払ってくれないなら，せめて一部でも支払ってほしいと考えています。そこで，2032年9月1日に，AはBに対して「修理代の損害賠償について，話合いで解決しよう」と提案し，AとBは，損害賠償の支払を求める債権について話合いをするということで合意し，書面を作成しました。

債務不履行による損害賠償請求権と消滅時効

　B建設は，契約内容のとおりの工事をするという債務を負っています。A会社のいうとおり，Bが本当に契約内容にあわない工事をしていたならば，Bには，契約内容のとおりの工事をしなかったという債務不履行があることになります。Bに債務不履行があれば，Aは，Bに対して損害賠償を請求する権利（損害賠償請求権）をもちます（415条1項本文）。もっとも，Aの受けた損害の原因がBではなく台風であった場合には，BはAに損害を賠償する必要がありません（415条1項ただし書。詳しくは4巻，5巻で学びます）。そこで，Bは，倉庫が壊れた原因が台風であると主張して，損害賠償の支払を拒んでいます。

　AがBに対して損害賠償請求権をもっていたとしても，その権利の消滅時効が完成するおそれがあります。第 **16** 章で見たように，166条1項1号の消滅時効は，債権者が権利を行使することができることを知った時を起算点として，その時から5年が経過することで完成します。Aは，Bが契約内容に合わない工事をしたことを2027年11月1日に知ったのですから，2027年11月1日から5年がたった2032年11月1日には，AのBに対する損害賠償請求権の消滅時効は完成してしまいます（詳しくは第 **18** 章で学びます）。

⇒248頁

協議を行うという合意による時効の完成猶予

　もっとも，A会社は，B建設に対する損害賠償請求権に関する消滅時効が完成する前（2032年9月1日）に，Bとその権利について話し合うことを合意しています。この話合いのことを協議といい，話合いをすることについての合意のことを協議を行うという合意といいます。

　Aは，Bとの協議において，損害賠償の支払を求めることになります。そうすると，協議をするという行為は，損害賠償請求権を行使するものであって，Aは権利の上に眠っていないといえます。そのため，協議を行うという合意には，時効の完成猶予としての効果が認められています。

　普通，話合いによる紛争の解決には，ある程度の時間がかかります。そこで，協議を行うという合意のあった場合，原則として，その合意の時から1年を経過するまで時効の完成が猶予されます（151条1項1号）。ただし，いくつかの例外があります（151条1項2号・3号）。詳しくは，次頁の表を見てください。

協議を行うという合意によって完成が猶予される期間

①協議を行う期間について定めがない場合		次の(ア)(イ)のいずれか早い時まで（151条1項1号・3号） (ア)「協議を行う旨の合意」が「あった時から1年を経過した時」 (イ)「当事者の一方から相手方に対して協議の続行を拒絶する旨の通知が書面でされたとき」に「その通知の時から6箇月を経過した時」
②協議を行う期間について定めがある場合	1年以上の期間を定めた場合	①の場合と同じ
	1年未満の期間を定めた場合	次の(ウ)(エ)のいずれか早い時まで（151条1項2号・3号） (ウ)「合意において当事者が協議を行う期間を定めたとき」に「その期間を経過した時」 (エ)「当事者の一方から相手方に対して協議の続行を拒絶する旨の通知が書面でされたとき」に「その通知の時から6箇月を経過した時」（(エ)は①の(イ)と同じ期間)

協議を行うという合意をもう一度した場合

　協議を行うという合意をしたものの，時効の完成が猶予される期間内で話がまとまらない場合もあります。この場合，協議を行うという合意によって時効の完成が猶予される期間内に，もう一度（再度），協議を行うという合意をして，時効の完成を猶予させることもできます。例えば，協議の合意があった時から1年が経過する前に，もう一度，1年間協議を行うという合意をすることができます。新たな期間でも協議がまとまらなかった場合には，また「もう一度協議しましょう」と，協議を行うという合意を繰り返すことができます。

　ただし，協議を行うという合意を繰り返したとしても，その完成猶予の効力は，時効の完成が猶予されなかったとすれば時効が完成すべき時から数えて5年を超えることができません（151条2項ただし書）。これによると，CASE 17-5 で，協議を行うという合意が繰り返されたとしても，時効の完成が猶予されなかったとすれば時効が完成すべき時（2032年11月1日）から5年が経過した時（2037年11月1日）に消滅時効が完成することになります。時間の流れについては，次頁の図を見てください。

　催告の場合は，再度の催告に完成猶予としての効果がないとされていたのに（150条2項），協議を行うという合意の場合は，再度の合意にも完成猶予としての効果が認められています。それは，話合いによって紛争を解決するには，ある程度長い時間が必要であり，かつ，当事者が話合いをすることに合意しているか

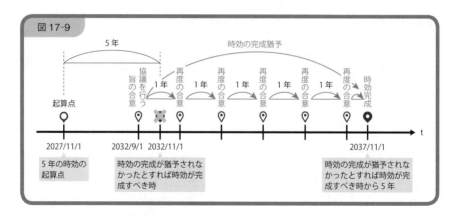

図 17-9

5 年

時効の完成猶予

協議を行う旨の合意

再度の合意 1年

1年 再度の合意

1年 再度の合意

1年 再度の合意

1年 再度の合意

1年 再度の合意

時効完成

起算点

2027/11/1

2032/9/1 2032/11/1

2037/11/1

5 年の時効の起算点

時効の完成が猶予されなかったとすれば時効が完成すべき時

時効の完成が猶予されなかったとすれば時効が完成すべき時から 5 年

らです。

書面が必要

なお，協議を行うという合意による時効の完成猶予を希望する権利者は，協議を行うという合意を書面でしなければなりません（151 条 1 項）。協議の合意があったかどうか，後で争いになるのを防ぐために，このような書面が必要とされています。

4 承認（152 条）

CASE 17-6

2025 年 10 月 1 日，A は，1 年後に返す約束で，友人 B に対して 200 万円を貸しました。しかし，支払日（2026 年 10 月 1 日）に B はお金を返しませんでした。そこで，A は B に対して「毎年 11 月 1 日に，『200 万円は必ず返します』という内容の文書を提出せよ」といいました。そこで，B は，2026 年から 2031 年まで毎年 11 月 1 日にそのような内容の文書を A に渡していました。ところが，2032 年 11 月 1 日になって，B は「去年で，A の債権についての消滅時効が完成しているから，もう借金は返す必要がない」といってきました。

承認とは

152 条の承認とは，時効によって債務を免れたり，権利を取得したりする者（時効の利益を受ける者。CASE 17-6 の B）が時効によって権利を失う者（CASE 17-6 の

A) に対して，時効の対象となる権利があることを知っていると表示することです。

　Bは，時効が完成すれば，借金の債務を免れるという利益を受けることができるのですから，時効の利益を受ける者に当たります。**CASE 17-6** で，BはAに対して「200万円は必ず返します」という文書を渡しています。これは，「AのBに対する債権があることを知っている」ことをAに表示するものですから，152条でいう承認に当たります。

│ 承認による時効の更新 │

　時効の利益を受ける者の承認があれば，権利が存在することが明らかになり，権利の存在について確実な証拠が得られたといえます。そこで，民法は，債務者などの時効の利益を受ける者が承認したときに，時効の更新という効果を認めることとしています（152条）。Bは債務を承認しているので，Aの代金債権について進行していた消滅時効が更新され，それまで進んでた時効期間がリセットされることになります。この場合は，この承認の時から，またゼロから時効期間が進行しはじめることになります。

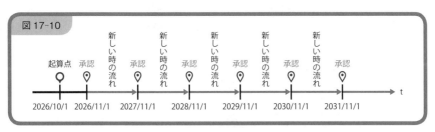

図 17-10

│ 協議と承認の違い │

　3で学んだ151条の協議を行うという合意は，「協議をする」ことを承認しているだけで，「権利がある」ことを承認するものではありません。そのため，「協議をする」という承認は，152条に定められた「承認」（時効の更新事由）に当たりません。したがって，協議を行うという合意だけでは，時効は更新されません。

5　時効の完成猶予・更新の効力の範囲

　ここまで，147条から152条に定められた時効の完成猶予・更新についてみてきました。これらによる時効の完成猶予・更新の効力はどこまでの範囲に及ぶの

でしょうか。

CASE 17-7

　2021 年 10 月 1 日，1 年後に返す約束で，A 銀行は，B に 1000 万円を貸しました。同日，B が A に 1000 万円を返す債権（これを債権 a とします）を担保するために，A は C と保証契約を結びました（これによって生じる A の債権を債権 b とします）。

　債権 b について消滅時効の期間が経過する 2026 年 10 月 1 日よりも前に，C は，A から頼まれて，債権 b が消滅することなく，存在していることを認め，そのことを文書に書いて，A に対して渡しました。

　2028 年 2 月 1 日になって，A が B に対して債権 a の履行を求めたのに対して，B は，債権 a についてすでに時効が完成したと主張しています。この場合に，A は，債権 b の時効の更新によって債権 a の時効も更新したと主張することができるでしょうか。

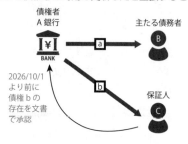

図 17-11

C による債務の承認による更新の効力

　　C による承認（更新）の効果は承認に関わった者
　　（A と C）の間だけで発生する

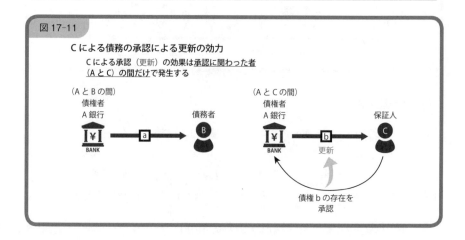

　C が債権 b を承認すると，債権 b の消滅時効が更新されます。しかし，民法は，147 条から 152 条までの時効の完成猶予・更新の効力は，時効の完成猶予・更新

の事由が生じた当事者（CASE 17-7のAとC）とその地位を相続などで引き継いだ者（これを承継人といいます）の間においてのみその効力が生じ，他の者（CASE 17-7のB）にはその効力が及ばないとしています。これを時効完成猶予・更新の相対効といいます。この完成猶予・更新の相対効は，ある人たちの間で行われたことは，他人に損害を与えることも利益を与えることもない（当事者の間で行われたことは，当事者以外の者に対して影響しない）という考え方に基づいています。

これによると，Cが債権bを承認しても，AとBの間の債権aの時効は更新されません（153条3項）[2]。

6 時効の進行開始後に権利の行使が困難になった場合 ━━━●

時効の完成間際(まぎわ)において，権利者が権利行使をしたくてもできない状況に置かれる場合にも時効の完成猶予が認められています。次の表を参照してください。

権利者が置かれた状況	完成猶予する期間
時効の期間の満了前6か月以内の間に，未成年者または成年被後見人に法定代理人がいない場合（158条1項）	次のいずれかの時から6か月を経過するまでの間 ① その未成年者もしくは成年被後見人が行為能力者となった時 ② 法定代理人が就職した時
未成年者または成年被後見人がその財産を管理する父，母または後見人に対して権利を有する場合（158条2項）	次のいずれかの時から6か月を経過するまでの間 ① その未成年者もしくは成年被後見人が行為能力者となった時 ② 後任の法定代理人が就職した時
夫婦の一方が他の一方に対して権利を有する場合（159条）	婚姻の解消の時から6か月を経過するまでの間
債権が属する相続財産についてこれを管理する者がいない場合（160条）	次のいずれかの時から6か月を経過するまでの間 ① 相続人が確定した時 ② 管理人が選任された時または破産手続開始の決定があった時
時効の期間の満了の時にあたり，天災その他避けることのできない事変のため147条1項・148条1項の行為ができない場合（161条）	その障害が消滅した時（権利者が裁判所に行って訴えを提起することなどが可能になった時）から3か月を経過するまでの間

note ━━━━━━━━━━━━━━━━━━━━━━━━━━━━━━━━━━━━━━━

[2] **発展** CASE 17-7の場合，債権bに関する時効は更新されましたが，債権aに関する時効は更新されません。債権aについて，他に完成猶予・更新事由がなければ場合，債権aについて消滅時効が完成します。その場合，Bは，債権aが時効により消滅したことによって債権bも消滅したと主張することができます（詳しくは，時効の援用権者に関する254頁を読んでください）。そうすると，結局，Aは，債権bも失うことになってしまいます。これを避けるために，Aは，Bに対して裁判上の請求等の方法によって，債権aの消滅時効を更新させなければいけません。

1 時効の完成猶予とは，時効の完成のために必要な期間が満了したとしても，一定の期間，時効の完成を遅らせる制度です。

2 時効の更新とは，それまで進んでいた時間をリセットして，またゼロから時効期間が始まることとする制度です。

3 裁判上の請求によってスタートした訴訟が続いている間，時効の完成猶予が認められ，確定判決によって，時効の更新が認められます。確定判決に至らないで裁判が終了した場合には，裁判が終了した時から6か月が経過するまで完成が猶予されます。

4 催告とは，債務者に対して債務の支払を文書または口頭で催促することです。催告があった時から6か月を経過するまでの間は，時効が完成しません。

5 協議を行うという合意があった場合，原則として，その合意の時から1年を経過するまで時効の完成が猶予されます。

6 協議を行うという合意によって時効の完成が猶予される期間内に，再度，協議を行うという合意をして，時効の完成を猶予させることもできます。なお，協議を行うという合意を繰り返したとしても，その完成猶予の効力は，時効の完成が猶予されなかったとすれば時効が完成すべき時から数えて5年を超えることができません。

7 承認とは，時効によって債務を免れたり，権利を取得したりする者が，時効によって権利を失う者に対して，時効の対象となる権利があることを知っていると表示することです。この承認によって時効の更新が認められます。

8 147条から152条までの時効の完成猶予・更新の効力は，時効の完成猶予・更新の事由が生じた当事者（とその承継人）の間においてのみその効力が生じ，他の者にはその効力が及びません。

CHAPTER

第 **18** 章

取得時効・消滅時効
──時効③

━━━━━◖ INTRODUCTION ◗━━━━━

　本章では，第 **16** 章，第 **17** 章に引き続いて，時効について取り上げます。その中でも取得時効と消滅時効の完成のための要件を学びましょう。

取得時効の要件 [1] 　 🔍 162 条，163 条，180 条

　ある者が長年の間，ある物を自分のものとして占有している場合に，占有している者に所有権を取得させる制度が取得時効です [2]。取得時効が完成するためには，占有を一定期間継続することが必要です。では，どのような内容の占有を，どれだけの期間継続すればよいのでしょうか。

---

note

[1] **説明**　163 条は，所有権以外の財産権でも時効によって取得できることを定めています。裁判では，賃借権の取得が争われることが多くみられます。賃借権の取得時効については，賃貸借契約を学習してから勉強してください。

[2] **発展**　取得時効による権利の取得は原始取得です。原始取得の反対の言葉が承継取得で，承継取得とは前の権利者のもっていた権利をそのまま引き継ぐことをいいます。そのため，承継取得の場合，前の人のところで，権利に抵当権がつけられていた場合，抵当権つきの権利を引き継ぐことになります。しかし，原始取得の場合，前の権利者のもっていた権利をそのまま引き継がないで，何の制約もないまっさらな権利をもらうことになります。そのため，前の人の抵当権がついていたとしても引き継がれません（詳しくは 2 巻で学びます）。

● 277

消滅時効の要件 📖 166条, 167条, 169条

　ある者が権利をもっているのに，長い間その権利を行使しない状態が続いた場合に，権利を消滅させる制度が消滅時効です。消滅時効が完成するためには，ある時点から一定の期間が経過することが必要です。では，どの時点から，どれくらいの期間が経過すればよいのでしょうか。

1 取得時効の要件

　まず，取得時効の完成のために必要な要件を学びましょう。

　162条は，時効が完成するまでに20年を必要とする長期取得時効と，10年を必要とする短期取得時効を定めています。長期取得時効と短期取得時効に共通する要件は，①所有の意思をもって，②平穏かつ公然と，③物の占有を継続することです[3]。なお，短期取得時効の場合，共通の要件に加えて，占有開始時に善意・無過失であったことが必要です（付加的要件）。

	長期取得時効（162条1項）	短期取得時効（162条2項）
共通要件	① 所有の意思をもって ② 平穏に・公然と ③ 占有を継続する	
時効期間	20年	10年
付加的要件	なし（悪意でもよい）	善意・無過失

1 占有の継続

　上の表の順番とは異なりますが，占有（③）から説明したいと思います。その後，所有の意思（①）と平穏・公然（②）について説明します。

---

note

[3] 説明　162条では「他人の物」という表現が用いられていますが，判例（最判昭和42年7月21日民集21巻6号1643頁）は，「自分の物」を占有している場合でも取得時効が完成するとしています。そのため，本書では「他人の物」を要件として取り上げません。詳しいことは，2巻で学びます。

占有とは何か

180条によれば，占有とは，自己のためにする意思をもって物を所持することです。「自己のためにする意思」については，広く解されているので，占有があるかないかは，実際には，所持があるかどうかが決め手になっています（詳しくは，2巻で学びます）。ここでは所持について説明します。

所持とは，（所有権などの権利が本当にあるかどうかはともかく）実際に，物を自分の思うようにできる状態に置いていること（これを事実上支配しているといいます）です。例えば，AがBの所有する甲土地を畑として利用していたとしましょう。この場合のAは，甲を畑として利用しているのですから，甲について自分の思うようにできる状態に実際にあるといえます。したがって，Aは甲を占有しているといえます。

占有の継続と自然中断

取得時効は，一定の期間，物を占有し続けることがその成立要件です[4]。そのため，占有が開始した後になって，占有者から占有が失われたならば，取得時効は完成しません。これを自然中断といいます。

自然中断は，(1)占有者が自らの意思で占有を中止した場合や，(2)他人によって占有が奪われた場合に生じます（203条本文）[5]。

2 所有の意思

所有の意思とは何か

取得時効を完成させるためには，単なる占有ではなく，所有の意思をもった占有（①）でなければなりません。

---

note

[4] 発展 186条2項によれば，取得時効の完成を主張する人は，①ある時点で占有していたという事実と②①の時点から20年または10年以上たった時点で占有していたという事実を証明すれば，①と②の間占有を継続していたと取り扱われます。また，取得時効の完成を主張する人が占有の事実を証明すれば，その占有は（本文で後で述べる取得時効の要件にあたる）所有の意思や平穏・公然，善意を備えていると取り扱われます（同条1項）。

[5] 発展 (2)の場合は，占有回収の訴え（占有を取り戻す方法の1つで，詳しくは2巻で学びます）という訴訟を提起すれば，占有を失わなかったものと扱われます（203条ただし書）。

所有の意思とは，所有者であるかのように，他人をしりぞけて，自分の思うように
できる状態に物を置こうとする意思（物を排他的に支配しようとする意思）です。
所有の意思をもってする占有のことを自主占有といいます。反対に，所有の意思
をもたずにする占有のことを他主占有といいます。自主占有と他主占有の違いは，
次のところで説明しますから，ここでは用語だけ覚えておいてください。

所有の意思の判断基準：占有を取得するに至った原因

CASE 18-1

　2020 年 4 月 1 日，C は，D と，D が所有する乙建物を無料で借りる契約を結び，
その日から乙に住み始めました。この契約では，1 年後の 2021 年 4 月 1 日に乙を
D に返還することになっていました。ところが，2021 年 4 月 1 日になっても D か
ら乙を返還するように求めてこなかったので，C は，「乙を自分の物にしてよいのだ」
と考え，その後も乙に 20 年以上住み続けています。

　C は乙を住居として利用しています。C は乙を自分の思うように利用できる状
態に実際あるので，C は乙を占有しているといえます。

　では，占有者 C に「所有の意思」があるかどうかは，何を基準に判定される
のでしょうか。「『意思』というのだから，『物を所持している人の心の中の考え』
にしたがって判定されるのでは？」と思うかもしれません。実際の心のありよう
にしたがって判断されるならば，C は，「乙建物は自分の物にしてよいのだ」と
考えているわけですから，所有の意思があることになります。そうすると，その
まま取得時効に必要な期間がすぎれば，乙の取得時効が完成し，D は乙の所有権
を失うことになります。

　しかし，D は，乙を C に貸しているだけだと考えています。また，C が「乙
を自分の物にしてよいのだ」と考えたかどうかは，D からはわからないことです。
そこで，所有の意思があるかどうかは，実際の心の中の考えではなく，最初にど
のようなきっかけ（これを「原因」といいます）で占有するようになったかという
ことに応じて決まるとされています。この占有するようになったきっかけを占有
を取得するに至った原因といい，占有を正当化する原因という意味で占有権原と
いいます[6]。

占有権原による所有の意思の判断

(1) 所有の意思がないと判断される原因：他主占有権原

CASE 18-1 では，Cが乙建物を占有するきっかけは，DがCに乙を貸すという契約でした。物を貸すという契約は，貸主に所有権をとどめたまま，借主に物の利用を認めるものであって，借主に所有権を与えるものではありません。そのため，Cが占有をするようになったきっかけ（DがCに乙を貸すという契約）は，Cが所有者であるかのように，貸主Dをしりぞけて，自分の思うように利用できる状態に乙を置かせるというものではありません。したがって，Cの占有は，占有のきっかけ（原因）からすると，所有の意思のない占有（他主占有）です（このような他主占有を取得するに至った原因を他主占有権原といいます）。

取得時効が認められるための要件は「所有の意思」をもった占有（自主占有）ですので，このような他主占有を何年続けても取得時効は完成しません[7]。

(2) 所有の意思があると判断される原因：自主占有権原

これに対して，占有するようになったきっかけ（原因）が売買契約だった場合は，その占有は自主占有として扱われます。売買契約というものは，買主に対して物の所有権を与えるものです（詳しくは5巻で学びます）。そのため，買主が占有をするようになったきっかけ（売買契約）は，売主の所有権をしりぞけて，買主が所有者であるかのように，自分の思うようにできる状態に物を置かせるというものです。したがって，売買契約をきっかけとした占有は，所有の意思のある占有（自主占有）となります（このような自主占有を取得するに至った原因を自主占有権原といいます）。

3 平穏・公然

取得時効が成立するためには，所有の意思に加えて，占有が平穏かつ公然であること（②）も必要です。平穏とは，占有を取得または保持するにあたって暴行・強迫などの違法な行為を用いていないこと，公然とは，密_{ひそ}かに隠していない

---

note

[6] 説明 権原とは，ある行為を正当なものとする法的な原因のことをいいます。代理のところで学んだ「権限」は，代理権のように，ある法律関係を成立・消滅させることのできる法的地位のことをいいます。

[7] 説明 他主占有であっても，特別な方法によって自主占有に転換させることもできます。このような自主占有への転換（185条）については，2巻で学びます。

ことです（これらは，2巻で詳しく学びます）。

4　取得時効の完成に要する期間

取得時効には，完成に要する期間の違いに応じて，長期取得時効と短期取得時効の2種類があります。

長期取得時効の場合

原則として，取得時効の完成に要する期間は，占有を開始した時点から20年となっています（162条1項）[8]。

短期取得時効の場合

占有者が，占有を開始した時点において善意・無過失であれば，取得時効の完成に要する期間が10年に短縮されます（162条2項）。これは，善意・無過失の占有者を保護するために，通常よりも短い期間の特別な取得時効を定めたものです。

162条2項でいう善意とは，目的物が自分の物でないことを知らなかった（つまり自分の物であると信じていた）ことであり，無過失とは，目的物が自分の物でないことを知らなかった（つまり自分の物であると信じていた）ことに過失がなかったことをいいます。例えば，AからBに甲土地が売却されたときに，甲土地の登記簿に，Aが相続その他の原因によりその所有権を取得していたことが記載されているのをBが確認していたという場合を考えてみましょう。実際は登記簿の記載が事実と異なっており，売主Aが甲について無権利者であったとしても，登記簿を確認したBには過失がなかったものと扱われます。

---

note

[8] 説明　短期取得時効と違って，長期取得時効は，占有を開始した時点での善意・無過失は必要ありません。そのため，占有者が，目的物が自分の物でないことを知っていた（悪意）場合でも，長期取得時効は完成します。

2 消滅時効を完成させるための要件

1 消滅時効を完成させるための要件：
消滅時効の起算点と時効期間

以上に対して，消滅時効とは，ある者が権利をもっているのに，長い間権利を行使しない状態が続いた場合に，権利を消滅させる制度です。第 **16** 章で述べたように，消滅時効は，①ある一定の時点から，②権利者が権利を行使しない状態が，一定の期間継続することで完成します。①の期間の計算が始まる時点のことを起算点，②の時効の完成に必要な期間のことを時効期間といいます。ここでは，①起算点がいつか，そして②時効の完成のためにどれだけの時効期間が必要なのかについて学びます。

2 債権の消滅時効の原則

CASE 18-2

　スーパーマーケットを経営している A 会社は，B 会社に，2025 年 4 月分の食品の購入代金 200 万円を 5 月 31 日に支払うことになっていました。しかし，A の支払担当者は，誤って，2025 年 5 月 31 日に，B に 250 万円を支払ってしまいました。
　2028 年 3 月 1 日に，A は，帳簿を整理していたところ，2025 年 5 月 31 日に誤って 250 万円が支払われていたことに気づきました。A は，50 万円を余分に支払っていたことを B に伝えましたが，いつまでたっても，B は 50 万円を返してくれません。2033 年 7 月 1 日に，A は，B に対して 50 万円の支払を求める訴えを提起しました。

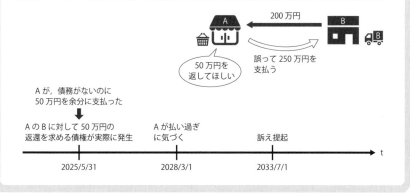

不当利得の返還を求める債権

Bは，Aに対して2025年4月分の売却代金200万円の支払を求める債権をもっていました。しかし，AはBに250万円を支払っています。Bが受けとった250万円のうち，200万円は債権に基づいて受け取ることができるものですが，残る50万円は債権がないのに受け取っているものです。このように，債権がないのに受け取ったものは「不当利得」として返さなければなりません（詳しくは，6巻で学びます）。Bには50万円を受け取る権利がないのですから，50万円を受け取った時にそれを返す債務も発生します。これをAの側からみると，AがBに対し50万円の返還を求める債権がその時点で発生したことになります。

債権に関する2つの種類の消滅時効

では，この債権の消滅時効は，いつ完成するのでしょうか。166条1項は，債権について2種類の消滅時効を定めています。

1つは，(A) ①債権者が権利を行使することができることを知った時を起算点として，②5年が経てば完成する消滅時効です（166条1項1号）。(A)の起算点は，債権者が知っていたかどうかによって決められるものなので，主観的起算点と呼ばれます。

もう1つは，(B) ①権利を行使することができる時を起算点として，②10年が経てば完成する消滅時効です（166条1項2号）。(B)の起算点は，債権者ではなく，民法などの法律に照らして決められるものなので，客観的起算点と呼ばれます。

			①起算点	②時効期間
(A)	5年の消滅時効（166条1項1号）	主観的起算点	債権者が権利を行使することができることを知った時	5年
(B)	10年の消滅時効（166条1項2号）	客観的起算点	権利を行使することができる時	10年

債務者は，これら2つの消滅時効のうち，どちらか先に完成した消滅時効を援用することができます。

客観的起算点から 10 年の消滅時効（166 条 1 項 2 号）

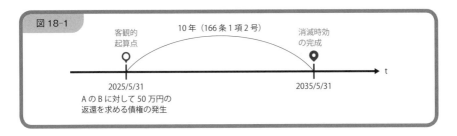

図 18-1

客観的
起算点

10 年（166 条 1 項 2 号）

消滅時効
の完成

t

2025/5/31

2035/5/31

A の B に対して 50 万円の
返還を求める債権の発生

　166 条 1 項 2 号に定められた 10 年の消滅時効は，債権に関する原則的な消滅時効です。そこで，条文の順序とは異なりますが，10 年の消滅時効（166 条 1 項2 号）の客観的起算点から見ることにします。

(1) 債権の消滅時効の客観的起算点

　さて，10 年の消滅時効の客観的起算点は，債権者が「権利を行使することができる時」とされています（166 条 1 項 2 号）。債権者が「権利を行使する」こととは，債権者が債務者に対して債務を履行するように求めることをいいます。債権者が債務の履行を求めることができるかどうかは，民法などの法律に照らして決められます。民法によれば，債務者が履行すべき時期は履行期であり，債権者は履行期が来れば債務の履行を求めることができます（詳しくは第 **15** 章をみてください）[9]。したがって，10 年の消滅時効の客観的起算点は，原則として，履行期ということになります。

(2) 期限の定めのない債権の客観的起算点

　債権の履行期は，原則として，債権が発生した時です。このことからすれば，⇒228 頁
CASE 18-2 の場合，A の債権は（債権がないのに）B が 50 万円を受け取った日（2025 年 5 月 31 日）に発生するので，この日（2025 年 5 月 31 日）が，10 年の消滅時効の客観的起算点となります。

---

note

[9] 発展　時効の客観的起算点となる履行期は，主に債権総論で取り上げられるものです。ただ，客観的起算点とされる時期は，債務不履行に関する 412 条の定める時期と違います。412 条は，債務者に債務不履行の責任を負わせるべき時期がどこなのかという観点から決められているものです。しかし，時効の客観的起算点は，債権者が権利を行使することができる時はいつかという観点から決められます。そのため，時効の客観的起算点とされる時期と 412 条が定める時期は違っているのです。

まとめますと，CASE **18-2** では，①AがBに50万円を余計に支払った日（2025年5月31日）から②10年が経過した時（2035年5月31日）に166条1項2号の消滅時効が完成することになります。

(3)　期限が定められている債権の場合の客観的起算点

　CASE **18-2** から少し離れて，契約によって債権が発生した場合の消滅時効の客観的起算点について見てみたいと思います（ここからの説明は，期限に関する知識が必要です。詳しくは第**15**章を見てください）。

　契約による債権は，契約を結んだ時に発生します。したがって，原則として，契約を結んだ時が契約による債権の履行期であり，10年の消滅時効の客観的起算点といえます。

　しかし，債権者と債務者は，契約をする際に，期限を定めることができます。期限とは，債務の履行などを，将来の確実な事実（将来必ずやって来る事実）が実現するかどうかによって左右させる特約のことです。民法によれば，期限が定め⇒236頁られている場合，債権の履行期はその期限が来た時となります。そのため，契約による債権に期限が定められている場合には，その債権についての166条1項2号の客観的起算点はその期限の来た時となります（なお，契約の効果の発生が条件の成就による場合も同様です）。

主観的起算点から5年の消滅時効（166条1項1号）

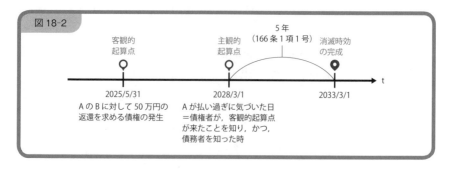

図18-2

(1)　主観的起算点

　166条1項1号の5年の消滅時効は，10年の消滅時効（同項2号）の例外にあたります。5年の消滅時効の主観的起算点は，「債権者が権利を行使することができることを知った時」です。これは，債権者が(a)客観的起算点が来たことを知

り，かつ(b)債務者を知った時であるとされています。

(a) **債権者が客観的起算点が来たことを知ったこと**　166条1項1号は，債権者が「権利を行使することができること」を知ることが必要であるとしています。「権利を行使することができる」という表現は，先ほど説明した166条1項2号の客観的起算点と同じ表現です。これによると，債権者が客観的起算点が来たことを知る必要があります。

(b) **債務者を知ったこと**　166条1項1号の条文にはっきりと書かれていませんが，債権者が債務者を知ることも必要です。だれが債務者なのかわからない場合，債権者はだれに対して権利を行使すればよいのかわからなくなります。このような場合，権利者は債務者がだれなのかわかるまで権利行使ができないので，権利者が権利の上に眠っていたということは許されません。そのため，だれが債務者であるかを知ることが必要であるとされています。

もっとも，契約による債権の場合，債権者は契約を結んだ時に債務者を知っています。そのため，債務者を知っているかどうかが重要になるのは，例えば，間違って別の人に債務を弁済した場合に認められる不当利得による債権について5年の消滅時効が完成しているかどうかが争われる場合です。

(2) **消滅時効の完成に必要な期間：5年**

166条1項1号は，同項2号の10年の半分の5年の期間で消滅時効が完成するとしています。その理由は，権利を行使することができることを知っていたならば，早い時期に権利を行使することが期待できることから，原則よりも短い期間で消滅時効を認めてよいと考えられたためです。

まとめますと，CASE **18-2** ではAが(a)客観的起算点（Aの債権の履行期）が来たことと(b)Bが債務者であることを知った日は，2028年3月1日でしたので，①2028年3月1日から②5年が経過した時（2033年3月1日）に消滅時効が完成することになります（166条1項1号）。

(3) **債権が契約によって発生した場合**

CASE **18-2** では，不当利得による債権についてみました。では，契約による債権の場合はどうなるでしょうか。契約による債権は，契約を結んだ時が10年の消滅時効の客観的起算点となります。⇒286頁そして，契約を結んだ時に，普通，債権者は客観的起算点と債務者を知っています。このことからすれば，原則として，契約による債権の主観的起算点は，契約の時となり，166条1項2号の客観的起

算点と同じになります。

　もっとも，契約による債権について，期限や条件が定められている場合は，期
限が来た時や条件が成就した時が客観的起算点となります。そのため，契約による債権について，期限や条件が定められている場合は，債権者が，期限が来たことや条件が成就したことを知った時が 166 条 1 項 1 号の主観的起算点となります（この場合，原則として，主観的起算点は〔同項 2 号の〕客観的起算点と同じにはなりません）。⇒286頁

　なお，「2030 年 3 月 1 日に支払う」のように，カレンダーで決められた日（暦日）が確定期限として定められている場合に注意が必要です。暦日は，広く知れ渡っている事柄（公知の事実）ですので，債権者は，普通，その日が来たことを知っています。そのため，確定期限が暦日で定められた場合は，主観的起算点はその確定期限が来た時となると考えられています。

3　消滅時効が更新された場合における新たな時効期間 ———●

　第 17 章でみたように，債務者が債務を承認したり，権利者が裁判上の請求によって確定判決を得たりした場合，時効が更新されます。時効が更新されると，更新の時から新たな時効が進行を始めます。では，新たな時効の完成に必要な期間はどれだけの長さでしょうか。⇒265頁, 272頁

> **CASE 18-3**
> 　A は，B に対して 50 万円の債権をもっています。2028 年 3 月 1 日に，A は，その債権の客観的起算点が来たことと債務者を知りました。
> ❶ 2033 年 2 月 1 日に，B は「50 万円は必ず支払う」と A に対して述べました。
> ❷ 2033 年 2 月 1 日に，A は B に対して 50 万円の支払を求める訴えを提起し，2034 年 3 月 1 日にその請求を認める判決が確定しました。

| 原　則 |

　時効が更新された場合，新たに進行を開始する時効については，原則として，更新前と同じ規定が適用されます。債権の消滅時効については，166 条 1 項が適用されます。この消滅時効が承認によって更新された場合は，166 条 1 項が更新後の消滅時効について適用されることになります。

　なお，166 条 1 項には，2 種類の長さの消滅時効（主観的起算点から 5 年の消滅時

効と客観的起算点から10年の消滅時効）が定められています。このような規定の場合，更新の前と後で，時効期間が異なる場合があります。例えば，更新前は，166条1項2号の10年の消滅時効が進行していたとしても，更新によって債権者が客観的起算点が来たことと債務者を知ったならば，更新後は，166条1項1号の5年の消滅時効が新たに進行を始めることになります。

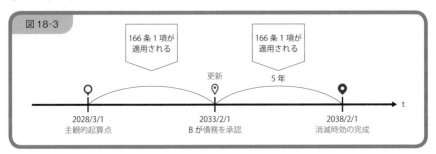

図18-3

166条1項が
適用される

166条1項が
適用される

更新　　　　5年

2028/3/1　　　　　2033/2/1　　　　　　2038/2/1
主観的起算点　　　Bが債務を承認　　　消滅時効の完成

Aは，Bによる債務の承認によって客観的起算点が来たことと債務者を知ることになるので，CASE 18-3 ❶の場合，承認による更新後の時効期間は，主観的起算点から5年（166条1項1号）ということになります。

例外：判決で確定した権利

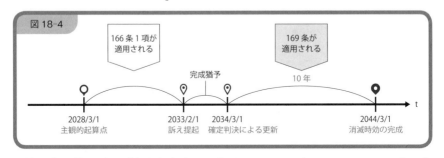

図18-4

166条1項が
適用される

169条が
適用される

完成猶予

10年

2028/3/1　　　　2033/2/1　2034/3/1　　　　　　　2044/3/1
主観的起算点　　訴え提起　確定判決による更新　　消滅時効の完成

権利者が裁判所に訴えを提起すること（裁判上の請求）によってスタートした訴訟は，債権者の請求を正当と認めた（認容した）判決が確定することで終了します。この確定した判決のことを確定判決といいます。この判決によって確定した債権の時効は更新されます。
⇒265頁
　もっとも，判決が確定したにもかかわらず，債務者が自主的に債務を履行しないこともあります。この場合，債権者はその債権の時効が完成しないように，もう一度裁判上の請求をすることが可能です。もっとも，判決確定後の新たな時効

の期間を原則どおりとすると，債権者は，時効の完成を妨げるために，短い期間（5年〔166条1項1号〕）ごとに訴訟を繰り返さなければならなくなります。

そこで，169条は，例外的に，確定判決（またはこれと同一の効力を有するもの[10]）によって時効が更新された場合，更新後の新たな消滅時効の期間を10年としています。

このことからすれば，CASE 18-3 ❷の場合，確定判決による更新後の時効期間は，確定判決から10年（169条）ということになります。

4 生命・身体侵害による損害賠償に関する特則（167条）─●

> **CASE 18-4**
>
> D建設は，甲ビルの建設工事の一部の仕事をE建設から引き受けました。そこで，Dの従業員であるCは甲ビルの工事現場に出向いて働くようになりました。
>
> 2025年7月1日，Cは，Eの現場監督の不適切な指示に従って作業をしていたところ，2階から転落し，腰の骨を折る大けがを負いました。Cは，この事故で寝たきりになったため，Dを退職することになりました。
>
> その後も，Cは，思うように外出できない状態が続きましたが，2036年4月15日になって，やっと腰のケガが完治しました。そこで，Cは，Eに損害の賠償を求めたところ，Eは「君はうちの会社の従業員じゃないから，うちには責任がない」といいます。そこで，CがDを訪ねたところ，Dは「実際の作業はEのところでやっていたのだから，うちには責任がない」といいます。
>
> 同年5月1日，Cが弁護士に相談したところ，「Eは，Cが安全に作業できるようにするという義務があったのに，それを怠っている。だから，Cは，Eに対して損害の賠償を求める債権をもっている」と教えてくれました。そこで，2036年11月1日，CはEに対して損害賠償を求める訴えを提起しました。

---

note

[10] **説明** 確定判決と同一の効力を有するものとは，法律によって，確定判決と同一の効力が与えられたもののことで，これがあれば，強制執行（裁判所などの執行機関を通して強制的に債務の内容を実現する方法）を申し立てることができます。147条1項2号〜4号で定められた手続は，一部（個人再生手続）を除いて，確定判決と同一の効力を有するものを得ることができるものです。例えば，147条1項3号の「民事訴訟法第275条第1項の和解」（訴え提起前の和解）は，当事者が，訴えを提起する前に，簡易裁判所という裁判所に和解の申立てをすることによって始まります。この手続において，当事者間で合意されたことが「和解調書」という文書に記載されると，その和解調書は確定判決と同一の効力を有することになり，当事者はそれを用いて強制執行を申し立てることができます（民訴267条）。

前提知識：損害賠償請求権の発生

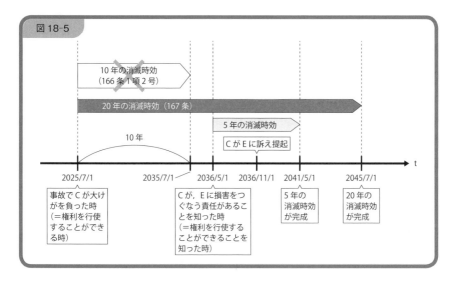

図18-5

10年の消滅時効
（166条1項2号）

20年の消滅時効（167条）

5年の消滅時効

CがEに訴え提起

10年

2025/7/1 　　　 2035/7/1 　 2036/5/1 　 2036/11/1 　 2041/5/1 　　 2045/7/1 　　　 t

| 事故でCが大けがを負った時（＝権利を行使することができる時） | Cが，Eに損害をつぐなう責任があることを知った時（＝権利を行使することができることを知った時） | 5年の消滅時効が完成 | 20年の消滅時効が完成 |

弁護士のいうとおり，E建設は，Cが安全に作業できるように環境を整える義務があるにもかかわらず，その義務を怠ったのですから，CにはEに対して損害賠償を請求する権利（損害賠償請求権）があります（このようなEの義務については，4巻で学びます）。この場合の損害は，①身体が侵害されたこと（CASE 18-4の場合，Cの腰の骨折）によって負担を強いられた入院・治療費，②事故がなければ，もらうことができたはずの収入等のことです[11]。

この損害賠償請求権は，事故の当日である2025年7月1日に発生するものです。

時効期間：20年に延長

Cが，E建設に対して損害賠償を求める訴えを提起したのは，2036年11月1日で，主観的起算点から5年がたっていませんが，事故が起きた時（2025年7月1日）から10年以上がすぎてしまっています。この場合，166条1項2号による

note ──

[11] 発展 ①は積極的損害，②は消極的損害といわれ，特に②は逸失利益といわれます。これらについて詳しくは，6巻で学びます。ここでは，損害賠償において，①だけではなく，②も対象になることだけを理解してもらえれば十分です。

と，Cの権利の消滅時効が完成していることになり，CはEに対して損害賠償を求めることができなくなりそうです。

　しかし，生命や身体が侵害された場合，被害者は，通常の生活を送ることが難しくなります。そのため，被害者がいつもと同じように行動することは期待できません。また，加害者（債務者）は，生命をうばったり，身体を傷つけるといった深刻な被害を他人に生じさせたのですから，通常の債権の場合よりも時効の完成が遅くなり，権利が行使されるのかどうかわからないという不安定な状態に長い期間置かれるとしても，これは仕方のないことです。そこで，167条は，人の生命や身体に対する侵害による損害賠償請求権については，166条1項2号の消滅時効の時効期間を20年に延長しています。

　これによると，Cが裁判上の請求をした時点では，客観的起算点からまだ20年たっていませんので，Cの債権についての167条の消滅時効は完成していません。したがって，CはEに対して損害の賠償を求めることができます。

人の生命や身体に対する侵害が不法行為によってなされた場合

　CASE 18-4 は，契約当事者の間で身体が侵害されたケースでした。生命や身体に対する侵害は，契約当事者でない者の間でも起こります（例えば，第1章でみたような，ある人が隣人に対して暴力をふるったような場合です）。この場合は，不法行為を理由とする損害賠償請求権が問題となります。

⇒2頁

(1) 不法行為による損害賠償請求権の消滅時効の原則

　不法行為の場合（故意または過失によって権利または法律上保護される利益が侵害され，損害が発生した場合），被害者である債権者は，加害者である債務者に対して損害賠償請求権をもっています（709条）。この被害者のもっている権利について，724条1号は，損害および加害者を知った時から3年，同条2号は，不法行為の時から20年が経過した時に消滅時効が完成すると定めています（詳しくは6巻で学びます）。

　このように，724条1号の定める消滅時効と166条1項1号の定める消滅時効では，時効が完成するのに必要とされる期間に差があります。

(2) 生命・身体侵害による損害賠償に関する特別ルール

　しかし，債権を発生させる原因が何であったとしても，生命や身体が侵害された場合に，被害者が通常の生活を送ることが難しくなるということ，他人に深刻

な被害を生じさせた加害者（債務者）が長い期間不安定な状態に置かれても仕方がないということには変わりがありません。

　そこで，民法は，167条と724条の2によって，人の生命や身体に対する侵害による損害賠償請求権であれば，その権利の発生原因が何であっても，時効の完成に要する期間が同じ長さになるとしています。

人の生命や身体に対する侵害による損害の消滅時効（債権と不法行為の場合）

	短期の消滅時効	長期の消滅時効
人の生命や身体に対する侵害による損害賠償請求権	5年 （166条1項1号）	20年（←10年） （167条）
不法行為に基づく人の生命や身体に対する侵害による損害賠償請求権	5年（←3年） （724条の2）	20年 （724条2号）

　まず，不法行為に基づいて人の生命や身体が侵害された場合，その損害賠償請求権に関する724条1号の3年の消滅時効は，5年の消滅時効に延長されます（724条の2）。また，不法行為以外の事情によって人の生命や身体が侵害された場合，その損害賠償請求権に関する166条1項2号の10年の消滅時効は，20年に延長されます（167条）。その結果，いずれにしても，短期は5年，長期は20年で統一されることになっています。

（取得時効）

1 取得時効には，時効が完成するまでに 20 年を必要とする長期取得時効と，10 年を必要とする短期取得時効があります。

2 長期取得時効と短期取得時効に共通する要件は，①所有の意思をもって，②平穏にかつ公然と，③物の占有を継続することです。短期取得時効の場合は，この共通の要件に加えて，占有開始時に善意・無過失であったことが必要です。

3 所有の意思をもった占有のことを自主占有といいます。所有の意思をもたない占有のことを他主占有といいます。所有の意思があるかどうかは，実際の心の中の考えではなく，占有を取得するに至った原因によって決まります。

（消滅時効）

4 債権の消滅時効には 2 種類あります。それは，①債権者が権利を行使することができることを知った時（主観的起算点）から 5 年が経てば完成する消滅時効と，②権利を行使することができる時（客観的起算点）から 10 年が経てば完成する消滅時効です。

5 時効が更新された場合，新たに進行を開始する時効については，原則として，更新前と同じ規定が適用されます。例外的に，確定判決（またはこれと同一の効力を有するもの）によって時効が更新された場合，更新後の新たな消滅時効の期間は 10 年となります。

6 人の生命や身体に対する侵害による損害賠償請求権であれば，その権利の発生原因が何であっても，時効の完成に要する期間が同じ長さ（短期は 5 年，長期は 20 年）になります。

事 項 索 引

判 例 索 引

有斐閣 ストゥディア

民法 1 総則
Civil Law 1

2021 年 3 月 30 日　初版第 1 刷発行
2024 年 6 月 10 日　初版第 6 刷発行

監修者	山　本　敬　三
著　者	香　川　　　崇
	竹　中　悟　人
	山　城　一　真
発行者	江　草　貞　治
発行所	株式会社　有　斐　閣

郵便番号 101-0051
東京都千代田区神田神保町 2-17
https://www.yuhikaku.co.jp/

印刷・大日本法令印刷株式会社／製本・牧製本印刷株式会社
© 2021, K. Yamamoto, T. Kagawa, S. Takenaka, K. Yamashiro,
Printed in Japan
落丁・乱丁本はお取替えいたします。
★定価はカバーに表示してあります。
ISBN 978-4-641-15008-9